信息服务活动中
用户技术接受行为研究

颜端武　吴　鹏　李晓鹏　著

科 学 出 版 社
北　京

内 容 简 介

系统而科学地研究用户技术接受行为，促进用户更有效地选择和使用信息服务技术，是保障技术投资、提高信息资源利用效率的现实需求。本书运用文献综述、理论研究、模型构建、问卷调查和实验研究等方法，详细阐述信息服务活动中用户技术接受行为的影响因素及其心理认知模式。本书内容包括技术接受行为理论及其演变发展、心智模型理论及其测量方法、用户技术接受的一般过程及关键因素、用户搜索功能学习的心智模型改变及观测实验、文献数据库系统以及图书馆门户网站技术接受模型与验证、信息服务开展和信息系统建设实施的相关策略建议等。

本书内容完整、系统性强，融入近年来用户技术接受和使用行为、用户心理认知和搜索决策等方面相关研究成果，可作为信息管理、情报学、图书馆学、工商管理、企业管理等专业的本科生和研究生基础理论用书，对广大信息服务、信息咨询工作者和研究人员以及信息技术人员等也有一定的参考价值。

图书在版编目（CIP）数据

信息服务活动中用户技术接受行为研究 / 颜端武，吴鹏，李晓鹏著. —北京：科学出版社，2017.10

ISBN 978-7-03-053221-3

Ⅰ. ①信… Ⅱ. ①颜… ②吴… ③李… Ⅲ. ①情报服务–研究 Ⅳ. ①G252.8

中国版本图书馆 CIP 数据核字（2017）第 128444 号

责任编辑：魏如萍 / 责任校对：彭珍珍

责任印制：吴兆东 / 封面设计：无极书装

科学出版社出版

北京东黄城根北街 16 号

邮政编码：100717

http://www.sciencep.com

北京凌奇印刷有限责任公司印刷

科学出版社发行 各地新华书店经销

*

2017 年 10 月第 一 版 开本：720×1000 1/16

2019 年 2 月第三次印刷 印张：14

字数：280 000

定价：98.00 元

（如有印装质量问题，我社负责调换）

前　言

当前用户使用信息服务系统呈现如下特点：一方面，随着信息资源数字化程度的提高，用户越来越依赖现代化的网络平台和信息系统获取资源和服务；另一方面，各类信息服务机构也借助网络信息平台构建了能够满足各类需求的丰富多样的信息数据库资源，为创新性科学研究提供充分的信息保障。提高信息资源的获取和利用效率，保障信息基础设施建设投入的社会和经济效益，需要关注用户对信息技术的接受和使用问题。信息服务机构要提高信息服务绩效和水平，就不能技术至上，只是简单地获取和应用信息技术，还应当采取有效措施促进用户对技术的接受和使用。

现有技术接受行为的相关研究大多针对企业信息化领域，对信息服务活动中用户技术接受行为及其影响因素的研究和探讨还比较零散。而且，已有技术接受的相关研究大多是基于现有技术接受模型之间静态关系的研究，缺乏对用户技术接受系统一般过程的深入讨论，缺乏对技术使用中用户认知活动的考察和分析。鉴于此，本书的研究工作聚焦于以用户为中心、认知为目的的终端用户技术接受问题，以信息服务活动中最为典型的文献数据库系统、门户网站系统的用户使用为研究和考察对象，着重关注用户对信息服务系统接受的过程，研究在此过程中的影响因素以及用户内心信念、认知心智的动态调整和发展变化，从而为提供更易于用户理解、更符合用户感知体验的信息服务系统提供理论支持，为提高信息服务系统产品的使用效果和社会效益提供新的解决思路。本书研究内容包括 5 个部分，共 8 章，具体如下。

（1）研究绪论、研究现状及相关理论基础，主要涉及第 1、2、4 章的内容。本部分介绍本书研究背景和研究问题，对涉及的研究对象和相关概念进行阐述界定；对国内外技术接受、心智模型等方面的相关理论方法、研究成果等进行文献综述，为本书研究模型构建、用户调查和实验分析等奠定理论和方法基础。

（2）信息服务用户技术接受的一般过程及关键因素分析，主要涉及第 3 章的内容。本部分基于创新扩散理论的个体创新接纳过程模型和用户信息搜寻行为理论，结合高校图书馆网站服务用户使用和认知状况调查，对技术接受过程阶段、主要活动和关键影响因素进行分析和讨论。

（3）用户搜索功能学习的心智模型改变及其实验观测分析，主要涉及第 4、5 章的内容。这一部分基于用户学习认知的研究视角，从新手用户搜索功能的学习和使用决策出发，结合心智模型理论和测量方法，探索用户在搜索功能学习和使用中其心智模型改变机理并设计测量方案；通过多轮搜索任务的完成情况进行用户观测实验，重点进行了不同外部干预下三种搜索功能学习的心智模型改变实验分析，以及高级搜索界面操作学习中的心智模型改变模式实验分析。

（4）信息服务用户技术接受影响因素和影响机理研究，在技术接受过程分析和研究模型构建的基础上，进行用户实验和实证分析，主要涉及第 6、7 章的内容。本部分分别对文献数据库系统、图书馆网站系统进行用户技术接受影响因素模型构建和假设验证，对用户成长过程中的信念调整因素进行了描述和解释，分析了图书馆上网环境和用户检索需求两个调节变量在用户技术接受中的影响机理。

（5）研究总结与展望，主要涉及第 8 章的内容。本部分对本书研究工作和研究成果进行整体性总结，从信息服务系统功能界面、信息服务系统应用实施以及信息服务机构资源建设和服务提升三个方面提出工作建议，最后对本书研究不足和研究展望进行阐述。

本书由国家社会科学基金项目“信息服务活动中用户技术接受的影响因素研究”（项目编号 09CTQ012）、国家自然科学基金项目“网站用户信息获取中的心智模型研究——以政府网站为例”（项目编号 71003049）的研究工作和研究成果凝练而成。本书的出版，还获得了南京理工大学“江苏高校协同创新中心”项目、工业和信息化部“信息管理与信息系统”重点专业建设项目的资助。

诚挚感谢南京理工大学甘利人教授、王曰芬教授在本书研究中给出的专业化建议和指导！衷心感谢武汉大学邱均平教授、南京大学孙建军教授和苏新宁教授、南京农业大学黄水清教授等专家、学者对本书研究和出版的指导及支持！特别感谢科学出版社魏如萍编辑对本书出版的大力支持和辛勤付出！

本书由颜端武、吴鹏、李晓鹏拟定大纲。颜端武、吴鹏、李晓鹏、刘国晓、许应楠、史晶晶、赵飞、蔡金霞、夏贝贝、陶志恒、盛秀娟、曲美娟、李兰彬、魏雪艳、路霞、杨爽、杭伟梁、贾新露、王佳敏等参加了本书研究工作和章节撰写。汤佳丽、任婷、甘泉、蒋翔、杨雄飞、李铁军、苏琼、陈曦等也参与了文献资料收集和书稿编排工作。本书最终由颜端武、李晓鹏统稿。

本书编写过程中参考了大量国内外文献资料，在此对所有参考文献作者表示诚挚的谢意。受到能力和水平的限制，本书难免有不足之处，并且信息服务用户的技术接受行为本身就是一个较为复杂的问题，因此，本书还存在许多有待进一步完善的地方。在此，恳请各位专家、学者和广大读者批评指正、多多赐教，提出宝贵意见。

作　者

2017 年 2 月

目　录

第1章　绪　　论

信息技术和信息系统应用的迅猛发展，使各行各业卷入信息化进程中，信息服务机构也不例外。尽管信息技术有着提高组织效率、增进组织绩效的巨大潜力，但这种潜力最终能否实现，取决于用户如何使用它（鲁耀斌和徐红梅，2005；张楠等，2009）。信息技术和信息系统实际价值的体现也依赖于用户对信息技术接受和使用的程度（Hong et al.，2002）。经过多年的发展，我国信息服务工作的信息基础设施建设已初具规模，当前信息服务活动的发展和进一步推进必须关注信息技术与信息系统能否进一步充分发挥其价值和效用的问题，即信息服务活动中用户对信息技术的接受问题。

1.1　研究背景

近年来，用户技术接受研究涉及领域主要集中在企业信息化方面。信息服务活动中对用户技术接受行为及影响因素的课题研究还比较少见，已有的相关研究大多围绕用户满意度及其测评展开，对用户技术接受行为的一般过程及其相关规律的理解和揭示，对用户技术接受中的学习认知、影响因素和影响机理，以及反映和考察用户接受信念调整的研究涉及较少，体系化、系统化的研究工作还比较缺乏。因此，研究和分析信息服务活动中用户技术接受的影响因素和影响机理有其现实和理论背景。

1.1.1　现实背景

（1）信息技术在信息服务领域表现突出。

信息技术和信息系统已渗透到社会、经济、工作和生活的各个领域，并给社会经济、生产方式和消费结构带来了重大变化（金海卫，2006；王知津和孙立立，2006）。尤其在信息服务领域，信息技术不仅让用户需求从一般信息需求转变为信息精品需求，从文本资料需求转变为多媒体信息需求，而且改变了用户获取信息的方式。从传统的手工检索到互联网引擎查询，越来越多的用户通过信息服务系统自助式地获取资源，满足信息需求。

（2）新型数字科技信息环境下的信息服务理念不断深化。

知识的组织与利用始终与先进信息技术密切相关，信息技术发展对信息服务工作具有根本性促进和变革作用（李静海，2013）。随着现代信息技术在信息资源组织、信息交流传播以及科研创新服务中的推进，文献资源的形式、用户利用信息与知识的行为方式、文献信息服务模式，乃至信息服务机构组织方式，都在发生革命性变化，新型数字科技信息环境已经出现。

在这种环境下，网络化、协同化科研不断扩展，开放式科研、集群化科研等多种模式不断涌现，科技创新的信息需求不断扩展和深化。当前，信息服务理念已从“信息本位”走向“用户本位”，其发展和演化经历了“信息资源中心—信息交流中心—信息用户中心”的变化过程（王知津和徐芳，2009）。因此，需要充分认识和重视信息服务用户在信息服务活动中的重要地位，以用户为中心满足其信息需求，不断提高信息资源获取交流的便捷程度，不断提高信息服务系统的利用效率。

（3）用户的接受和充分使用是信息服务系统绩效提升的关键。

信息技术和信息服务系统实际价值的体现依赖于用户对信息技术接受和使用的程度。Chircu 等（2007）认为，信息服务组织绩效最终能否实现取决于目标用户对新服务系统的使用情况。Devaraj 和 Kohli（2003）强调实际信息服务系统的使用是信息服务系统对信息服务组织影响的驱动力。低效的信息服务技术使用已经被认为是导致信息服务技术投资与期望收益之间差距的关键原因，并且威胁着信息服务技术长期的发展和繁荣（Dwivedi et al.，2010）。

经过多年的发展，我国信息服务的基础设施建设已初具规模，当前信息服务工作的深化发展必须持续关注信息技术与信息系统的使用绩效，即信息服务活动中用户对信息技术的接受问题。

1.1.2　理论背景

用户信息技术接受具有现实意义，一直受到国内外研究学者的重视，目前现有研究可以总结为以下三个方面。

1）用户技术接受影响因素研究已在多个领域展开

学者们从不同的视角，对不同领域的技术接受进行研究，以此来解释与探索对信息技术接受感知和行为的影响因素，研究模型有TAM（technology acceptance model，即技术接受模型）（Davis，1989；Davis et al.，1989）、计算机自我效能（computer self-efficacy）（Compeau and Higgins，1995a，1995b）、任务技术匹配（Goodhue et al.，1997）、动机模型（motivational model，MM）（Davis et al.，1992）等。这些模型已经在信息系统领域中得到认可。TAM是其中最为重要的理论模型之一，它有两个关键的因素：感知有用性和感知易用性。此外，用户技术接受还受到外界因素影响，如之前的使用经验（Jackson et al.，1997）、个体计算机效能（Venkatesh and Morris，2000；Davis and Venkatesh，1996）及具体情景化的调节因素，如性别（Huang et al.，2003）、文化（Straub et al.，1997）和技术特点等。TAM已经被广泛地应用于各种领域，用来研究用户接受各种信息技术的影响因素。从早期的文字处理系统、在线学习系统、图形处理软件到目前的移动服务系统、在线游戏以及信息服务中的各种应用系统等（Cooper and Zmud，1990），其应用范围越来越广，如表 1.1 所示。然而针对不同领域的信息技术，其影响因素必然存在差异，有必要进一步分析信息服务活动中影响用户对信息服务系统接受的因素。

表 1.1　技术接受模型理论研究的应用领域

应用领域	1995年之前	1996~2000年	2001~2005年	2006~2010年	2011年	2012年	2013年	2014年	2015年
社会化媒体							√	√	√
虚拟社区						√	√	√	√
在线支付					√	√	√		
电子商务			√	√	√	√	√		
电子政务					√	√	√	√	√
网络游戏				√					√
图书馆			√	√	√	√	√	√	√
网络银行						√		√	
移动服务				√	√			√	
企业资源计划			√	√	√				
远程医学		√	√						
个人计算机	√	√	√	√					
智能手机							√		√
数据库	√	√	√	√					
图形处理	√	√							

续表

应用领域	1995年之前	1996~2000年	2001~2005年	2006~2010年	2011年	2012年	2013年	2014年	2015年
在线学习			√	√	√	√	√	√	√
在线服务		√	√	√	√	√			
电子数据表	√	√		√					
万维网	√	√	√						
物联网						√	√	√	
文字处理	√	√	√	√					

2）信息服务领域与企业信息系统之间的用户技术接受存在较大差异

国内外学者已经提出很多理论模型来验证企业信息化过程中用户信息技术接受问题，为企业信息化的发展提供了有力的帮助。虽然用户信息技术接受的相关研究在企业信息化领域已较为普遍，但是反映在信息服务活动中还是存在较大差异。这些差异体现在用户使用目的、用户与信息技术的关联度、用户对信息技术接受的内容以及用户对信息技术接受的内在心理认知四个方面。

首先，用户使用信息技术的目的不同。企业员工主要是借助于信息技术来完成日常工作，使用信息技术的目的在于工作需求。用户在使用信息服务系统时，主要是为了满足自己学习以及科研工作的信息需求，以解决问题和完成任务为目的。

其次，用户与信息技术关联度不同。对于企业员工来说，信息技术与他们的日常工作密不可分，信息技术已经被日常化、规律化。而对于信息服务系统来说，用户会更加关注于系统提供的内容资源与自己学术研究之间的关联程度，只有自己有需求时才会使用。

再次，用户对信息技术接受内容不同。企业用户技术接受关注用户是否愿意接受信息技术所提供的业务管理及业务流程等功能。而对于信息服务系统来说，技术接受更多地关注于信息资源检索功能以及所提供的内容资源能否满足学术科研需求。

最后，用户对信息技术接受的内在心理认知不同。在企业信息化活动中，企业员工的内在心理上面临着从手工操作行为到机器操作行为的内在心理认知的巨大转变，特别是在实施信息化的初期，需要强制性的外部压力来推动这种转变。而信息服务系统用户使用系统的目的是查找搜索信息资源，信息服务系统极大提高了这种查找效率，因此用户会更加积极乐观地使用信息服务系统。如何促进用户学习认知、消化吸收查找结果、形成积极使用意向是此类系统面临的基本问题。

3）现有技术接受理论研究存在不足

尽管技术接受理论研究已经比较成熟，但是现有研究中对技术接受阶段以及用户信念动态调整缺乏系统深入的研究。

首先，现有技术接受理论研究对技术接受阶段考虑不足。现有理论和模型可以较好地解释用户接受或拒绝信息技术的原因，但从技术应用实施的角度来看，其最终目标是在解释用户接受或拒绝信息服务系统原因的基础上，探寻提高技术系统接受的有效措施。信息技术的接受和使用是由一系列活动构成的动态过程，单纯地基于用户静态、局部研究分析并不能很好地理解信息技术接受过程中存在的障碍。结合过程模型分析来构建信息服务活动中用户技术接受的影响因素模型，可以更为完整地描述和理解用户信息技术接受的问题本质。

其次，对用户接受使用过程中的信念调整与心智改变考虑不足。现有研究大多是从静态的角度，探索用户技术接受的影响因素和因果关系。用户信念直接影响着用户态度和使用行为，而对系统的认知是用户信念调整的依据和基础。用户心智模型及其观测是考察用户接触信息服务系统，学习使用系统界面功能的有效方法和手段。因此，综合分析用户对信息服务系统的接受和使用过程，考察和研究信息用户接触和学习信息系统界面功能的心智模型动态变化机制，才能进一步理解用户信念、态度动态演化规律以及与使用意向的关系。

鉴于此，本书的研究工作聚焦于以用户为中心、认知为目的的终端用户技术接受问题，以信息服务活动中最为典型的文献数据库系统、门户网站系统的用户使用为研究和考察对象，着重关注用户对信息服务系统接受的过程，研究在此过程中的影响因素以及用户内心信念、认知心智的动态调整和发展变化。

1.2 研究问题的提出

当前用户使用信息服务系统呈现如下特点：一方面，随着信息资源数字化程度的提高，用户越来越依赖现代化的网络平台和信息系统获取资源和服务；另一方面，各类信息服务机构也借助网络信息平台构建了能够满足各类需求的丰富多样的信息数据库资源，为创新性科学研究提供充分的信息保障。提高信息资源的获取和利用效率，保障信息基础设施建设投入的社会和经济效益，需要关注用户对信息技术的接受问题。

现有研究大多针对企业信息化领域，对信息服务活动中用户技术接受行为及其影响因素的研究和探讨还比较少见。而且，已有技术接受的相关研究大多是基于现有 TAM 之间的静态关系研究，缺乏用户使用和接受技术系统一般过程的深入详细讨论，缺乏对用户认知活动的考察和分析。基于此，本书以信息服务活动中最为常用和具有典型代表性的信息服务系统用户使用活动作为具体实验分析和调查对象，针对以下四个方面的问题展开研究。

（1）用户对信息服务系统接受的一般过程是怎样的？

单纯地基于个体用户的静态、局部研究分析并不能很好地理解信息技术接受过程中存在的障碍。因此，本书将在分析技术接受的含义基础之上，着重分析用户接受信息服务系统的过程都有哪些具体阶段和主要活动。对过程阶段的细致分析将有助于探索用户接受文献数据库系统过程的影响因素。

（2）用户接触和使用服务系统过程中心智模型动态变化机制如何？

对信息服务系统界面功能的接触和学习是用户使用信息服务系统的开始，用户对信息服务系统产品从不熟悉到熟悉的过程中存在着心智模型的改变和提升；同样，从信息系统的角度来看，信息服务系统的交互界面和功能处理是否符合用户起初或者大部分用户典型的认知模式，也对用户对信息服务系统的认同具有重要作用。因此，了解和观测用户接触学习信息服务系统界面功能的心智模型，对分析和理解新手用户成长中的认知信念形成和发展具有重要性，可为交互界面的改进、用户服务效率的提升等提供依据。

（3）影响用户对信息服务系统接受的因素有哪些，影响机理如何？

信息服务系统是用户满足信息需求的重要手段。在对用户接受信息服务系统过程分析的基础之上，本书将通过文献综述以及数据调查等方法，从个人因素、系统因素以及调节因素等方面分析用户在形成信息服务系统使用意图（intention of use，IU）、使用信念过程中的影响因素，并将通过问卷调查对结构方程模型（structural equation modeling，SEM）验证分析，从而为提高信息服务系统的接受使用提供借鉴与指导。

（4）信念影响因素是否会随着用户的使用动态变化？

信念和意图是影响用户技术接受行为的关键因素。对于不同使用阶段或使用层次的用户来说，使用经验及对系统的熟悉程度不同，对系统的接受与使用的信念因素状况也存在不同。因此，有必要追踪用户的接受使用过程，分析其在使用过程中内心信念因素调整，以便从用户接受使用系统的角度提出针对性的措施。

1.3 研究目的和意义

知识经济时代，人们越来越重视信息和知识的获取。经过多年的发展，我国信息服务机构的信息基础设施已初具规模，通过信息技术和信息系统获得信息服务已经成为用户的选择常态。与大多数研究中针对企业经营管理的信息技术或信息系统应用问题相比，本书研究具有特殊性。

从信息服务对象，即信息用户来看，用户个体在知识存量、个人经历、认知风格等方面存在差异，需要结合用户特性、个体因素来研究用户对信息技术接受的问题；从信息服务目标来看，信息技术的接受程度在很大程度上影响着信息系统建设、用户满意度、技术投入回报以及信息资源开发利用的水平和效率；从研究关注的着眼点来看，目前主流的技术接受相关模型主要应用于信息系统软件的普及性研究，即目标对象是系统软件产品，模型用于分析软件产品是否被用户接受。与企业信息技术应用相比，信息服务活动的目标产品发生了变化，主要包括目标网站、目标检索产品、目标服务等，需要考察用户是否能够以及如何成为忠诚用户或热衷使用用户，研究用户持续接受信息服务技术和持续使用信息服务产品的内在机制，以便更好地实现对用户技术接受和使用行为的解释、预测、管理和服务。

作为信息技术的最终使用者，用户在日常工作中能否有效使用技术，决定了信息技术的真实价值和影响。信息技术是信息服务机构开展信息服务活动的重要途径和工具，系统而科学地研究用户技术接受问题，促进用户更有效地选择和使用信息技术，是保障技术投资、提高信息资源利用效率的现实迫切需求。本书研究具有重要理论意义和现实意义。

首先，本书针对信息服务活动中用户信息技术接受行为和学习认知的相关理论、影响因素和影响机理、用户成长的心智模型发展等进行深入的科学研究和实验实证分析，其研究视角、研究方法和研究成果可以进一步拓展信息服务范畴下用户行为研究的理论空间。

其次，本书将对用户技术接受以及心智模型等相关理论进行全面综述，从因果关系实验和用户行为实验两个角度对信息服务活动中用户技术接受过程、影响因素以及新手用户学习成长中的心智变化等开展深入研究和实证考察，并提出信息技术或信息系统实施中相应的用户服务与管理策略等，可以使这一方面的基础理论研究更加系统和深入，并为进一步的应用研究奠定基础。

最后，从实践的角度来看，希望本书的研究成果能够为那些已经、正在或是将要采纳新的信息技术或信息系统的信息服务机构及其信息服务工作提供指导，使其能够从用户的角度更好地理解和把握信息技术的接受和使用过程，更加全面地了解决定用户接受和使用行为的影响因素和影响机理，以及制定和推行能够促进用户接受行为的相应服务和管理措施。这对提高信息服务能力、有效促进用户技术接受、充分实现所采纳的信息技术的价值，进而提高用户对信息服务的满意度以及信息资源的开发利用效率等具有现实意义。

1.4 研究思路与内容安排

1.4.1 研究思路及创新

本书是对信息服务活动中用户技术接受行为的影响因素、影响机理的探索性研究，涉及情报学、图书馆学、管理学、心理学、行为科学和组织行为学等学科领域。

本书研究思路如图 1.1 所示，针对目前信息服务活动中用户技术接受研究的特点和研究目标，在相关学科领域理论方法的支持下，总结国内外研究成果，通过调查访谈、用户实验和数据收集，采取用户行为观测、结构方程模型、信度效度检验等研究分析方法，研究考察用户学习成长的心智模型变化，动态、全面而深入地分析用户信息技术接受行为的影响因素及之间的关系。在此基础上，通过将用户信息技术接受与信息服务机构的信息系统实施和服务开展对应起来，给出信息服务活动中信息技术应用评价和科学管理的策略与措施。

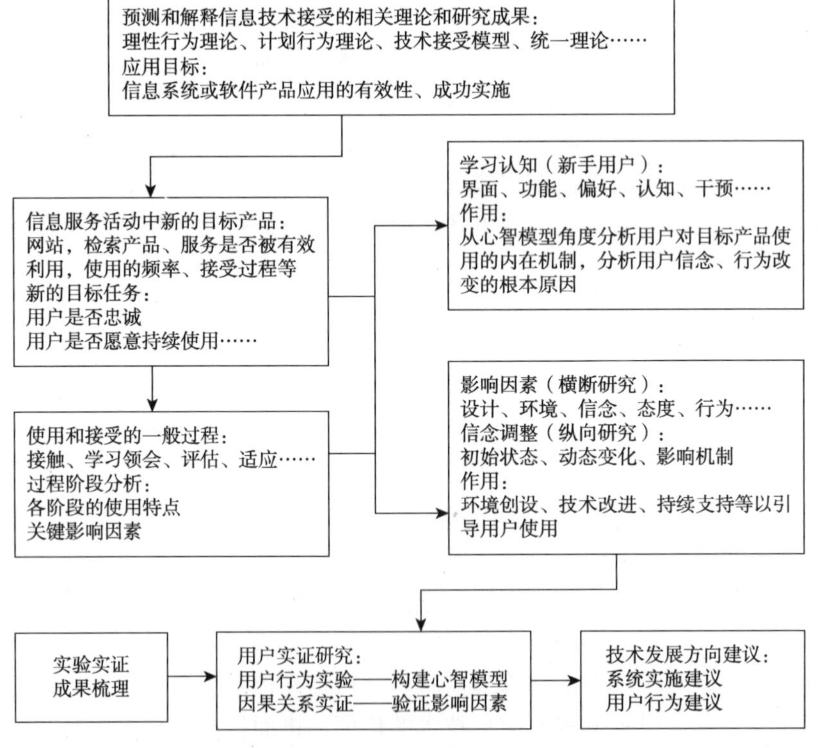

图 1.1 本书的研究基本思路

本书研究特色和创新之处在于：首先，将TAM及其扩展模型与因果关系法结合应用于信息服务活动中目标产品用户接受的影响因素分析具有创新性。目前技术接受相关理论模型多应用于企业信息化领域技术接受研究，将其应用于信息服务产品实施推广研究中，增强了学科的融合性。其次，从心智模型角度分析用户接受和使用技术的情况具有创新性。这可以从根本上分析用户接受或拒绝目标产品的原因，充分体现了“用户为中心”的理念。通过构建信息用户心智模型，考察用户成长的心智变化，为信息服务技术的发展提出对策建议。最后，在用户技术接受影响因素横断考察的基础上，尝试从纵向考察的视角进行用户技术接受过程中信念动态调整的探索性研究。通过分析考察用户成长和技术接受过程中信念因素调整变化的特点和规律，拓展信息服务用户技术接受研究的理论方法空间。

本书研究方法主要包括文献综述、理论研究、调查研究与实验研究等。文献综述是重要的研究方法，通过文献综述，对信息技术接受的相关研究和成果进行总结和剖析，明确当前研究的贡献和不足，为本书研究进行定位；在文献综述的基础上，通过理论研究和分析明确相关概念、基本原理等；调查研究往往是用来了解现状，发现复杂现象中起关键作用的变量及变量之间的关系，通过专家访谈和问卷调查，可从定性和定量的角度分析构建用户技术接受的概念模型；通过实验研究，具体包括因果关系实验和用户行为实验，可深入分析考察影响因素、影响机理和用户学习认知的心智模型改变，验证本书中理论框架和模型假设的合理性和可行性，并基于此为相关应用或技术实施等提供对策和建议。

1.4.2 研究内容安排

信息服务机构要提高信息服务绩效和水平，就不能技术至上，只是简单地获取信息技术，还应当采取有效措施促进用户对技术的接受和使用。本书不仅仅是寻求用户信息技术接受过程的描述和解释，而且希望能够找到评价信息技术、信息系统的实用方法，预测用户对技术或系统实施的反应，或是通过改变系统特性、实施过程以及服务和管理措施等来促进用户对技术、系统的接受和使用。

本书围绕研究目的从研究基础、研究方法以及研究结果来组织安排研究内容，如图1.2所示。本书以文献信息数据库系统和图书馆网站系统的用户使用为例来研究考察信息服务活动中用户学习成长的心智模型变化、用户技术接受的影响因素和影响机理等，从而为提供更易于用户理解、更符合用户感知体验的信息服务系统提供理论支持，为提高信息服务系统产品的使用效果和社会效益提供新的解决思路。

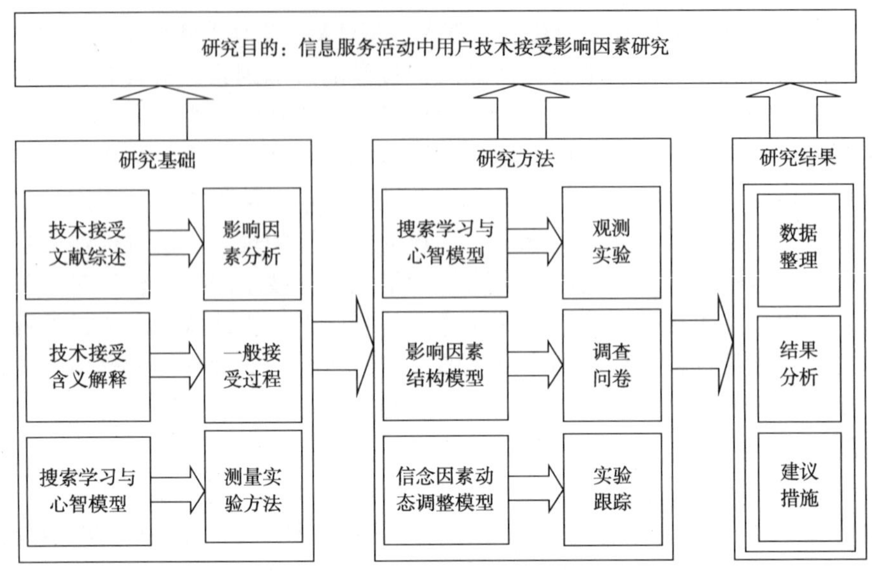

图 1.2 本书研究内容安排

1.5 研究对象及相关概念界定

1.5.1 信息服务

21 世纪是以知识为基础的信息社会，如同技术是制造经济的生命一样，服务是知识经济的灵魂。所谓服务，就是一方能够向另一方提供的任何一项活动或利益行为。服务在本质上是无形的，并且不产生对任何东西的所有权问题，其生产或经济活动可能与实际产品有关，也可能无关。服务可划分为劳动密集型服务和知识（智力）密集型服务，现代服务业的发展越来越强调服务活动中的知识附加值。

服务是存在于服务者与被服务者之间的、能够产生互利价值的、相互信任的契约关系。区别于制造类的产品和纯粹生产产品的过程，服务是有前台和后台的活动，能够创造价值。在工业化程度不够发达的阶段，很多服务没有从传统产业中独立出来，只是作为传统产业的内部活动在循环，并非服务活动的内容。目前，服务出现了以网络和 IT（information technology，即信息技术）为主要依托、知识和技术密集程度不断提高、服务的市场和提供服务的主体呈全球化的趋势等很多新的特征。服务的这些新特征，使服务经济在全球范围内迅速发展，也驱动了服务及其产业的变革，要求服务业突破服务于商品或者服务于有形的限制，实现服务创新。

信息服务是信息管理的主要环节，也是信息管理的重要组成部分，是微观信息管理的最终目的与归宿。信息服务的基本宗旨就是更好、更高效地发挥信息资源的价值，充分利用好信息资源，实现信息的价值。信息服务活动通过研究用户、组织用户、组织服务，将有价值的信息传递给用户，最终帮助用户解决问题。从这一意义上看，信息服务实际上是传播信息、交流信息、实现信息增值的一项活动。

信息服务概念有广义和狭义之分（王知津和孙立立，2006）。广义的信息服务概念泛指以产品或劳务形式向用户提供和传播信息的各种信息劳动，包括信息的搜集、整理、存贮、加工、传递以及信息技术服务和信息提供服务等；而狭义的信息服务（或称信息提供服务）则是指专职信息服务机构针对用户的信息需要，将开发好的信息产品以方便用户的形式准确传递给特定用户的活动。

信息服务具有提供信息、释疑解惑、整序引导、保值增值四个方面功能。信息服务的基本内容包括：对分散在不同载体上的信息进行收集、评价、选择、组织、存贮，使之有序化，便于利用；对用户及信息需求进行研究，以便向他们提供有价值的信息。开展信息服务包括五个基本要素：①信息用户，即信息接收者，是信息服务的对象、信息产品的利用者和信息服务业发展的需求动力；②信息服务者，即从事信息服务的各机构及机构中的有关人员，是信息服务的主体，它通过选择、加工、提供信息产品来满足用户的信息需要；③信息产品，即信息服务者收集、整理加工的各种已知的或潜在的社会信息、科学知识及科研成果，它构成了信息服务区别于其他服务的本质特征；④信息服务设施，即信息服务的物质基础和必要手段，包括计算机、通信设备、复印机、图书流动车等技术设备以及阅览室、情报咨询室、照排室等服务场所；⑤服务方法和策略，即开展信息服务中的各类操作技巧、方式、程序和制度等，如索引技术、软件技术、视频技术、服务岗位设立、服务评价等，它是实现信息服务效能的必备“软件”。

现代信息服务具有十分丰富的内涵、形式与组织方式，各种信息服务的结合构成了事实上的社会化信息服务体系。鉴于信息服务的复杂性，信息服务具体业务可以按多种方式分类（金海卫，2006）：①按信息服务作用的信息客体类型，可分为实物信息服务（包括材料、样品、样机信息服务）、交往信息服务（包括信息发布服务等）、文献信息服务（包括传统文献服务和数字文献服务）和数值数据服务；②按信息服务中的服务层次和信息加工深度，可分为一次服务（以原始信息为内容的服务）、二次服务（包括目录、题录、文摘、索引服务）、三次服务（在原始信息基础上的研究、综述与评价服务等）；③按信息服务的行业领域或主题内容，可分为科技信息服务、经济信息服务、技术经济信息服务、法律信息服务、流通信息服务、军事信息服务等；④按信息服务业务形式，可分为信息传输服务（通信服务）、宣传报道服务、信息发布服务、新闻出版服务、信息提供服务、信息检索（information retrieval，IR）服务、信息资源开发服务、信息分析与预测服务、咨询服务、系统开发服务、信息代理服务等；⑤按信息服务手段，可分为传统信息服务、电子信息服务等；⑥按信息服务指向范围，可分为单向信息服务（指向单一用户的服务）和多向信息服务（面向众多用户的服务）；⑦按信息服务用户范围分，可分为内部服务（面向内部用户的服务）和外部服务（面向外部用户的服务）；⑧按服务的主动性，可分为被动信息服务（由用户先提出服务要求，然后按需组织的信息服务）和主动信息服务（主动面向用户的信息服务）；⑨按信息服务持续时间，可分为长期信息服务和即时信息服务；⑩按服务是否收费，可分为有偿信息服务和无偿信息服务。对信息服务业务，还有其他一些划分方法。例如，按提供信息服务的主体，可分为专职信息服务和非专职信息服务；按提供信息的渠道，可分为正规渠道服务和非正规渠道服务。

1.5.2 信息用户

信息用户，从广义上讲，就是信息商品和信息服务的使用者、购买者、消费者，是指在社会实践活动中利用信息和信息服务的一切个人或团体。在本书研究中，主要关注作为信息用户的个人在信息服务系统使用中，对信息技术的接受和持续使用意愿。

信息用户的范围十分广泛，按不同的角度和标准可分为不同的类型。信息用户按用户使用信息的情况可分为潜在用户、期望用户、现实用户、受益用户；按人们所从事的工作范围或行业可分为农业用户、工业用户、自然科学用户、社会科学用户、科技用户等；按用户年龄可分为老年用户、中年用户、青年用户、少年用户等；按信息用户的知识结构，可分为一般用户、学习型用户、研究型用户等。信息用户的类型不是绝对的，对信息用户进行分类，目的是有针对性地研究不同类型的用户对信息需求获取的特点，因此，在实践中应结合具体情况选择合理的分类方法。

信息用户是信息服务活动的主要服务对象，是信息服务业和信息市场发展的重要力量。研究信息用户，对提高信息服务的效率和水平、提升用户满意度、研究应用信息资源开发利用的先进方法和技术等均有重要意义。

信息服务活动中的信息用户研究涉及多个学科，如管理学、系统科学、计算机科学、图书馆文献学、情报学、心理学等多个学科领域。从研究主题上看，信息用户的研究主要涉及用户行为、用户心理与认知、用户信息需求、用户信息行为、用户体验和用户满意度等方面，研究成果的着眼点或应用目标涉及信息资源建设与开发利用机制、信息服务网站的构建与评价、信息服务产品及服务功能的改进和完善，以及信息技术条件下人机交互的评价与改进等。

1.5.3　信息数据库系统

数据库系统是进行信息数据管理、提供信息服务的典型信息技术。数据库是由一个或多个文档（file）构成的集合，每个文档由若干记录（record）组成，每条记录由若干字段（field）构成。它可以是机读版的文摘、索引、期刊、百科全书、科学数据记录、全文和多媒体信息等。

信息数据库系统是利用信息技术进行信息资料的收集加工、组织存储、检索查询，以满足用户信息需求的典型信息服务系统。随着计算机、通信网络、数据库等信息技术的发展普及以及用户信息能力的提高，信息数据库系统已经成为用户获取信息满足需求的重要途径和方式，在信息服务活动中起着重要作用。存储的主题内容不同、信息类型不同，就构成了不同类型的数据库系统。信息数据库可以根据不同标准进行分类（李静海，2013），具体如下。

按照记录性质划分，信息数据库可分为参考数据库和源数据库两大类。参考数据库中的数据是文献或事实的参考内容，主要为用户提供查找源文献或事实的线索，指引用户获取原始信息的出处。它包括书目数据库和指南数据库。源数据库指包含原始文献信息全文、完整数据或节录的信息资源数据库。通常有全文数据库、数值数据库等。它与参考数据库的不同之处在于：参考数据库仅提供获取原始信息的线索，源数据库则直接为用户提供他们最终需要得到的事实、数值或文字信息。

按照收录的文献信息类型，信息数据库可划分为电子期刊数据库、电子图书数据库、电子报纸数据库、学位论文数据库、会议论文数据库、文摘型数据库、专利数据库、专题数据库等。

（1）电子期刊数据库：用来存储数字化期刊的数据库，通过特定的阅读软件在特制的阅读器或电脑、PDA（personal digital assistant，即掌上电脑）乃至手机等终端上阅读的媒介形态，如中国期刊全文数据库、中文科技期刊数据库（重庆维普）、SpringerLink、Kluwer Online 等中外文期刊全文数据库。

（2）电子图书数据库：电子书是利用计算机技术将一定的文字、图片、声音、影像等信息，通过数码方式记录在以光、电、磁为介质的设备中，借助于特定的设备来读取、复制、传输，如方正 Apabi 数字图书馆、超星数字图书馆、书生之家、Ebrary 电子图书等中外文电子图书数据库。

（3）电子报纸数据库：电子报纸必须具备两个条件，一是要有固定出版周期和栏目结构等传统印刷报纸的特征；二是通过电脑等阅读设备阅读，并依靠互联网发行。电子报纸最初是指传统报纸的电子版，后来电子报纸逐渐演变成信息量更大，以及服务更加充分的网络新闻媒体，如 CNKI（中国知网）中国重要报纸全文数据库、金报兴图等电子报纸数据库。

（4）学位论文数据库：是指大量存储各高校博硕士数字化论文的源数据库。很多学位论文因选题能够接触到前沿科学，所反映的创新见解和成果被企业采纳或采用后直接变成了生产力和产品，有较大的学术价值、情报价值和实用价值，如 PQDD（ProQuest Digital Dissertations，即数字化博硕士论文文摘数据库）全文库、CNKI 中国优秀博硕士学位论文全文数据库等。这类论文为在校博硕士生、教师及研究人员所青睐。

（5）会议论文数据库：是指存储各种数字化的会议论文的源数据库，如 CNKI 中国重要会议论文全文数据库、万方中国会议论文全文数据库。相对于出版周期较长的期刊论文来说，会议论文提供的信息更加新鲜、及时。

（6）文摘型数据库：只包含文献的题录和文摘，如果想获得一篇文献还需借助于其他的检索工具。这类数据库有全国报刊索引网络版、Engineering Village［包含 EI（The Engineering Index，即工程索引）］、ISI Web of Science-SCI（ISI 科学引文索引）。

（7）专利数据库：大量汇集发明专利、实用新型专利、外观设计专利等的源数据库，如中国专利数据库，专利的内容来源于国家知识产权局知识产权出版社，相关的文献、成果等信息来源于 CNKI 各大数据库。可以通过申请号、申请日、公开号、公开日、专利名称、摘要、分类号、申请人、发明人、地址、专利代理机构、代理人、优先权等检索项进行检索，并下载专利说明书全文。

（8）专题数据库：数据内容侧重于某一专题的数据库，常针对某种特定专业应用而建立，如道路数据库、国土资源数据库、地理信息数据库等。其中，龙语瀚堂典籍数据库包括小学工具类数据库、出土文献类数据库、传世文献类数据库和专业古籍数据库。

本书中的信息数据库系统是以科技学术用户为信息服务对象，通过网络向用户提供检索和原文提供服务的系统，是信息服务系统的范畴。在用户实验和实证研究中，将结合常用的文献信息数据库系统来进行，包括万方、维普、CNKI 等。

1.5.4 技术接受

从广义上讲，信息技术是“用来进行信息储存、处理和交流”的技术，主要关注于“将原数据转换为有用信息的硬件、软件、电信和办公设施，并在此过程中产生新的价值”（Cooper and Zmud，1990；Goodhue et al.，1997）。但从终端用户对信息服务系统接受的角度而言，信息技术指的是将原数据转化为有用信息的软件，在此过程中产生新的价值，包括信息储存、检索、处理和交流的应用。

据《韦氏大词典》的定义，“接受”是指“出于快乐、满意或是责任从而愿意接纳他人所提供之物（to take what is offered willing，whether for pleasure，for satisfaction of claim，or duty）”。因此，在信息服务活动中，用户技术接受是指个体用户愿意使用信息技术，应当包括个体使用信息技术的行动和愿意使用的态度两个方面，由行为、行为意向和态度组成。其中，行为是指信息技术的实际使用；行为意向用来衡量用户使用行为的意愿强弱；态度本质上是指人们对行为的认知反映，即个体对技术使用的正面或负面感觉。

如表 1.2 所示，Schwarz（2003）采用词源学的方法将技术接受分为五个维度，分别是接触（receive）、领会（grasp）、评估（worth）、适应（be given）和接受（submit to），并分析每一维度的主要活动及其活动的结果。

表 1.2　技术接受定义的维度

活动		接触	领会	评估	适应	接受
经常性的动作	定义	在单位时间内用户内心对信息技术接受活动的次数以及这些活动之间持续时间的长短	在单位时间内参与认知信息系统重复的活动以及这些活动之间持续时间的长短	在单位时间内评估信息技术对自己的作用重复的次数以及这些活动之间持续时间的长短	按照信息技术的要求来调整自己的生活	适应并屈从于信息技术的术语等
	表现	用户不再寻找其他选择	对系统有所了解并能恰当合适地使用	认为信息技术是有用的	愿意改变自己的日常习惯来适应新的要求	信息系统要求的有关术语是正确的
自然状态	定义	用户毫无疑问地接受信息技术	用户掌握领会技术的功能	信息技术对个体是有用的	个体愿意改变自己的日常习惯来适应新的要求	对技术的使用不仅局限于表面水平
结果		专注于某一技术系统	对信息技术的熟练使用	用户对系统感到满意，觉得有价值	信息系统有关需求的日常化	对信息系统的充分使用

（1）接触。对于接触维度，从频率的角度来理解，它是指在单位时间内用户内心对信息技术接受活动的次数以及这些活动持续时间的长短。信息技术的接受首先应该关注用户对技术的情感反应，核心便是他是否能够甘愿而不后悔地接受技术，因此这一阶段的问题是“我是否将毫无疑问地接受此项技术”。当用户越来越少地后悔自己对技术的选择并达到一种中立的状态之时，接受行动便变为连贯性的动作；当用户毫无顾忌地接受技术时，便达到一种很自然的状态；当用户不再寻找其他可替代的技术时，他就完全接受并专注于此技术。因此，对某一

技术专注是信息技术接受的结果。

（2）领会。处于这一维度的用户核心任务是全面了解技术，主要包括知道怎样合理地使用技术。这一维度主要包括接受的任务层面并思考以下问题：我已经了解怎样使用技术了吗？我是怎样发现技术中新的特征与功能的呢？当用户觉得自己能恰当合理地使用信息技术时便达到一种稳定的状态，当用户知道怎样熟练地使用技术时便了解掌握了技术。因此，对信息技术的熟练使用是领会信息技术的结果。

（3）评估。在技术使用刚开始及以后的交互阶段，用户觉得技术对自己而言是有用的他才会接受。但是用户从自己角度来看，搞清楚什么样的技术对自己是有价值的非常重要。这一维度的重点集中于个体是怎样评价信息技术的价值和积极方面的，任务包括对技术的评估和思考。例如，技术是否是有用的？技术能否满足我的需求？当用户觉得技术有价值并且对其非常中意时，他就会觉得技术是有价值的。

（4）适应。适应是指用户能否容忍技术给自己生活所带来的变化。思考的问题有：我是否愿意改变自己的日常规律来适应新的技术？当用户自愿地改变自己的日常规律来适应新的信息技术的时候便达到自然的状态，当用户将信息技术的使用当作日常生活中的某一部分，他已经适应了技术。

（5）接受。前面的维度是在讨论是否适应技术，而接受技术则意味着对其的进一步使用。如果用户决定使用技术时，他便表现出愿意屈从于技术的倾向。这一阶段主要包括的问题有：我是否充分地接受信息技术中我使用的部分？用户越遵守就会更多地使用该技术。

Schwarz（2003）关于技术接受的5个维度定义既在一定程度上反映了如何判断衡量用户接受使用信息技术的充分程度，也较为清晰地描述了新手用户从接触领会信息技术到成长适应并接受信息技术的基本环节。同时，也揭示了在用户技术接受这一课题研究中，实际上至少存在着两个方面的问题值得关注，即新手用户对信息技术的接触、认知和学习成长问题；经验用户对信息技术的评估适应和接受使用问题。

第 2 章　用户技术接受研究现状及理论发展

国内外关于用户技术接受相关模型理论的研究和发展，是本书研究信息服务活动中用户技术接受影响因素的理论基础。现有研究有从个体层面展开的，也有着眼于组织层面，研究组织信息系统实施的技术吸纳问题，如创新扩散理论、组织行为、变革管理等。为从整体上了解和分析本领域研究现状，本章运用文献数据库检索和文献计量方法对相关研究文献进行了检索和统计分析。在此基础上，着重对用户个体层面技术接受相关模型理论进行归纳和总结，探讨 TAM 的理论发展和研究应用情况，从而为本书研究工作开展提供理论依据。

2.1　用户技术接受国内外研究现状

为从整体上了解和分析国内外本领域研究现状，本章运用文献数据库检索和文献计量方法对相关研究文献进行了检索和统计分析。用于统计分析的文献来源主要有两类：一类是学术期刊论文，国内的期刊论文从 CNKI 中国学术期刊全文数据库获得，国外期刊论文则通过 Elsevier ScienceDirect 期刊全文数据库获得；另一类是博、硕士学位论文，国内学位论文通过 CNKI 博硕士学位论文库检索获得，国外学位论文通过 ProQuest 数字化博硕士论文文摘数据库（ProQuest Disstertation & Theses，PQDT）检索获得。

项目组于 2015 年 2 月至 3 月访问了以上数据库，设定检索时限为“不限时间”，即检索数据库中所收录的所有相关文献。通过文献搜集和统计分析，获取并考察了近 20 年来的国内外期刊论文和学位论文发表情况以反映本领域研究概貌。

2.1.1 用户技术接受国外研究现状

1. 技术接受外文期刊论文的计量分析

文献数据来源：检索数据库为 Elsevier ScienceDirect 期刊全文数据库；检索项为 technology acceptance*，进行关键词检索匹配，不限定时间；检索结果为 Search results: 526 results found for KEYWORDS。以下按照年代、期刊来源和研究主题对检索结果外文期刊论文分布进行统计分析。

1）外文期刊论文年代分布

根据表 2.1 可知，Elsevier ScienceDirect 数据库中“技术接受”研究的期刊论文最早刊载于 1995 年以前，说明 1995 年以前国外已开始兴起对“技术接受”的研究。在 1996~2002 年这七年，研究数量较少，每年只有零散的几篇，说明在这段时间技术接受的相关研究并没有引起国外广泛的关注，研究处于起步阶段。直到 2003 年以后，关于技术接受的相关研究才开始了突飞猛进的增长，在之后的十余年间研究数量逐年增长，2014 年期刊论文数量达到 92 篇，为历年最高，说明技术接受方面的研究在国外仍处于热点关注中。

表 2.1 外文期刊论文年代分布

年份	2014	2013	2012	2011	2010	2009	2008	2007	2006	2005
数量/篇	92	57	57	43	32	57	37	34	18	23
年份	2004	2003	2002	2001	2000	1999	1998	1997	1996	1995 及以前
数量/篇	15	20	5	5	4	5	2	2	1	1

2）外文期刊论文来源分布

根据表 2.2 可知，刊载“技术接受”研究论文的外文期刊来源相对比较集中，其中 20 种外文期刊收录了 377 篇文献，占检索结果文献的 71.7%。通过期刊名称分析，技术接受的研究课题主要涉及三类学科领域：一类是计算机科学领域，一类是信息系统和信息管理领域，还有一类是管理学领域。可以看出，国外在“技术接受”领域方面的研究主要集中在以上三个领域，并且在这三个领域的研究数量基本相当。

表 2.2 外文期刊论文期刊来源分布（单位：篇）

期刊来源	数量	期刊来源	数量
Computers in Human Behavior	69	Procedia-Social and Behavioral Sciences	28
Information & Management	67	Computers & Education	22

续表

期刊来源	数量	期刊来源	数量
International Journal of Medical Informatics	20	Electronic Commerce Research and Applications	12
Expert Systems with Applications	19	Journal of Retailing and Consumer Services	10
Decision Support Systems	18	Interacting with Computers	8
International Journal of Information Management	15	Journal of Biomedical Informatics	8
Government Information Quarterly	14	Industrial Marketing Management	7
International Journal of Human-Computer Studies	13	Procedia Technology	7
Journal of Business Research	13	Technovation	7
Telematics and Informatics	13	Tourism Management	7

3）外文期刊论文研究主题分布

根据表 2.3 中“技术接受”外文期刊论文的研究主题分布，按照研究数量和主题词解读，大致可以分为两个方面：第一个方面主要涉及技术接受的要素研究，如技术接受、感知有用性、接受模型、行为意图（behavior intention，BI）、感知风险（perceived risk）、感知易用性、社会影响（social influence）、态度等；第二个方面主要涉及技术接受研究的应用或关注领域，如互联网、信息系统、信息技术、网络影响、e-学习系统、医疗健康信息、移动互联网等。

表 2.3　外文期刊论文研究主题分布（单位：篇）

研究主题	数量	研究主题	数量
technology acceptance	64	e-learning system	7
perceived usefulness	44	perceived risk	7
acceptance model	27	social influence	7
behavioral intention	20	perceived ease	6
internet	18	web-based learning	6
information system	12	attitude	6
information technology	12	ERP system	6
subjective norm	12	health information	5
internet banking	9	mobile internet	5
soft ware	8	web site	5

注：ERP：enterprise resource planning，即企业资源计划

2. 技术接受外文学位论文的计量分析

文献数据来源：检索数据库为 PQDT 国外博硕士学位论文文摘索引数据库；检索项为 technology acceptance *，进行关键词检索匹配，不限定时间；检索结果为 217 篇。以下按照年代、学位授予单位和研究主题对检索结果外文学位论文

分布进行统计分析。

1）外文学位论文年代分布

根据表2.4可知，研究的外文学位论文在1996年以前已经开始出现，到2005年的这段时间里，国外逐渐兴起对“技术接受”问题的研究，但数量较少，处于初步萌芽阶段。从2006年到2014年，从发展趋势来看，这段时间内对“技术接受”的研究呈现逐年增长的趋势，2013年达到研究数量的最高峰，说明国外高校对该领域的研究越来越广泛，该项研究逐渐成为国外高校的研究热点。

表2.4　外文学位论文年代分布表

年份	2014	2013	2012	2011	2010	2009	2008	2007	2006	2005
数量/篇	23	33	26	21	20	18	17	7	13	6
年份	2004	2003	2002	2001	2000	1999	1998	1997	1996及以前	
数量/篇	6	3	5	5	7	3	2	1	1	

2）外文学位论文学位授予单位分布

根据表2.5可知，美国的卡佩拉大学在“技术接受”这方面的学位论文数量要远远多于其他国外高校，占技术接受研究学位论文研究总量的20%左右。此外，美国的中北大学、乔治·华盛顿大学和纽约州立大学在技术接受方面的学位论文数量也相对较多，爱荷华州立大学、普渡大学、威斯康星大学、马里兰大学等也各有3篇技术接受方面的学位论文，这说明关于技术接受方面的研究已经受到了国外很多知名高校的广泛关注。

表2.5　外文学位论文学位授予单位分布（单位：篇）

学位授予单位	数量	学位授予单位	数量
Capella University（卡佩拉大学）	43	Mississippi State University（密西西比州立大学）	3
Northcentral University（中北大学）	10	Purdue University（普渡大学）	3
Nova Southeastern University（诺瓦东南大学）	10	University of Houston（休斯敦大学）	3
Walden University（瓦尔登大学）	10	University of Hawai'i at Manoa（夏威夷大学马诺阿分校）	3
The George Washington University（乔治·华盛顿大学）	8	The University of Wisconsin-Madison（威斯康星大学麦迪逊分校）	3
State University of New York at Albany（纽约州立大学奥尔巴尼分校）	7	University of Maryland, Baltimore（马里兰大学巴尔的摩分校）	3
George Mason University（乔治梅森大学）	5	University of Minnesota（明尼苏达大学）	3
Robert Morris University（罗伯特莫里斯大学）	5	University of South Carolina（南卡罗来纳大学）	3
Iowa State University（爱荷华州立大学）	3	University of Toronto（Canada）（加拿大多伦多大学）	3

注：表中学位授予单位仅包含学位论文数量2篇以上的高校

3）外文学位论文研究主题分布

根据表 2.6 可知，国外高校关于“技术接受”学位论文的研究主题分布较为广泛，其主要的研究主题涉及信息技术与信息系统、管理学、教育科学与教育技术、计算机科学、医学与健康护理等方面，对行为科学、感知行为学等方面研究有所涉及，但研究总量相对较少，在图书馆与信息科学方面的研究还比较缺乏。与外文期刊论文的研究主题分布相比，国外高校学位论文中教育科学与教育技术、医学与健康护理这两类主题方面的研究受到重视，是国外高校“技术接受”相关研究的热点主题。

表 2.6　外文学位论文研究主题分布（单位：篇）

主题分布	数量	主题分布	数量	主题分布	数量
information technology	112	electronic health records	10	business administration	6
management	53	industrial engineering	10	educational software	6
studies	40	organizational behavior	10	health education	6
computer science	36	public health	10	perceptions	5
information science	35	business community	9	behavioral sciences	4
health care management	28	health care	9	cognitive therapy	4
occupational psychology	23	marketing	8	communication	4
information systems	19	operations research	8	electronic commerce	4
nursing	17	social psychology	8	nurses	4
educational technology	16	behavioral psychology	7	public administration	4
models	16	physicians	7	systems design	4
technology adoption	12	technology	7		
web studies	11	behavioral sciences	6		

注：表中主题分布仅包含学位论文数量 3 篇以上的主题

2.1.2　用户技术接受国内研究现状

用户技术接受国内研究的文献检索以 CNKI 为数据源，检索式为题名或关键词匹配，即“（TI=技术接受 or TI=技术采纳 or TI=技术接纳）or（KY=技术接受 or KY=技术采纳 or KY=技术接纳）”，检索时间不限，检索结果文献共 379 篇。通过结果文献的标题和摘要阅读筛选，去除与主题不相关或相关性不大的文献，最终得到 CNKI 中文研究文献 360 篇，包括学术期刊、学位论文和会议论文集三种文献类型。

1）中文研究文献的类型和年代分布

中文研究文献的每年发文量说明技术接受研究的变化趋势，如表 2.7 所示。根据中文研究文献的年代分布来看，其与外文期刊论文数量分布趋势基本一致，但其研究兴起要比国外晚两年左右。外文期刊论文从 2003 年起逐渐兴起，而中文研究文献数则从 2005 年起逐渐递增。从 2007 年开始，技术接受研究中文文献数量开始迅速上升，表明技术接受问题正逐渐成为国内近年来的研究热点。

表 2.7 中文研究文献类型和年代分布

年份	期刊论文/篇	学位论文/篇	会议论文/篇
1993	1		
1996	1		
1999	2		
2004	2		1
2005	11	3	1
2006	7	2	
2007	10	9	2
2008	17	8	
2009	26	7	1
2010	24	11	1
2011	33	11	2
2012	34	13	4
2013	44	17	3
2014	37	14	1
合计	249	95	16

2）中文研究文献来源分布

期刊论文和学位论文的性质不同，我们分别对这两类中文研究文献进行来源分布统计，如表 2.8 和表 2.9 所示。

表 2.8 中文期刊论文期刊出版来源（单位：篇）

期刊出版来源	数量	期刊出版来源	数量
商场现代化	6	开放教育研究	4
科技管理研究	6	研究与发展管理	4
科技进步与对策	6	中外企业家	4
情报杂志	5	软科学	4
统计与决策	5	安徽农业科学	4

续表

期刊出版来源	数量	期刊出版来源	数量
农业技术经济	4	电化教育研究	2
现代教育技术	4	商业时代	2
科学学研究	4	南京农业大学学报（社会科学版）	2
信息系统学报	4	软件导刊（教育技术）	2
中国电化教育	3	广东农业科学	2
中国科技论坛	3	技术经济	2
中国远程教育	3	农业经济问题	2
江苏商论	3	管理学报	2
林业经济评论	3	新闻与传播研究	2
现代情报	3	现代管理科学	2
情报科学	3	情报理论与实践	2
远程教育杂志	3	科研管理	2
图书馆学研究	3	科学学与科学技术管理	2
图书情报工作	3	科学管理研究	2
企业经济	2	信息技术与标准化	2
中国教育信息化	2	自然辩证法研究	2
中国农村观察	2	价值工程	2
中国农村经济	2	系统工程理论与实践	2
中国农学通报	2	其他	109

表 2.9　中文学位论文学位授予单位分布（单位：篇）

学位论文授予单位	数量	学位论文授予单位	数量
浙江大学	7	华中农业大学	2
北京邮电大学	6	华东理工大学	2
哈尔滨工业大学	5	西南交通大学	2
南京大学	4	湖南农业大学	2
东北财经大学	3	华南理工大学	2
东北大学	3	华中科技大学	2
合肥工业大学	3	电子科技大学	2
上海交通大学	3	湖南大学	2
复旦大学	3	山东大学	2
天津大学	3	其他（1 篇）	35
清华大学	2		

从表 2.8 可以看出，刊载技术接受研究论文的期刊比较广泛，且累计刊载数量都不大，刊载论文数最多的为 6 篇，这些期刊有《商场现代化》、《科技管理研究》和《科技进步与对策》等。情报学和图书馆学领域的期刊也有刊载技术接受方面的研究论文，但发文量不大，大多在 2~3 篇。

表 2.9 显示的中文学位论文学位授予单位分布与期刊来源分布情况大体一致，分布较为广泛。发表学位论文数量最多的是浙江大学，共有 7 篇，其他论文数量在 2 篇以上的高校大多为“211”或“985”高校，表明技术接受研究在学术研究中得到了重视，研究机构实力也相对较强。

3）中文研究文献的学科类别分布

根据 CNKI 检索结果中的中文研究文献学科类别划分来看，国内关于技术接受研究涉及的学科领域比较广泛，如表 2.10 所示。其中，经济管理、计算机技术和信息领域是技术接受研究的重点领域，典型的如经济管理领域的宏观经济管理与可持续发展、企业经济、贸易经济、农业经济等学科的研究文献分布较为明显，这可能与近年来新型技术或先进技术在企业生产管理、内外贸易以及农业生产管理中的应用有一定关系。其他学科类别，如教育科学、新闻传媒以及图书情报等学科领域对技术接受的研究也有一定程度的涉及。

表 2.10 中文研究文献的学科类别分布（单位：篇）

学科类别	数量	学科类别	数量
宏观经济管理与可持续发展	93	管理学	5
企业经济	71	建筑科学与工程	5
计算机软件及计算机应用	64	市场研究与信息	5
贸易经济	46	农作物	4
农业经济	45	互联网技术	4
数学	38	环境科学与资源利用	4
教育理论与教育管理	30	电信技术	4
信息经济与邮政经济	28	服务业经济	4
新闻与传媒	22	轻工业手工业	3
工业经济	16	中国政治与国际政治	3
农业基础科学	13	高等教育	3
图书情报与数字图书馆	10	行政学及国家行政管理	3
金融	6	计算机硬件技术	3
经济理论及经济思想史	6	旅游	3
农艺学	5		

4）中文研究文献主题分析

通过对这 360 篇中文研究文献进行关键词统计分析，得到出现次数较多的关键词，对出现 7 次及 7 次以上的关键词以及论文数量进行了统计，见表 2.11。

表 2.11　中文研究文献关键词分布

关键词	数量/篇	百分比/%
技术接受模型	98	27.22
技术采纳	76	21.11
技术接受	31	8.61
信息技术	30	8.33
影响因素	29	8.06
结构方程模型	23	6.39
信息技术采纳	18	5.00
电子商务	13	3.61
采纳	12	3.33
创新扩散	12	3.33
实证研究	11	3.06
技术采纳模型	11	3.06
感知风险	10	2.78
TAM	9	2.50
技术接受模型（TAM）	9	2.50
农户	9	2.50
计划行为理论	8	2.22
网络团购	8	2.22
使用意向	7	1.94
技术扩散	7	1.94
移动商务	7	1.94

上述关键词分布表中，除文献检索时所采用的“技术接受”、“技术接纳”和“技术吸纳”三个关键词及其包含词汇外，出现较多的关键词包括信息技术、影响因素、结构方程模型、信息技术采纳、电子商务、创新扩散、实证研究、感知风险、农户、计划行为理论（theory of planned behavior，TPB）、网络团购、使用意向、技术扩散和移动商务等。通过这些高频关键词分布可以看出，技术接受国内研究主要涉及理论方法和应用领域两个方面。理论方法方面主要包括 TAM、创新扩散、计划行为理论、结构方程模型、实证研究等，应用领域则包括信息技术、电子商务、农业技术和移动商务等。

2.2 技术接受模型理论发展演变

在信息系统领域有关技术接受的研究中，Davis（1989）提出的TAM能够有效理解和解释信息系统使用行为，一经提出就引起了重视，在不同用户群体、不同技术、不同组织环境下得到验证和完善，下面将对 TAM 理论研究进行详细综述。

2.2.1 理性行为理论

理性行为理论（theory of reasoned action，TRA）是由 Fishbein 和 Ajzen 于 1975 年提出并被广泛应用于社会心理学的理论模型。该理论认为人的 BI 影响其实际的行为，而 BI 又受到态度和主观规范的影响，如图 2.1 所示。

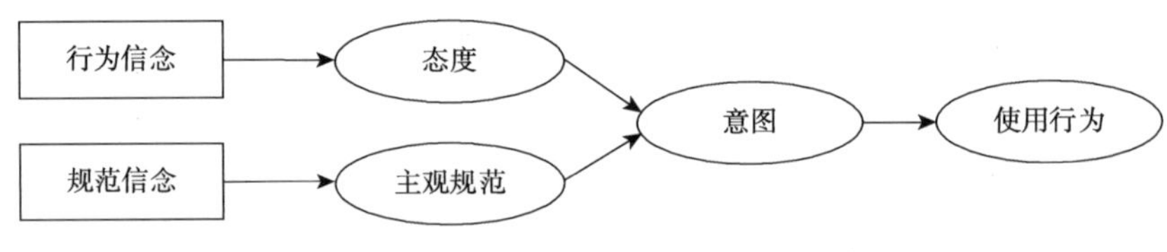

图 2.1 TRA 模型

态度是由对行为结果的主观信念和对这种结果重要性的估计所决定的，它是指人们对实施某一目标行为所持有的正面或负面的情感。主观规范则是指是否依据对自己比较重要的人的希望而履行所讨论的目标行为，反映人们行为所受到的社会影响，这是个体主观上对社会规范的感知。TRA 假设人是理性的，会综合考虑各种信息、考虑自身行为的意义和后果，然后才会去做出某一行为。

对人们行为有影响和作用的间接因素（如年龄、性格特点、性别、社会地位）等并不包含在理论模型之中。TRA 模型所界定的变量可以很好地解释个体行为的决定因素，年龄和性别等变量对行为的影响是间接的，通过对模型中有关变量的影响显现出来，因此被作为外生变量处理。从信息系统研究的角度来看，这也是 TRA 最有价值的地方。基于这一结论，在大量基于 TRA 的技术接受研究中，用户特点、系统设计特点都被归为外生变量，它们只有通过 TRA 所揭示的内在心理变量，才能对用户接受产生影响。

2.2.2　技术接受模型

Davis 于 1989 年对 TRA 进行修正，提出了描述信息系统用户接受的 TAM，主要目标是解释说明计算机广泛接受的决定性因素。

在 TAM 中，影响用户接受信息系统的关键因素有两个。

（1）感知有用性（perceived usefulness，PU），反映用户认为使用某一系统对他工作绩效提高的程度。

（2）感知易用性（perceived ease of use，PEOU），反映用户认为容易使用某一具体系统的程度。TAM 结构如图 2.2 所示。

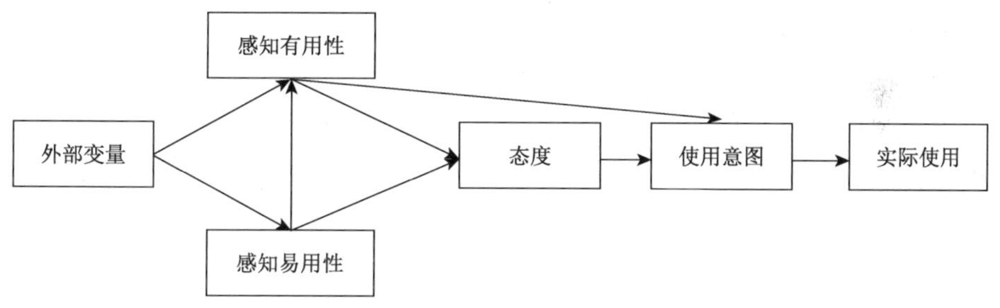

图 2.2　TAM

与 TRA 一样，TAM 同样假定信息技术的使用是由使用意图所决定的。不同的是，在 TAM 中，使用意图是由用户对使用的态度和感知有用性共同决定的；感知有用性和感知易用性共同决定使用态度；感知有用性是由感知易用性和外部变量共同决定的；外部变量决定感知易用性。这里所说的外部变量与 TRA 中的外部变量是一样的，它为 TAM 中内部因素（包括信念、态度、动机）与外部因素（包括不同的用户差异、环境约束）之间建立起了一种联系。TAM 自提出后，便被广泛应用于信息系统的研究，仅在 1989~2001 年，就大约有 100 篇研究与此理论有关（Ma and Liu，2004）。

2.2.3　技术接受模型 2

在前期技术接受研究基础上，Venkatesh 与 Davis 于 2000 年对最初的 TAM 进行了扩展，加入了 4 个相关的社会性影响变量、3 个对使用者认知系统有用的相关变量，构成的新模型称为技术接受模型 2（technology acceptance model2，TAM2），如图 2.3 所示。

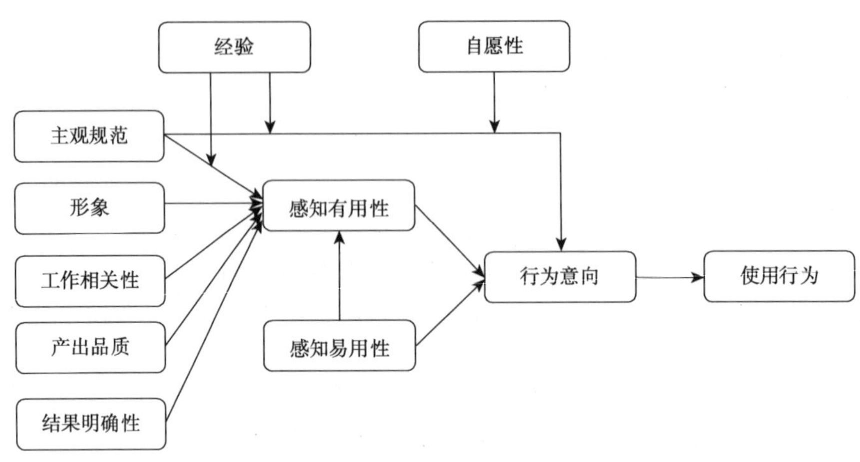

图 2.3 TAM2

模型中社会性影响变量包括主观规范、形象、自愿性和经验，工作相关性、产出品质和结果明确性则是对用户认知系统有用的相关变量，各变量含义如表 2.12 所示。

表 2.12 TAM2 中影响感知有用性和行为意向的两类因素定义

类别	相关变量	定义
社会影响过程	主观规范	用户觉得对自己而言重要的人认为自己是否应该使用一项特定信息技术
	形象	用户感知到使用某项信息技术会提高自己在社会系统中地位的程度
	自愿性	用户认为接受一项特定信息技术决策的非强制性程度
	经验	用户对某项信息技术使用的经验程度
认知工具过程	工作相关性	用户对目标信息技术在自己工作中应用性程度的评估判断
	产出品质	用户感知到使用信息技术能够完成任务的好坏程度
	结果明确性	用户感知到使用一项特定信息技术的结果有形的、可观察的和可传达的程度

资料来源：Venkatesh 和 Davis（2000）

研究者针对 4 个组织在系统实施前一个月、实施后一个月和实施后三个月 3 个时间点，对其 4 个不同系统使用情况的纵向数据进行收集和分析，研究结果发现：感知有用性被解释了 40%~60%方差，而行为意向被解释了 34%~53%方差，很好地解释与证明了 TAM2。TAM2 最主要的贡献在于扩展了 TAM，提供了用户判断感知有用性的关键因素。

2.2.4 整合性技术接受和使用模型

Venkatesh 等在 2003 年提出了整合性技术接受和使用模型（the unified theory

of acceptance and use of technology，UTAUT）。该模型是在 TRA、TAM、动机模型、计划行为理论、TAM 与计划行为理论整合模型、创新扩散理论和社会认知理论（social cognitive theory，SCT）的基础之上，提取出了四个影响用户接受动机的因子，包括绩效期望、努力期望、社会影响、便利条件。实证结果发现 UTAUT 解释了使用意向的 70%的方差，模型如图 2.4 所示。

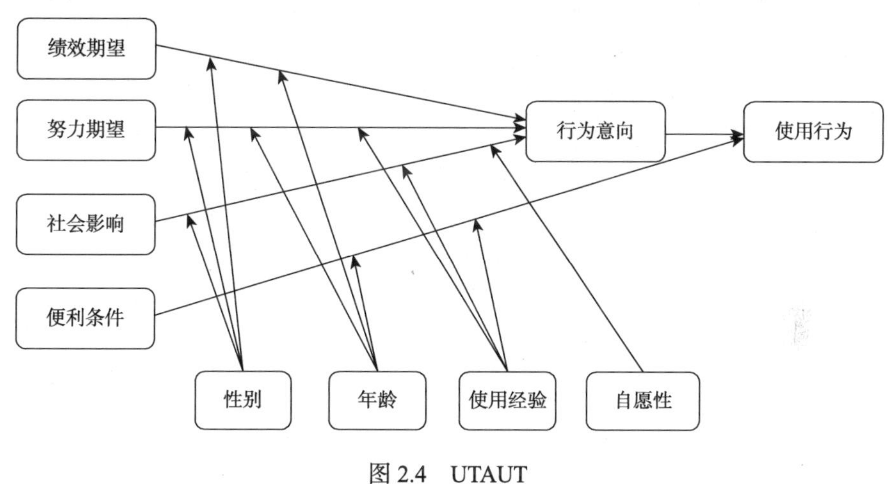

图 2.4　UTAUT

2.2.5　技术接受模型 3

TAM2 理论模型（Venkatesh and Davis，2000）识别了影响感知有用性的因素，研究了影响感知易用性的因素。Venkatesh 和 Bala（2008）在上述研究的基础之上提出了同时识别感知有用性和感知易用性决定因素的模型，即技术接受模型 3（technology acceptance model 3，TAM3），如图 2.5 所示。

TAM3 认为感知有用性的决定因素不会影响感知易用性的决定因素，同时感知易用性的决定因素也不会影响感知有用性的决定因素，即他们的决定因素之间没有交互效应。此外，提出使用经验三个新的调节效应，即使用经验会调节感知易用性和感知有用性、计算机焦虑（computer anxiety）和感知易用性，以及感知易用性和行为意向之间的影响关系。

在该模型中，感知有用性的决定因素与 TAM2 中的一样，感知易用性的决定因素则由锚定（anchor）因素和调整（adjustment）因素组成。其中，锚定因素包括计算机自我效能、外部控制感知（perceptions of external control）、计算机焦虑和计算机有趣（computer playfulness）；调整因素包括感知娱乐性（perceived enjoyment，PE）和客观可用性（objective usability）。

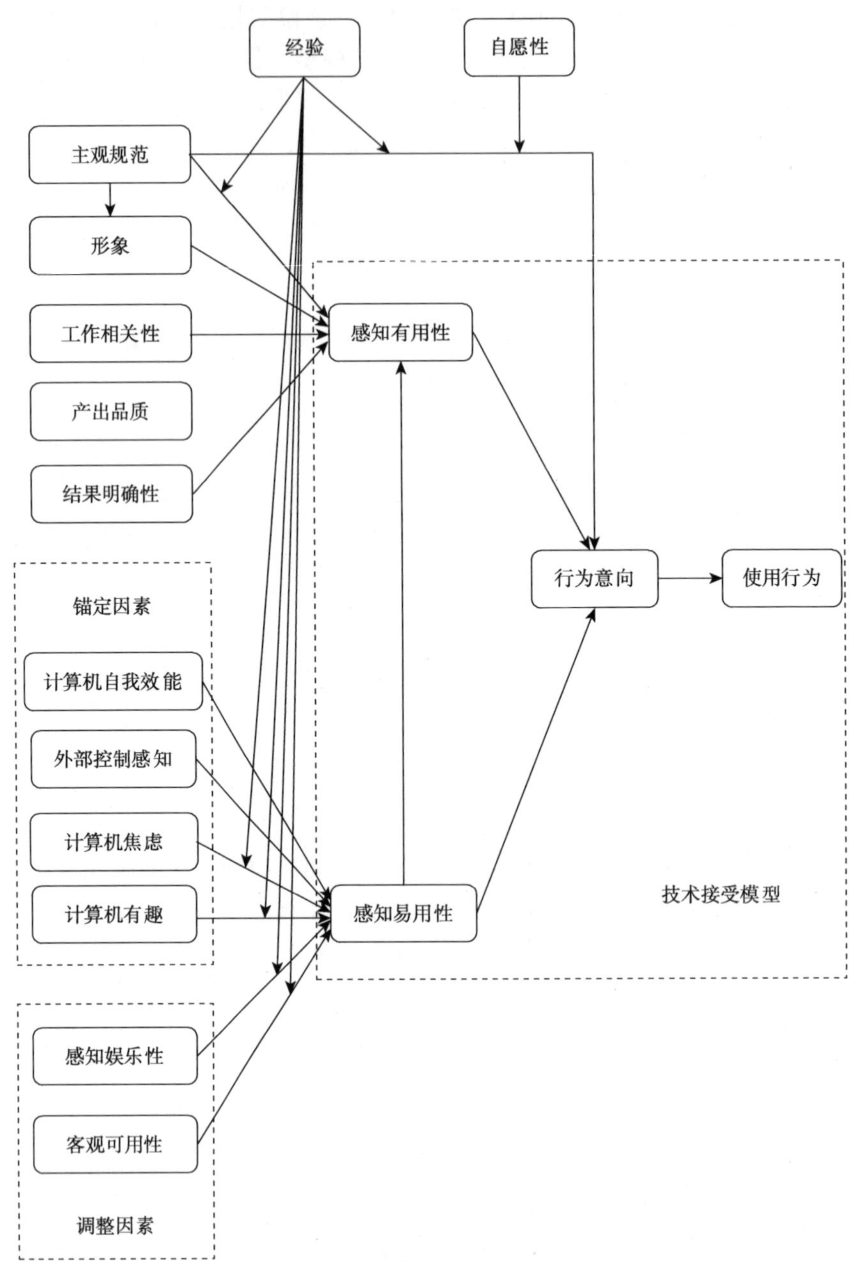

图 2.5　TAM3

上述影响感知易用性的变量定义如表 2.13 所示。

表 2.13　TAM3 中影响感知易用性的两类因素定义

类别	相关变量	定义
锚定因素	计算机自我效能	用户认为自己具有能力使用计算机去完成特定任务的程度
	外部控制感知	用户感知存在的组织和技术资源来支持信息技术使用的程度
	计算机焦虑	用户面对可能使用计算机时恐惧甚至害怕的程度
	计算机有趣	用户在与计算机交互过程中认知自发性的程度
调整因素	感知娱乐性	用户感知到除了使用信息技术带来绩效外，在使用本身上带来的令人愉快的程度
	客观可用性	比较完成特定任务时采用不同信息技术所需的实际努力水平（而不是感知水平）

资料来源：Venkatesh 和 Bala（2008）

自从 Davis 等于 1989 年提出最初的 TAM，到 2000 年提出的 TAM2 和 2003 年提出的 UTAUT，再到 2008 年提出的 TAM3，这些研究对信息管理特别是个人信息技术接受领域产生了重大而深远的影响。从原始模型到 TAM2 的十多年里，很多研究都在对原始模型中变量测量进行研究，并将模型运用到各领域，从而证明了模型的稳健性。

TAM2 和 TAM3 的研究主要讨论影响用户技术接受的外部变量，同时将个人因素作为调节变量加入模型中。UTAUT 的贡献在于把其他理论模型引入 TAM 中，并整合了这些模型中对使用行为和行为意向的决定因素。除此之外，还分别讨论了年龄、性别、自愿性和使用经验这 4 个调节变量在 TAM 中的影响。

2.3　技术接受模型变量研究进展

2.3.1　外部变量研究进展

TAM 对使用者接受和使用信息技术提供了颇有价值的洞察力，主要聚焦于技术接受的决定因素，也就是感知有用性和感知易用性，而没有阐述这两个用户感知是如何形成的（Mathieson，1991）。明确指出影响感知有用性和感知易用性的前置因素将更好地理解使用者对信息服务系统的技术接受。为了解决 TAM 中存在的上述局限性，许多学者开展了相关研究，通过增加一些外部变量从而扩展 TAM（Venkatesh and Davis，2000；Lee et al.，2003）。

基于上述的讨论，将前人研究所提到的外部因素进行总结，具体见表 2.14，着重对自我效能（self-efficacy）、感知娱乐性、主观规范、计算机革新性、相关性和服务质量等常见外部变量进行分析。

表 2.14　技术接受主要外部变量研究

外部变量	自我效能	感知娱乐性	主观规范	计算机革新性	相关性	服务质量
Sánchez 和 Hueros（2010）	*					*
Djamasbi 等（2010）		*				
Park 等（2009）					*	*
Liao 等（2009）	*			*		
Youngberg 等（2009）					*	
Hsu 等（2009）	*					
Serenko（2008）		*		*		
Gallego 等（2008）		*		*		
van Raaij 和 Schepers（2008）				*		
Purao 和 Storey（2008）				*		
Chakraborty 等（2008）	*		*			
Walczuch 等（2007）			*			*
Hasan 和 Ahmed（2007）	*				*	
Roca 等（2006）	*					*
Yi 等（2006）			*	*		
Liu 和 Ma（2005）						*
Lee 等（2005）		*				
Shih（2004）					*	
Yi 和 Hwang（2003）	*	*				
Hu 等（2003）	*		*		*	

*表示已有研究中涉及外部变量的研究

1）自我效能

自我效能是指个体对自己能否执行某一任务或者行为的信念。Hsu 等（2009）在对统计学软件的技术接受研究中发现，自我效能影响感知有用性。Lee 等（2011）在对办公软件 Excel 2010 版的技术接受研究中发现，无论是在接受的初期，还是在接受的后期，自我效能都对感知有用性和感知易用性具有决定性的作用。

对自我效能的测量，一般通过以下几个方面进行：①我能获取系统的内容；②我能随意地驾驭系统的内容；③在不被告知怎样运用的情况下，我可以很好地使用系统；④我能够解决系统引起的问题；⑤如果有用户手册，我能够很好地运用。

2）感知娱乐性

感知娱乐性是指除去可以预期的绩效结果，个人感觉其在与网络的交互作用中的愉悦程度。以往用户对信息技术的评价和接受主要从认知的方向来研究（Davis，1989；Venkatesh et al.，2003）。在心理学、市场营销学、行为组织学等领域，情感已经被证实对社会判断、消费偏好和工作满意度等方面有深远影响。最近，信息系统领域的研究者已经通过各种各样的视角来研究信息技术的情感影响。

Serenko（2008）研究得出愉悦性对易用性有影响，即那些发现系统有趣的用户就会觉得系统比较容易使用。Yi 和 Hwang（2003）在基于网络系统的环境之下，研究发现愉悦性对形成感知有用性的影响作用强于感知易用性。Lee 等（2005）证实了愉悦性对态度和 BI 具有调节作用。Djamasbi 等（2010）研究了积极的情绪对 TAM 的影响，结果显示积极的情绪和对决策支持系统接受之间具有明显的正向关系。这对管理人员的启示就是可以创造出一种快乐轻松的氛围，让员工更好地对系统进行接受与使用。

3）计算机革新性

在信息技术领域，计算机革新性可被定义为用户对新的信息技术愿意尝试的程度（Agarwal and Prasad，1999），它已经受到了学者们充分的注意与研究。

van Raaij 和 Schepers（2008）发现计算机革新性与感知易用性紧密相关，但对感知有用性却没有太大影响，较高的革新性能够帮助用户容易地操作系统。Lewis 等（2003）在研究学校对网络技术的接受中，发现计算机革新性对感知有用性和感知易用性均具有影响。

4）相关性

相关性，也就是指系统能成功地提供用户所需信息的匹配程度。相关性和用户对系统有用性的判断密切相关。当用户发现系统和自己的任务有关时，他就会觉得系统是有用的。

Hu 等（2003）的研究得出，工作相关性是老师对 PPT 接受时感知有用性的最重要的决定因素，在培训前后的不同阶段，其路径系数分别达到 0.78 和 0.69。Shih（2004）在对网络使用行为的研究中，将相关性作为信息需求阶段的主要影响因素。Park 等（2009）在对发展中国家数字图书馆的技术接受的研究中发现，系统实施不成功的主要原因就是系统提供的内容与当地用户需求之间不匹配，而且相关性也影响感知易用性。

5）服务质量

Ralph 将服务质量定义为帮助用户解决有关软件和硬件的问题。服务质量不仅会帮助用户解决困难，而且会让用户满意并产生积极使用的意图。

Sánchez 和 Hueros（2010）的研究结果证实服务质量对感知易用性和感知有用性有直接的影响，这和 Ngai 等的研究结论一致。Park 等（2009）认为信息系统本身并不能让用户对其接受与使用，然而及时有效的帮助在数字图书馆使用中具有决定性的作用。

除上述谈到的外部变量外，众多影响感知有用性的外部因素被发现并被证实检验有显著影响，如社会存在感（social presence）、社会影响（Karahanna and Straub，1999）、认知吸收（cognitive absorption）（Agarwal et al.，2000）、效率增益（efficiency gain）（Hu et al.，2003）和感知风险等。

同时许多影响感知易用性的外部变量也被验证，如文化亲和力（cultural affinity）、认知吸收（Agarwal et al.，2000）、搜索领域知识（knowledge of search domain）、术语知识（terminology）、可达性（accessibility）（Karahanna and Straub，1999）。这些变量的识别推动了理论科学的前进，将这些技术接受研究成果应用到实践中能有效加深我们对现象的理解，并为管理行动提供指南。

2.3.2 调节变量研究进展

TAM 被大量应用于不同的技术，服务于不同的组织以及不同类型国家中的不同使用者。除了发现 TAM 的稳健性外，模型彼此之间的关系、方向和变量之间关系的强弱并不一致，这就说明在不同的研究环境下，需要加入研究情景的作用（Davis et al.，1989；Taylor and Todd，1995；Szajna，1994）。

因此，需要研究情景因素在不同研究背景下所发挥的作用，从而揭示研究结果不一致背后的原因（Adams et al.，1992；Venkatesh et al.，2003）。识别 TAM 应用的情景因素将推动 TAM 领域研究的科学进展和成熟，一些影响用户技术接受的重要调节变量已经被研究。

用户信息服务系统接受过程中包含 3 个基本要素（Burton-Jones and Straub，2006）：①用户——信息服务系统的使用主体；②信息服务系统——用户使用对象；③任务，也就是功能的执行。在个人层面上，用户就是在完成任务过程中采用信息技术的个体；信息技术提供功能去支持一个或多个任务；任务是由用户完成的有目标导向的活动。在用户技术接受过程中关键因素是用户，因此，本书将着重分析用户的调节影响。

用户的调节变量主要包括人口统计学变量，如性别（Venkatesh et al.，2000，

2003）、年龄（Venkatesh et al.，2003；Morris et al.，2005）、使用经验（Taylor and Todd，1995；Karahanna and Straub，1999；Venkatesh and Bala，2008）、用户类型（King and He，2006）和文化（Huang et al.，2003；Schepers and Wetzels，2007）等。

性别变量已渐渐地从信息技术接受行为研究中消失。然而，也有研究显示，在决策制定过程中，男性和女性的表现是不一样的（Venkatesh and Morris，2000）。

性别的两大差异对用户接受研究非常重要：首先，男性比女性更加务实、更具有工作导向和成就需求的动机，所以更易受到感知有用性的影响。Venkatesh 和 Morris（2000）的研究显示，男性更易受到感知有用性的影响而女性更易受到感知易用性的影响。其次，与男性相比，女性具有更高的计算机焦虑和较低的计算机自我效能，因此女性对感知易用性更为看重（Venkatesh and Morris，2000）。Venkatesh 等（2003）研究得出性别调节感知有用性和 BI 以及感知易用性和 BI 之间的关系。

很多研究已开始关注年龄的调节效应对信息技术接受的影响。Venkatesh 等（2003）的研究发现，年轻人比老年人更加注重外在的奖励（和感知有用性类似），所以相对于老年人，年轻人认为感知有用性更重要。随着年龄的增长，人们越来越难处理复杂的系统，所以老年人更看重感知易用性。此外，当年龄变大时，老年人更加需要归属，更有可能遵照别人的意见，因此他们更容易受到主观规范影响。也就是说，其研究表明，老年人比年轻人更容易听从别人的意见。

一般来说，现在的模型对有经验、无经验的用户来说都是适用的，但是现有的研究也证实了对于有无经验的用户来说，感知有用性、感知易用性与 BI 之间的关系也是不一致的。当用户使用经验增长时，感知易用性对感知有用性的影响增大（Venkatesh and Bala，2008）。当获得较多使用经验时，用户会觉得感知易用性对系统使用行为意向的重要性降低了。最后，由于经验丰富的用户会根据经验知识来决策使用行为，因此 BI 和使用行为之间的关系对越有经验的用户越强（Taylor and Todd，1995）。

2.3.3　模型变量的测量验证

自从 Davis 提出 TAM 之后，许多学者从信度（reliability）和效度（validity）两个方面对最初的测量感知有用性和感知易用性的量表进行检验。

Adams 等（1992）在不同研究背景和信息技术下对 TAM 进行研究，结果发现感知有用性和感知易用性具有较高的信度和效度。不过 Segars 和 Grover（1993）在用 LISREL（一种软件工具）进行验证性因子分析时发现感知有用性和感知易用性存在测量上的潜在缺点，建议将感知有用性分成感知有用性和有效性两个维度。同时他们对 Adams 等（1992）得出的感知有用性的单一维度进行解释，认为其原因是使用了经典的统计技术。Barki 和 Jon（1994）也建议原始的感知有用性测量了包括感知有用性、感知生产率、有效性和绩效的提升等不同的变量。

Chin 和 Todd（1995）对 Segars 和 Grover（1993）的研究提出不同意见。他们再次对 Segars 和 Grover（1993）所基于 Adams 等（1992）研究的数据进行验证，同时在增加新研究的基础之上发现 Davis 最初的感知有用性的单一维度是正确的。除此之外，他们将 Segars 和 Grover（1993）的结果解释为他们在做验证性因子时存在问题。

Davis（1993）也对其最初的 TAM 进行研究验证。他在对 112 名工人使用文本编辑器和 E-mail 的研究中发现，TAM 能够很好地解释这两种技术的接受行为。Subramanian（1994）研究得出感知有用性和感知易用性是稳健的，可以在各种技术和组织背景下使用这些测量工具。Szajna（1994）对 47 名 MBA（muster of business administration，即工商管理硕士）学生使用数据库管理系统软件的选择行为进行判别分析后发现，感知有用性和感知易用性具有良好的预测效度。

Davis 和 Venkatesh（1996）通过实验研究来测量问项，包括按研究变量分组和问项混合两种方式，结果发现两种方式对变量的信度和效度以及变量间的路径系数没有显著影响，因此建议为了更好地解释和预测用户技术接受，TAM 的测量应该按照最初提出的测量方式。

Ma 和 Liu（2004）通过元分析发现，测量感知有用性的问项从 6 个增加到 8 个，测量感知易用性的问项从 6 个增加到 38 个，这些测量的差别主要是将 TAM 应用于不同的技术背景中。大量的研究表明 TAM 的测量量表的信度都超过 0.9，量表测量效果表现出高的聚敛、区分和法理效度。

2.4 技术接受模型相关应用研究

TAM 自提出之后就受到研究者的充分关注并被应用于研究各种信息技术，因此，需对 TAM 的研究应用领域进行总结。

Lee 等（2003）在分析了 70 余种信息技术后把信息技术分成沟通类、通用目的类、办公系统类和专业类。King 和 He（2006）通过回顾信息技术接受的研究，将其分成四种使用类型，分别是工作任务应用、办公室应用、一般使用和互联网使用。通过元分析结果发现，工作任务应用和办公室应用非常相似，所以可以将其归为一类。

Hsiao 和 Yang（2011）通过共被引分析的方法，将 TAM 的研究领域分为与任务有关的信息系统、e-commerce（电子商务）及娱乐性质的系统（hedonic system）。不难发现，这些分类方法具有共同点，与任务有关的信息系统与工作相关、办公系统非常相似。另外，娱乐性质的系统近十年来成为研究的热点。结合所搜索到的资料，本书将技术接受的研究领域分为与工作任务相关的系统、internet（互联网）和 e-commerce 以及娱乐性质的系统。

1）与工作任务相关的系统

信息系统最主要的目的是改善工作绩效、提高工作效率。与工作任务相关的系统包括自动化软件（如电子数据表、文本编辑）、办公系统（如文字处理、电子数据表以及数据库等）、系统开发（如程序设计工具、软件维护工具）以及交流系统（如 E-mail、语音邮件、移动电话、面对面的交流）。

对于与工作任务相关的系统而言，研究结果显示感知有用性比感知易用性对实际的使用具有更强的积极影响（Karahanna and Straub，1999；Ong et al.，2004）。除此之外，在用户的接受过程中还受到自我效能、相关性以及服务质量等外界因素的影响。

2）internet 和 e-commerce

对 internet 使用的增加和全球化的 e-commerce，导致研究者对 e-commerce 的关注持续加强（Gefen et al.，2003；Morgan and Hunt，1994）。

许多的理论和实证研究都在试图找出如信任等影响用户接受的因素，以此吸引网络用户来购买更多的产品。对于 e-commerce 而言，信任似乎是最重要的，因为它是许多关系的关键（Morgan and Hunt，1994）。目前对信任的研究已经从早期的单维度研究转为对消费者隐私和信息安全两个方面的研究。

3）娱乐性质的系统

van der Heijden（2004）将信息系统分为生产信息系统和娱乐信息系统。娱乐性质的系统包括一些有关时尚或者一些消遣的网站，如即时短信服务、在线游戏、在线购物或者移动服务等，它们重于系统的新奇性与娱乐性。

用户使用娱乐性质的系统主要是关注其精神方面，通过有趣的网站、PDA，特别是移动电话等寻求多种感官感受（Bruner and Kumar，2005）。因此，在这一应用领域，在形成使用态度时，内在的动机因素，如趣味性和易用性比有用性更重要（Moon and Kim，2001；van der Heijden，2004）。交互性网站的视觉吸引力对鼓励人们充分参与，如在线游戏、网上冲浪、简单的浏览或者购物都具有重要影响（Hsu and Lu，2004）。

TAM 针对目标使用群体也展开了大量研究，如学生（Adams et al.，1992；Chakraborty et al.，2008）、教师（Lewis et al.，2003）、医生（Ilie et al.，2009）、知识工人（Thompson et al.，1994）、公务员（Bhattacherjee and

Sanford，2006）、IT 开发者（Hardgrave et al.，2003）、雇员（Shih，2004）、老年人（Lam and Lee，2006）、家庭和消费者（Hong and Tam，2006）。在不同研究时间、针对不同研究样本以及应用在不同的研究背景下的结果表明，TAM 中的量表和预测关系具有相对稳健性，对使用行为解释能力非常卓越。

第3章 用户信息技术接受过程及关键影响因素分析

信息技术的接受和使用并不是一个单一的行为活动，而是由一系列行为活动构成的动态过程。单纯地基于个体用户的静态、局部研究分析并不能很好地理解信息技术接受过程中存在的障碍。对于技术接受的研究可以包括因素研究和过程研究两个基本范式，结合过程模型分析来构建信息服务活动中用户技术接受的影响因素模型，可以更为完整地描述和理解用户信息技术接受的过程和本质。

本章在现有创新扩散理论、用户信息搜索行为理论等研究成果的基础之上，结合对高校图书馆用户使用网站资源服务及其认知状况的调查研究，总结提炼信息服务中用户技术接受的一般过程和用户技术接受的关键影响因素，并探讨该过程中影响因素所起的作用。

3.1 技术接受过程分析的理论基础

研究和分析用户接受使用信息技术的过程阶段，有利于探讨用户在接受使用过程中的内心认知活动、影响因素等。因此，对于过程的讨论已经引起广大学者的重视。现有研究涉及用户技术接受过程分析的主要有创新扩散方面的个体创新采纳过程模型以及用户信息行为方面的信息搜寻行为理论模型。

3.1.1 个体创新采纳过程模型

创新扩散理论（董景荣，2009）最早是应用于社会学领域的。创新是指“被人们认为是新鲜的观点”，而扩散是指“创新传播的过程”。创新扩散理论是创新传播效果研究的经典理论之一，是由美国学者埃弗雷特·罗杰斯（E. M. Rogers）于20世纪60年代提出的一个关于通过媒介劝服人们接受新观念、新事物、新产品的理论，侧重大众传播对社会和文化的影响。创新扩散理论已被广泛应用于研究从农业工具到组织创新等不同类型的创新活动。

由于信息技术的发展和应用普及，新的信息技术出现以及新手用户对信息技术的接触使用均可视为对目标用户的一种创新。因此，部分研究者从创新扩散的角度研究个体用户的技术接受和使用问题。罗杰斯的创新扩散理论实际上包括了个体和组织两个层面的创新扩散模型（罗杰斯，2002），如图3.1所示，他将个体层面的创新采纳过程分为知识、说服、决策、使用和确认五个阶段，并认为创新采纳过程的影响因素包括创新技术特性、采纳决策者特性以及传播渠道。可以看出，罗杰斯关于创新采纳的五个阶段划分与Schwarz（2003）关于技术接受定义的5个维度具有一致性。

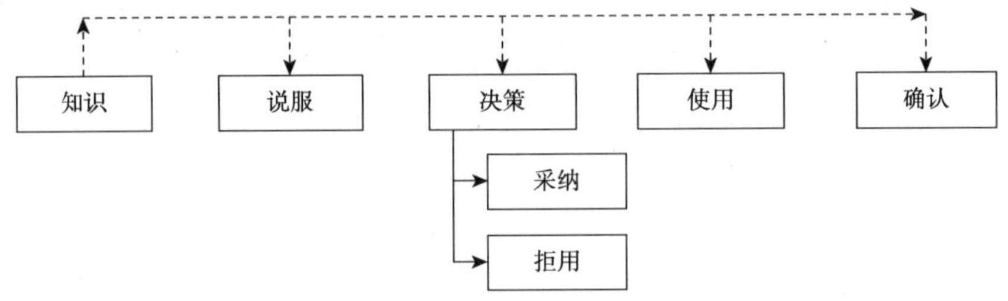

图3.1 罗杰斯创新采纳过程模型

创新技术特性被认为是影响个体对创新接受的重要变量。这里，创新特性实际上是个体对创新特点的主观感受。这种感受对创新的采纳与否具有影响力。罗杰斯在总结创新扩散大量案例和研究文献的基础上，提出了五个创新特性，即相对优越性、相容性、复杂性、可试性（trialability）及可察性。研究表明，相对优越性、相容性及复杂性与创新技术的采纳决策有稳定的联系，其他指标对技术采纳的影响则随技术和采纳者的不同有较大的差异。

在采纳决策者特性方面，个体在创新精神或者认知特点上的差异会影响个体对创新的接受。处于同一个社会系统中的不同个体，不会在同一时间采纳创新，而是按照一定的顺序采纳创新。刚开始时，创新传播速度较慢，需要创新推广者的努力。随着越来越多的人采纳创新，创新扩散速度会不断加快。在创新扩散早期，创新推广者采纳新技术后，会通过合适途径，将创新介绍给社会系统中的其他人。当早期的采纳者达到总人数的关键点（即创新扩散模型的拐点）后，采纳过程就步入了正轨。

Agarwal 和 Prasad（1999）将创新精神的个体差异这一因素应用于信息技术领域，研究个体对新技术的接受。他们将个体的创新精神定义为决定用户对技术使用正面信念的个人倾向，这实际上是一种个体主观感觉，反映了个体愿意尝试新的信息技术的程度，会影响技术感知与技术接受之间的关系。

此外，在创新扩散过程中，采纳者对创新意义的认识既是一个主观的认识过程，又是一个社会建构过程。除了受到创新推广者的影响外，采纳者的人际传播网络对其认知也有重要影响。技术采纳总是在特定的社会系统中进行，社会系统的结构、主观规范成为系统中人们采纳创新与否的重要背景。当创新技术符合社会系统的价值取向时，将能够有效促进人们对新技术的采纳。

3.1.2　信息搜寻行为理论模型

1）Wilson 信息行为模型

Wilson（1999）早在 1981 年就提出了自己的信息搜寻行为模型，如图 3.2 所示。该模型建立在两个基本主张上：一是信息需求并非是最原始的需求，而是源于更为基础性的需求，即生理上、认知上和情感上三方面的需求。其中每一种需求又处在不同的背景之下，即个人、社会角色以及环境的背景之下。二是在寻求可以满足需要的信息过程中，需求者可能会遇到来自于同样背景之下的不同障碍。其中，图 3.2 的右侧与埃利斯信息查找模型的各个检索阶段相对应，这样可以相对表示出信息需求与信息查找行为之间的影响因素。

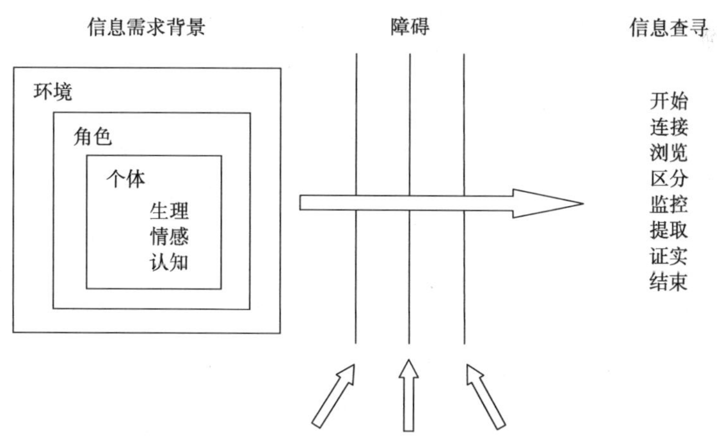

图 3.2　Wilson 信息搜寻行为模型

Wilson 随后对上述模型进行修正，如图 3.3 所示。新的模型认为信息搜寻行为是个体信息需求的结果，即用户为了实现对所需信息的获取，必须对正式和非正式（如人与人之间的交流）信息资源进行检索。成功的检索意味着用户全部或部分地找到了满足其需要的信息，失败的检索则意味着未找到所需信息或不满意所找到的信息，因此需要重复搜寻的过程。

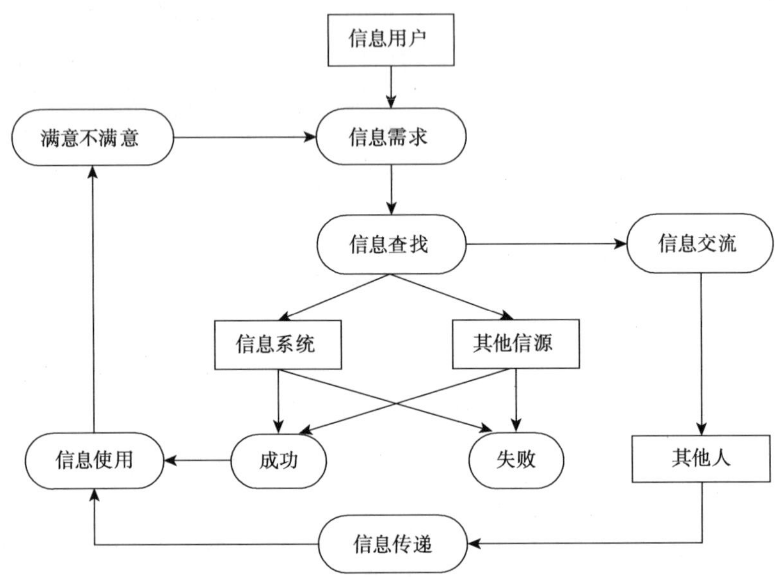

图 3.3 Wilson 信息搜寻二次修改后模型

1996年，Wilson在1981年模型的基础上进行了再次修订。这次，他已不再局限于情报科学的研究领域，而是把信息行为视为交叉学科来进行研究。如图 3.4 所示，从模型中可以看到研究的内容已经涉及决策学、心理学、创造学、医疗交流问题及消费者行为领域。与1981年模型相比，该模型中信息需求仍是一个中心的问题，不同的是原先的"障碍"在这里由"干扰变量"所代替，有三个相关的理论出现在此模型中，分别是压力/适应（stress/coping）理论、风险/报偿（risk/reward）理论和自我效能理论。压力/适应理论提供了为什么一些信息需求没有引起搜寻行为的可能性解释；风险/报偿理论有助于说明一个确定的个体更偏好使用哪一种信息源；而体现"自我效能"的社会学习理论描述了个体如何从事能使自己获得成功的信息行为。

2）Kuhlthau 信息搜寻模型

Kuhlthau（1991）通过对高中学生信息搜寻行为的长期研究，提出了一个信息搜寻模型。该模型包括六个阶段：开始阶段、选择阶段、探索阶段、形成阶段、搜集阶段和结束阶段，并整合了三个方面的因素：情感因素（感觉）、认知

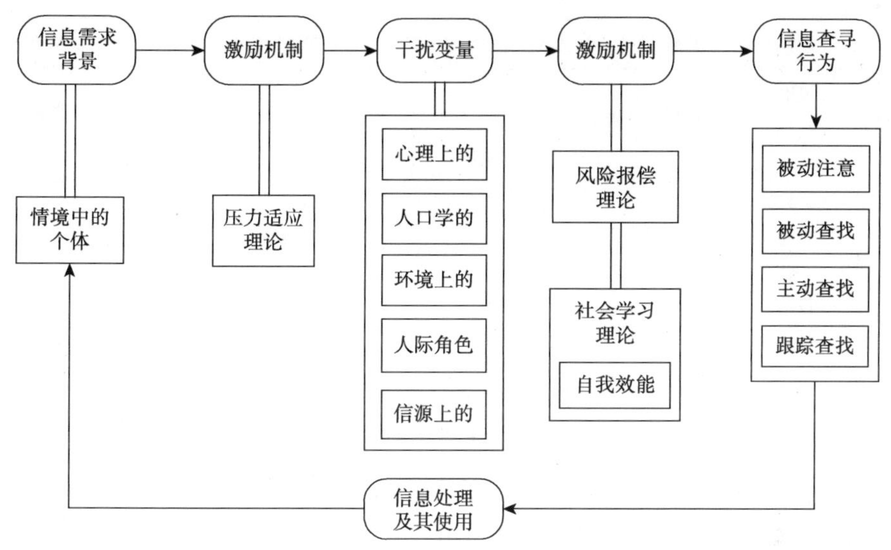

图 3.4　Wilson 信息搜寻三次修改后模型

因素（思维）和物理因素（行动）。这三种因素在信息搜寻过程的各个阶段都起着作用。

这六个阶段具体描述如下：①开始阶段，当人们要解决一个复杂问题或完成一项相关任务时，开始意识到知识和信息的欠缺。②选择阶段，即确定任务和选择要调查的一般领域或主题。完成选择并准备就绪后，不确定性开始减少，人们开始感到有些乐观了。③探索阶段，对于用户而言这通常是最困难的阶段，也是信息提供者和信息系统设计者最容易产生误解的阶段，困惑、不确定性和怀疑的感觉开始增长。该阶段任务是调查与问题有关的信息以加强对问题的理解。在这个阶段思维开始变得有方向了，对主题有了充分理解，逐渐开始形成一个焦点看法，而这个焦点能引导着搜寻行为继续进行以实现用户的目标。④形成阶段，这是搜寻过程的转折点，不确定性开始减少，对问题的理解开始增加。该阶段任务是从探索阶段获取的信息中形成一个焦点，这时思维开始变得清晰，焦点看法开始形成。⑤搜集阶段，用户和系统之间的交互效率很高。该阶段任务是搜集与焦点问题有关的信息。⑥结束阶段，该阶段要完成搜寻任务并解决问题。

这项研究显示，人们进行信息搜寻的整个过程是思维、感觉和行动相互作用的过程，认知、情感和物理因素不断地发生着变化，如图 3.5 所示。

Kuhlthau 的模型指出，用户在信息搜寻过程中是一个积极的参与者，在与信息交互的过程中，用户的知识会得到增长。更重要的是，信息搜寻过程还涉及认知过程的参与。在整个过程中，用户使用了一些认知策略如头脑风暴、识别、定义和确认。但是，Kuhlthau 的模型没有包括信息的处理过程，即分析、消化、组

任务	开始	选择	探索	形成	搜集	结束
思维（认知）	模糊					具体
感觉（情感）	焦虑 不确定性	乐观	困惑 挫败 怀疑	清楚 兴趣	信心	满足 轻松 失望
行动（物理）	搜寻相关（relevant）信息				搜寻相关（pertinent）信息	

图 3.5 Kuhlthau 的信息搜索过程模型

资料来源：Kuhlthau（1991）

织、综合和评价。然而该模型强调了情感因素如害怕、不确定性、困惑、焦虑、预测、怀疑、乐观和信心等的相互作用。

3）Choo 的信息搜寻模型

当人们感知到问题、不确定性、模糊性或好奇心的时候，就会产生搜寻信息的动机。为了满足信息需要，人们会进入信息系统，开始搜寻相关信息。Choo（1999）将信息搜寻活动分为三个过程：信息需要、信息搜寻和信息利用，并检验了认知、情感和情境因素对这些过程的影响，如图 3.6 所示。

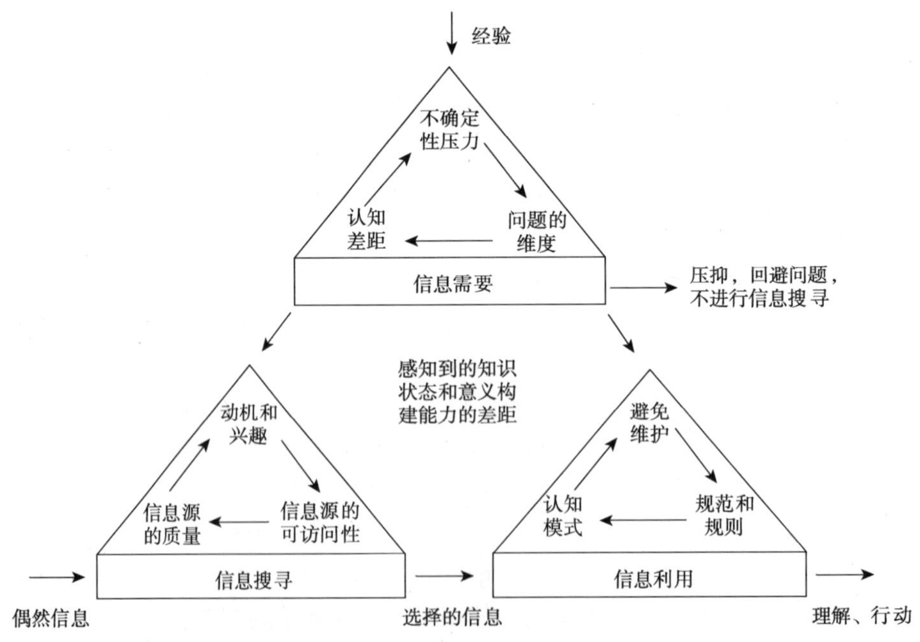

图 3.6 Choo 的信息搜寻过程模型

当个体感知到自己进行建构时的知识或能力差距时，就感知到了信息需要。对信息需要的感知通常是由认知、情感和情境因素决定的。个体可能会选择压抑其信息需要，这样就不会进行信息搜寻了。个体也可能会决定通过有目的的信息搜寻来为知识或理解的差距建立桥梁。在信息搜寻过程中，对于信息源和信息的选择及使用依赖于感知到的信息源的可接近性、信息源的质量、任务复杂性和个人兴趣。

此外，信息也可能在个体习惯性地对媒介的扫描或与他人的交谈中被顺带接收，即使这些活动并不直接针对具体的信息需要。信息搜寻的结果是一系列得到注意和选择的信息，这些信息是所有接收到的信息的一小部分。它们怎样得到处理和利用依赖于个体的认知模式和偏好、信息处理过程中的情感反应和信息利用的文化环境。信息利用的最终结果是个体知识状态的变化，允许个体进行意义建构或采取行动。这又会导致新的信息需要的产生，所以信息搜寻的循环是连续的。

3.1.3　用户信息搜寻行为的影响因素

根据以上信息搜寻行为的相关模型，影响信息搜寻行为的因素大体可以分为主体因素与外界因素。所谓主体因素，就是指与用户相关的因素，而外界因素则是指计算机、网络、检索系统等与用户无关的因素。

1）主体因素

主体因素从意识层面或非意识层面又可分为主体的客观因素与主体的主观因素。主体的客观因素包括年龄、性别、学科背景、网络经验等，主体的主观因素包括认知类型、自我效能感、情绪控制能力等。

主体的客观因素如下：①年龄，在其他因素一致的情况下，年龄因素对信息搜寻行为有一定的影响。成年人与孩子相比，能更好地完成任务，并会较多地使用高级搜索功能。②性别，在其他因素一致的情况下，与女性相比，男性更喜欢在网上冲浪，更偏向于在大堆不相关的信息中找到自己所需要的信息。③学科背景，不同学科背景的用户其信息需求各不相同，因而在搜寻信息时，行为往往有所差异。④网络经验。网络使用经验对搜寻行为有很大的影响。经验丰富的学生在搜寻之前就已经构思好了整个过程的计划，并试图通过多种途径去查找资料。而经验欠缺的学生则只是利用简单的关键词进行查找，并逐渐缩小搜寻范围，同时从搜索引擎所提供的参考词语中进行搜寻。

主体的主观因素如下：①认知类型。认知类型是指用户在信息活动过程中所表现出的一种持久一贯的行为方式，它既包括用户知觉、记忆思维等认知过程方面的差异，又包括个体态度、动机等人格形成和认知能力与认知功能方面的差异。经典的认知类型可分为场独立与场依存。研究表明，场独立型用户在进行信息搜寻时能够在复杂的搜寻环境中理清问题，主动地为达到内心的预定目标而努力。场依存型用户则属于被动的观察者，容易受外界干扰。②自我效能感。这一概念由美国著名心理学家班杜拉于1977年提出。自我效能感是指用户自我感觉进行信息搜寻、定位相关信息源、获取信息的能力，它类似但不同于自信度。自我效能感的增加与态度、情感经验、检索表现等有关。研究发现，自我效能感会影响到信息搜寻动机的强度。自我效能感强，搜寻动机就强，在搜寻过程中遇到难题能够积极应对，反之则会消极逃避。③情绪控制能力。情绪控制能力对信息搜寻行为的影响主要表现在研究性信息的搜寻上，这类信息与事实性信息相比，具有结果不唯一、答案多样性的特点。因此，情绪控制能力差的学生在查找此类问题的答案时常常会遇到困难，表现出焦虑的情绪。他们会更频繁地改变关键词，并且“向前”这个按钮用的次数也相对较多。

2）外界因素

对信息搜寻行为产生影响的外界因素主要包括搜寻内容、网络问题、信息呈现方式等。

搜寻内容的不同，会导致用户信息行为的不同。Kim 研究大学生搜寻不同类型信息时发现，就检索工具的使用频率而言，研究性信息高于事实性信息；在搜寻信息时所选的功能方面，研究性信息的检索常用关键词、向后和超链接，而事实性信息的搜寻则最常用超链接。

网络问题也是影响用户信息搜寻行为的一个重要因素。网络访问速度、网站登录情况、资源下载速度等都会对用户的信息搜寻行为产生重大影响。

信息呈现方式如链接的使用、超链接的字体及正斜体、阴影效果等都会影响用户的信息搜寻行为。研究结果表明，每屏呈现较少的链接似乎能够减少认知负荷，列表式链接似乎更能够减少用户信息加工的要求。

3.2 用户对图书馆网站服务使用及认知状况调研

本次调研以我国普通高校图书馆用户对网站服务的使用以及用户认知状况为主要内容展开，主要以面对面访谈和用户手工填写问卷两种形式面向高校图书馆网站服务用户，同时还通过问卷星、第一调查网等网站进行在线问卷调查。面对面访谈和用户手工填写问卷主要面向南京和武汉地区高校图书馆用户，发放问卷220份，回收有效问卷220份，有效回收率100%；网络问卷调查面向全国各地高校图书馆用户，发放问卷 350 份，回收有效问卷 317 份，有效回收率 91%。有效问卷总计 537 份，调查问卷样式如附录 A 所示。本次调研内容包括两部分，一部分是目前用户对高校图书馆信息服务网站的使用现状，另一部分是用户在网站使用过程中的基本认知状况。

高校图书馆网站服务用户调研样本构成如表 3.1 所示，本科用户的人数占总数的 45%，硕士、博士研究生以及教师或科研人员用户则达到了总数的 55%。

表 3.1　高校图书馆网站用户样本构成情况统计表

用户样本构成	大一、大二	大三、大四	硕士一年级	硕士二年级	博士研究生	教师或科研人员	总计
用户人数/人	118	124	107	86	64	38	537
占调查人数的百分比/%	22	23	20	16	12	7	100

为便于下文统计分析不同用户群体的图书馆网站服务使用情况，现将用户整理分为本科生和学术科研人员两个群体：本科生代表大一至大四年级的本科生，学术科研人员则代表硕士一年级、硕士二年级、博士研究生以及教师或科研人员。

3.2.1　图书馆网站资源及服务使用现状分析

调研第一部分主要是对图书馆网站系统的使用现状进行统计，主要分析用户访问图书馆网站频率、用户使用图书馆网站原因、用户使用图书馆网站资源及服务情况、用户对中外文数据库使用情况、用户学习图书馆网站检索方法途径以及用户对检索项的使用情况，具体结果如下。

1）用户访问图书馆网站频率统计分析

用户访问图书馆网站的频率如表 3.2 所示。从表 3.2 中可以看出，用户总体访问图书馆网站的频率主要集中在“每月若干次”“每周若干次”这两个比较高的频率区间中，本科生用户的访问频率多为“每月少于一次”“每月若干次”，学术科研人员更多地集中在“每月若干次”“每周若干次”的访问频率上，这说明学术科研人员相较于本科生用户，会更加频繁地访问和使用图书馆网站服务。

表 3.2　用户访问图书馆网站的频率统计表（单位：%）

使用频率	每月少于一次	每月若干次	每周若干次	每天都会访问
占用户总数的百分比	18	43	28	11
占本科生用户的百分比	31	45	17	7
占学术科研人员的百分比	7	42	36	15

2）用户使用图书馆网站原因统计情况分析

用户使用图书馆网站原因统计情况如表3.3所示。从表3.3中可以看出，多数用户访问图书馆网站是因为论文写作、借书和科研需要，而只有小部分用户在完成作业的过程中会使用图书馆网站，但是图书馆网站提供的资源对用户完成作业的效率和质量都会有很大的帮助。因此图书馆在宣传时需要让用户意识到图书馆网站不仅仅可以借书和满足其科研、论文需要，还可以帮助用户更好地学习及了解其他知识。本科生访问图书馆网站大多数是为了借书和进行小论文写作，科研与作业的需要相对占据较小的百分比，与用户总体情况比较相同。学术科研人员主要基于论文及科研的需求访问图书馆网站，而借书和完成作业的需要则占比较小，这种情况源于学术科研人员的学习工作特性——科研学术比重较大。

表3.3　用户使用图书馆网站原因统计表（单位：%）

使用原因	借书	论文需要	科研需要	完成作业	其他
占用户总数的百分比	56	71	66	38	6
占本科生用户的百分比	60	54	31	33	7
占学术科研人员的百分比	53	84	95	41	6

3）用户使用图书馆网站资源及服务统计分析

图书馆网站资源及服务用户总体使用情况如表3.4所示。从表3.4中可以看出，用户总体使用图书馆网站主要是书目查询、中外文数据库及本校学位论文数据库的使用。而本校学位论文数据库的使用率还比较小，据了解很多用户并不知道图书馆网站提供本校学位论文数据库的链接，因此图书馆需要通过宣传让更多的用户知道并了解本校学位论文数据库信息。另外从表3.4中还可以看出目前用户主要还是利用图书馆传统资源，而对在线咨询、代检代查、馆际互借等服务的利用并不高，图书馆需要让用户意识到图书馆网站已经超越了传统图书馆的范围，除了提供借书和查找论文资料服务外，还可以提供其他的信息服务，这样才能发挥信息资源的价值。

表3.4　图书馆网站资源及服务用户总体使用情况统计表

使用服务	书目查询	中文数据库	外文数据库	本校学位论文数据库	多媒体资源数据库	馆办刊物	高校联合体	科技查新	馆际互借	在线咨询	代检代查
数量	473	424	279	183	113	43	27	38	27	16	11
占比/%	88	79	52	34	21	8	5	7	5	3	2

图书馆网站资源及服务本科生用户和学术科研人员使用情况如表3.5和表3.6

所示。从表 3.5 和表 3.6 中可以看出，本科生用户使用图书馆网站的情况与用户总体情况大致相同，但在外文数据库方面使用率相对较小，据访谈是本科生对图书馆拥有的外文数据库了解或需求较少所致。学术科研人员对外文数据库的使用率明显高于本科生群体，网站的其他资源及服务也略高于用户总体使用率，但图书馆仍需进一步宣传与推广。

表 3.5　图书馆网站资源及服务本科生用户使用情况统计表

使用服务	书目查询	中文数据库	外文数据库	本校学位论文数据库	多媒体资源数据库	馆办刊物	高校联合体	科技查新	馆际互借	在线咨询	代检代查
数量	220	198	85	75	53	17	10	15	12	5	7
占比/%	91	82	35	31	22	7	4	6	5	2	3

表 3.6　图书馆网站资源及服务学术科研人员用户使用情况统计表

使用服务	书目查询	中文数据库	外文数据库	本校学位论文数据库	多媒体资源数据库	馆办刊物	高校联合体	科技查新	馆际互借	在线咨询	代检代查
数量	253	226	194	108	60	26	17	23	15	11	4
占比/%	86	77	66	37	20	9	6	8	5	4	2

4）用户对中外文数据库使用情况统计分析

用户总体对中文及外文数据库使用情况统计如图 3.7 和图 3.8 所示。从图 3.7 中可以看出，选择中国知网的用户人数要高于维普和万方，用户对超星数字图书馆使用较少。用户对外文数据库的使用量大大少于中文数据库。在调查中发现，很多被调查者对外文数据库还是比较陌生，许多问卷在这一项中是空白的。用户使用外文数据库最重要的原因是专业需要和数据库资源丰富，能够满足其科研或学习需求。另外，数据库是否容易使用、知名度高低也会影响用户对数据库的使用。

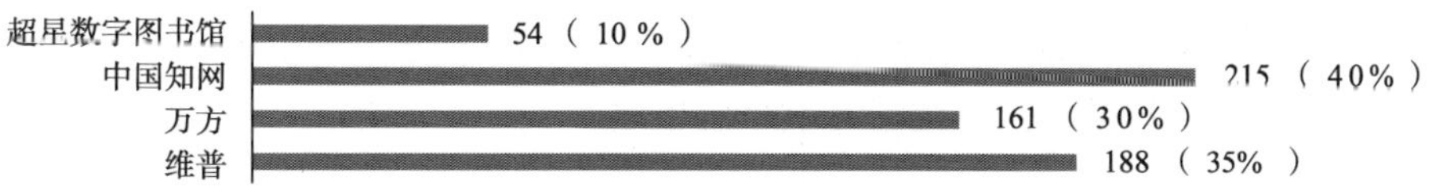

图 3.7　中文数据库用户总体使用情况统计图

本科生用户对中文及外文数据库使用情况统计如图 3.9 和图 3.10 所示。从图 3.9 和图 3.10 中可以看出，本科生用户对中文数据库的使用情况与用户总体使用情况基本相同，但是相对很少使用外文数据库。原因之一是本科生对外文数据库不太熟悉，还有可能是中文数据库的资源基本可以满足本科生的学习与研究需求。

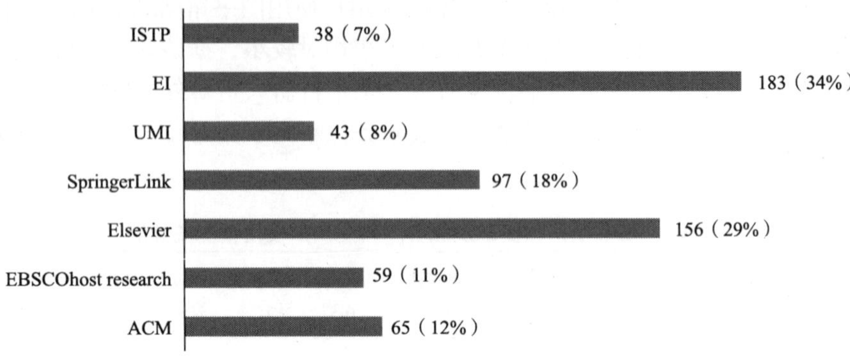

图 3.8 外文数据库用户总体使用情况统计图

ISTP：Index to Scientific and Technical Proceedings，即科学技术会议录索引；ACM：Association for Computing Machinery，即美国计算机学会

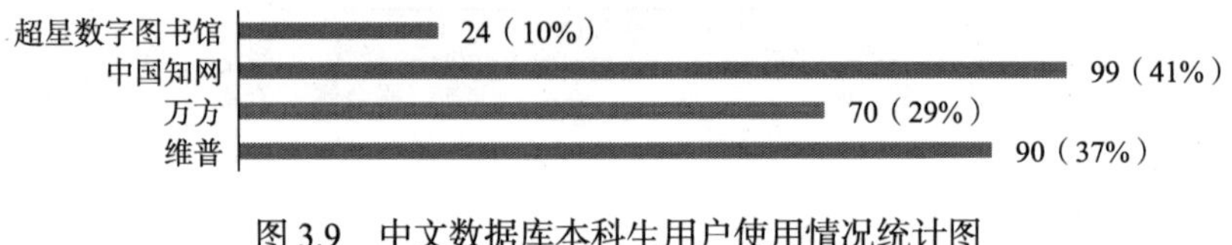

图 3.9 中文数据库本科生用户使用情况统计图

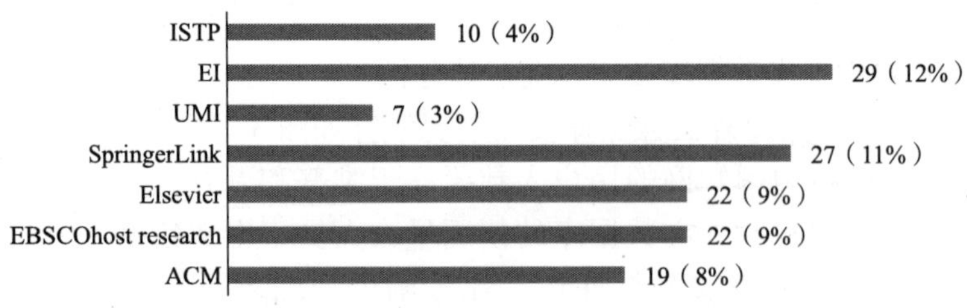

图 3.10 外文数据库本科生用户使用情况统计图

学术科研人员对中文及外文数据库使用情况统计如图 3.11 和图 3.12 所示。从图 3.11 和图 3.12 中可以看出，学术科研人员的外文数据库使用率相较于用户总体和本科生用户明显较高，Elsevier、SpringerLink、EI 是其中使用率较高的外文数据库，数据库资源丰富，并在国际上享有盛名。

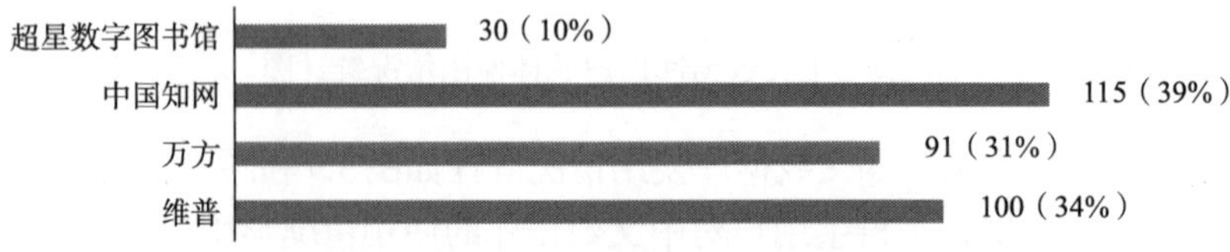

图 3.11 中文数据库学术科研人员使用情况统计图

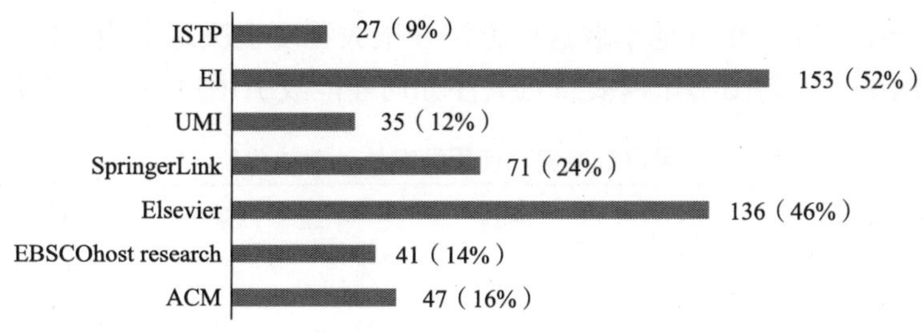

图 3.12　外文数据库学术科研人员使用情况统计图

5）用户学习图书馆网站检索方法途径统计情况分析

用户学习图书馆网站检索方法途径统计情况如表 3.7 所示。从表 3.7 中可以看出，对于检索方法掌握途径，大多数用户是通过自己摸索，或是与同学、同事交流。而通过参加图书馆培训学习检索方法的比较少，只有 10%。图书馆关于数据库使用的培训讲座比较多，这对于用户很好地掌握检索方法至关重要，因此图书馆需要针对提高用户检索能力方面重新考虑如何吸引更多的用户来参加数据库使用培训讲座。

表 3.7　用户学习图书馆网站检索方法途径统计表（单位：%）

学习检索方法途径	参加图书馆培训	与同学、同事交流	学习检索界面提供的帮助	自己摸索
占用户总数的百分比	10	64	30	70
占本科生用户的百分比	5	60	30	73
占学术科研人员的百分比	14	67	30	67

本科生用户和学术科研人员两类群体学习检索方法途径总体一致。从表 3.7 可以看出，本科生用户通过自己摸索和与同学、同事交流这两个途径学习图书馆网站检索方法的人数居多，而学术科研人员由于经常访问图书馆网站，对学术检索的需求较高，因此除了以上主要途径之外，通过“参加图书馆培训”途径进行图书馆网站资源检索学习的人数相对较多。但参加图书馆培训人数与用户总数的比例仍很低，因此，图书馆仍需在这方面做进一步努力。

6）用户对检索项使用情况统计分析

用户对检索项使用情况统计如表 3.8 所示。从表 3.8 中可以看出，关键词、题名、作者使用得比较多，而对于文摘、机构使用得比较少。另外通过调研可知用户总体使用最多的是简单检索，即直接输入关键词或题名进行检索，而对于高级检索、二级检索、分类检索方法的使用比较少，部分用户对这些检索方法并不了解。从表 3.7 中我们已经得知用户更多的是自己摸索检索方法，而对图书馆举行的数据库使用培训讲座并不关注，而培训讲座主要就是对这些数据库资源和检索方法进行介绍，能否很好地掌握这些方法在很大程度上决定了用户能否有效地使用图书馆网站，因此图书馆需要重点关注如何才能吸引用户参加培训讲座。

表 3.8 用户对检索项使用情况统计表（单位：%）

检索项使用情况	默认界面	关键词	题名	文摘	作者	机构
占用户总数的百分比	15	87	60	10	40	8
占本科生用户的百分比	23	91	63	5	22	3
占学术科研人员的百分比	8	83	57	14	55	12

从表 3.8 可以看出，本科生对检索项的使用主要为关键词与题名，默认界面和作者检索项使用较少，而文摘和机构基本不作为检索项使用。学术科研人员主要使用关键词、题名和作者作为检索项，文摘和机构作为检索项使用的比例比总体略高，这说明相对于本科生来说，学术科研人员在获取信息资源时对资源发表机构和资源内容的判断要更加重视一些。

3.2.2 用户对图书馆网站使用的基本认知状况

根据技术接受理论模型及相关研究进展，我们发现图书馆网站系统的有用性及易用性是影响用户持续使用网站的两个重要因素，因此调研第二部分主要对用户对网站的有用性和易用性认知进行了统计分析，具体结果如下。

1）用户对图书馆网站有用性认知分析

用户总体对图书馆网站有用性认知统计情况如表 3.9 所示。从表 3.9 中可以看出对于总体用户而言，网站有用性取决于用户能否快速地检索到学习或科研中需要的图书期刊等文献信息，能否获取到图书期刊等全文资料。因为用户使用图书馆网站的主要原因是查询论文文献和相关数据资料信息，而提供全面详尽、可直接下载的信息资料，满足用户的需求会让用户觉得图书馆网站是有用的。

表 3.9 用户总体对图书馆网站有用性认知统计表

有用性	可以快速地检索到学习或科研中需要的图书期刊等文献信息	可以获取到图书期刊等全文资料	通过图书馆网站可以了解到课外知识或自己感兴趣的知识	通过图书馆网站了解到所在学科的最新动态及前沿信息	通过在线或离线服务，学会使用数据库的各种方法	其他
数量	473	419	150	252	59	34
占比/%	88	78	28	47	11	6

本科生用户对图书馆网站有用性认知统计情况如表 3.10 所示。从表 3.10 中可

以看出本科生用户对图书馆网站有用性认知情况与用户总体基本相同，而通过图书馆网站可以了解到课外知识或自己感兴趣的知识也成了评判网站有用性的较为关键的因素。对这些用户来说，图书馆网站不仅仅是一个查询下载文献的地方，还可以帮助其了解学习相关课程知识或专业知识。

表 3.10　本科生用户对图书馆网站有用性认知统计表

有用性	可以快速地检索到学习或科研中需要的图书期刊等文献信息	可以获取到图书期刊等全文资料	通过图书馆网站可以了解到课外知识或自己感兴趣的知识	通过图书馆网站了解到所在学科的最新动态及前沿信息	通过在线或离线服务，学会使用数据库的各种方法	其他
数量	215	191	121	80	34	19
占比/%	89	79	50	33	14	8

学术科研人员对图书馆网站有用性认知统计情况如表 3.11 所示。从表 3.11 中可以看出，网站有用性除了取决于用户能否快速地检索到学习或科研中需要的图书期刊等文献信息，能否获取到图书期刊等全文资料外，还取决于用户是否可以通过图书馆网站了解到所在学科的最新动态及前沿信息。及时了解学科最新动态和前沿信息，可以帮助科研人员更好地掌握学科研究热点与趋势，并使其觉得图书馆网站非常有用。

表 3.11　学术科研人员对图书馆网站有用性认知统计表

有用性	可以快速地检索到学习或科研中需要的图书期刊等文献信息	可以获取到图书期刊等全文资料	通过图书馆网站可以了解到课外知识或自己感兴趣的知识	通过图书馆网站了解到所在学科的最新动态及前沿信息	通过在线或离线服务，学会使用数据库的各种方法	其他
数量	258	228	29	172	25	15
占比/%	87	77	10	58	8	5

另外，用户感知网站有用性的其他原因主要有：信息量，包括数据库内容的全面性、更新的及时性；使用是否方便快捷，包括网速的快慢、界面是否提供帮助、原文获取的容易程度；宣传力度；等等。其中信息量被视做决定有用性最主要的原因。

2）用户对图书馆网站易用性认知分析

用户总体对图书馆网站易用性认知统计情况如表3.12所示。从表3.12中可以看出网站功能容易理解、便于操作、网站界面友好、内容逻辑体系划分清晰、容易发现识别所需资源，能让用户觉得网站使用容易。本科生用户及学术科研人员对图书馆网站易用性认知统计情况如表 3.13 和表 3.14 所示，从表 3.13 和表 3.14 中可以看出，本科生用户与学术科研人员的网站易用性认知情况大体上相似。另外，用户感知网站易用性的其他原因主要有：首先是网站界面的设计，包括导航条和页面布局是否合理、操作是否简单友好；其次上网条件也会影响网站的易用性。

表 3.12　用户总体对图书馆网站易用性认知统计表

易用性	网站界面友好、内容逻辑体系划分清晰、容易发现识别所需资源	网站功能容易理解、便于操作	网站导航设计良好，使用过程不会迷失	网站提供各种在线咨询帮助功能，在使用过程中遇到困难时能够及时得到解决	网站具有较强的容错能力，当操作失误时网站会及时报错	其他
数量	376	430	267	161	118	21
占比/%	70	80	50	30	22	4

表 3.13　本科生用户对图书馆网站易用性认知统计表

易用性	网站界面友好、内容逻辑体系划分清晰、容易发现识别所需资源	网站功能容易理解、便于操作	网站导航设计良好，使用过程不会迷失	网站提供各种在线咨询帮助功能，在使用过程中遇到困难时能够及时得到解决	网站具有较强的容错能力，当操作失误时网站会及时报错	其他
数量	174	186	121	58	58	10
占比/%	72	77	50	24	24	4

表 3.14　学术科研人员对图书馆网站易用性认知统计表

易用性	网站界面友好、内容逻辑体系划分清晰、容易发现识别所需资源	网站功能容易理解、便于操作	网站导航设计良好，使用过程不会迷失	网站提供各种在线咨询帮助功能，在使用过程中遇到困难时能够及时得到解决	网站具有较强的容错能力，当操作失误时网站会及时报错	其他
数量	202	244	146	103	60	11
占比/%	68	83	50	35	20	4

3）用户期待或赞赏的图书馆服务统计分析

用户期待或赞赏的图书馆服务统计情况如表 3.15 所示。从表 3.15 中可以看出，用户对图书馆利用各种途径在线介绍数据库使用方法、当电子全文不能获取时图书馆能够利用各种途径解决原文传递问题以及图书馆定期举行各种数据库使用培训这三种服务最期待或赞赏，可见各类数据库资源及其使用方法仍是用户最关心的问题。

表 3.15　用户期待或赞赏的图书馆服务统计表

图书馆服务	利用各种途径在线介绍数据库使用方法	当电子全文不能获取时，图书馆能够利用各种途径解决原文传递问题	适时推荐各个学科的重要资源	图书馆定期举行各种数据库使用培训
数量	430	381	177	360
占比/%	80	71	33	67

4）用户使用图书馆网站过程中不满意情况统计分析

根据用户调研问卷中的填写，用户在使用图书馆网站过程中不满意的方面比较具体，总结起来有以下四点：一是觉得图书馆未对电子资源进行有效的整合，缺少数据库简介，导向不清；二是图书馆网站的导航设计不够人性化；三是数据库的使用方法介绍不容易获取；四是使用图书馆网站出现问题时，无法得到及时有效的帮助。这些方面的问题都或多或少地影响用户对图书馆网站的使用印象。

3.3　用户技术接受的过程分析

3.3.1　用户技术接受过程的主要阶段

创新扩散理论从较为广义的层面解释了用户技术接触和使用推广的过程阶段，而信息搜寻行为过程模型则从较为细节的层面描述用户使用信息服务系统的主要环节和存在的影响因素。根据 Rogers 创新扩散理论的个体创新接纳过程模型、用户信息搜寻行为相关理论模型，以及用户对图书馆网站服务使用和认知状况的调查访谈情况，同时考虑到影响因素分析和后续实验观测的可行性，本书借用了 Schwarz（2003）关于技术接受的 5 个维度定义术语，将其中的“适应”和“接受”合并，把信息服务活动中用户技术接受的一般过程分为接触、领会、评估及适应接受 4 个阶段，如图 3.13 所示。

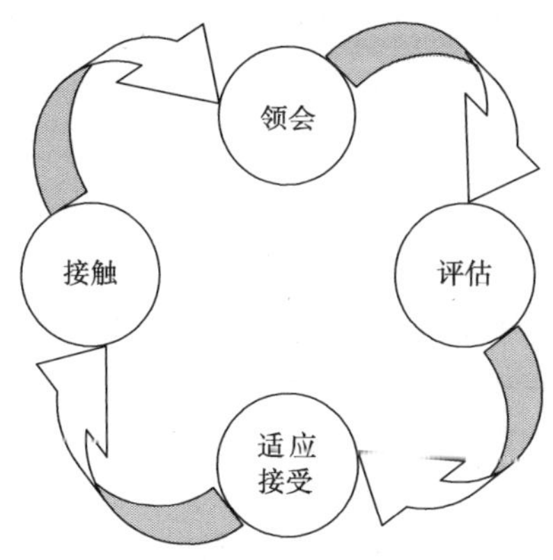

图 3.13　信息服务中用户技术接受的过程阶段模型

这 4 个阶段彼此之间不断循环，形成一个闭合回路，在每一个阶段影响用户接受使用信息数据库系统的因素也不尽相同。在这个过程中，以主观规范、自我效能为代表的社会影响，以及以有用性感知、易用性感知为代表的个体对技术使用的认知，将共同决定用户对技术使用态度的形成、改变以及个体的技术接受和使用行为；随着用户技术使用经验的不断丰富，用户对技术的实际使用又会反过来修正自身对于技术使用的有用性、易用性感知。

1）接触阶段

当用户听说信息服务系统之时便开始了这一阶段。在接受过程的第一阶段，终端用户最关心的问题是：我是否将毫无疑问地接触信息服务系统？处于该阶段的用户对陌生的系统会感觉到害怕与恐惧，因此他们内心处于消极的情感状态，其实并不想接触新技术，这种消极的情感状态可能导致终端用户拒绝信息数据库系统。这一阶段用户的接受使用主要受主观规范和自我效能等因素的影响。

在接受的起初阶段，社会压力能帮助用户克服对信息数据库系统的抵触情绪。尽管用户不偏爱采取某项行动，但是如果意识到对自己重要的人认为应该做，个体就会有足够的动机去接受和使用文献数据库系统。计算机自我效能是指个人对于自己运用计算机或信息技术完成一项特定任务能力的判断。Venkatesh 等（2003）的研究发现，计算机自我效能对使用者信念具有正面影响。尤其在缺乏系统经验时，个人对其计算机相关能力及知识的信心影响到是否决定使用新的信息系统。过去的使用经验也会影响到用户在这一阶段对信息服务系统的接受，如果用户有类似的系统使用经验，这无疑将会促使用户对新系统的接受使用。

2）领会阶段

在接受过程中的第二阶段，终端用户主要解决的问题是：我是否已经领会掌握信息服务系统功能？当终端用户不再处于消极的情感状态（此时处于中立的状态，对信息服务系统既不消极也不积极），就开始逐渐了解信息服务系统并逐步改变内心的状态。正是在这个阶段，用户开始了解信息服务系统，包括怎样利用信息服务系统来完成工作任务、思考此技术在工作中的地位。

在终端用户深入了解信息服务系统时，及时的服务帮助对完成用户的任务而言是必需的，它主要指资源推荐、系统使用帮助、全文获取保障。如果组织提供在线检索帮助、在线新资源介绍、各学科适用资源推荐，当用户不能下载全文的时候，能够及时帮助用户获取全文，那么将在很大程度上帮助用户更有效地使用信息服务系统，从而建立起使用系统的信心。

在这一阶段，另一影响因素便是界面设计。界面设计是信息在屏幕上呈现的方法，相关研究发现：相同的内容，不同的信息组织方式能够影响用户的搜索策略和搜索结果（Park et al.，2009；Chin and Todd，1995）。在信息服务中，不仅要关注给用户呈现什么，更要关注怎样组织信息并将其表现出来。界面上信息呈现的方式也能够影响用户与文献数据库系统的交互，如直线式的设计缺乏清楚必要的标志容易让用户迷失和误解。相反，组织良好和细心设计的界面能够帮助用户浏览并使用户容易地识别相关信息。用户主要通过界面获取信息，设计良好的界面不仅能让用户快速地获取信息，而且能够让用户产生愉悦的心情，从而鼓励用户对文献数据库的使用。

3）评估阶段

当用户全面了解系统功能后，便进入接受过程的第三阶段。这一阶段主要解决的问题是：信息服务系统对我的学习以及科研工作是否是有用的？培训工作已经结束，用户已经开始使用信息服务系统来完成任务并且试图将这些融入自己的日常工作中。在这一整合过程中，用户在评估信息服务系统对自己的价值。

相关性是个体对信息服务系统适用于自己工作程度的认识。用户在技术接受决策中，首先会判断目标技术与工作的相关性，如果相关性没有达到某决策标准，用户将不对其做进一步考虑；如果相关性符合用户的标准，用户才会进一步判断目标技术能够带来的好处。实际上，在信息检索中，相关性和用户对绩效的评估是一致的（Spinka et al.，2006；刘红云和张雷，2005），这些检索系统本身的目标就是提供给用户高相关性的文献，相关性积极影响用户使用态度。当用户发现信息服务系统与自己的信息需求相关时，才会进一步地使用。因此，在这一阶段，影响用户对文献数据库系统接受度的主要因素是相关性。

4）适应接受阶段

此时终端用户进入适应接受阶段，在此阶段有两项任务要完成：按照新系统的要求来改变自己的日常工作规律和接受信息服务系统。这两项任务彼此之间是独立的。

此时用户在思考以下问题：我是否将调整我自己的日常生活来适应文献数据库系统的要求？在清楚了解系统的价值之后，用户再考虑在文献数据库系统中是否要改变工作模式。用户在这个阶段中毫无怨言地改变自己的日常规律来适应文献数据库系统的要求。当文献数据库系统逐渐纳入用户的日常工作中，成为用户自身环境的一部分，才意味着文献数据库系统真正被用户接受。

同时终端用户试图考虑以下问题：我是否完全服从于文献数据库系统？这种服从意味着个体会遵从文献数据库系统的一切。终端用户对此有积极的情感状态并且在积极寻找使用文献数据库系统新的方式，主要包括对已知功能使用频率的增加和对新功能的使用的增加。

用户使用过程中对系统产生的感知娱乐性是决定系统与用户关系的一个重要因素。系统界面或功能带来的任何乐趣都可以让人们产生正面情绪，拓宽创造力并且提高对小困难和小挫折的耐受性，就算系统的设计中存在小问题也会被忽视掉。这种处理模式的变化，可以帮助人们创造性地解决问题，有利于解决由操作过程和界面设计而产生的消极倾向。换句话说，当我们感觉良好时，就会不太在意设计缺陷。如果用户带着一种低落的情绪使用信息服务系统，那么将会影响用户使用信息服务系统的动机，阻碍用户顺利完成任务。而在使用过程中如果系统功能不好用、搜索结果不满足用户的需要，也会影响到用户的情绪，从而使用户的动机发生改变。例如，我们使用某个数据库检索文献时，如果检索的文章不符合我们的需求，即使这个数据库是别人推荐给我们的，我们也会立刻放弃该数据库而转到其他数据库。因此，要想使用户持续地使用信息服务系统，必须让用户在使用过程中产生愉悦的心情，也就是说，感知娱乐性在用户的持续使用过程中起着非常重要的作用。

3.3.2 用户技术接受过程的主要活动

用户在这 4 个阶段中的活动总结如表 3.16 所示，主要涉及用户在各个阶段的认知活动与情感状态、主要活动以及要达到下一阶段的活动，以及在各个阶段中的主要影响变量等方面。对接受过程的分析有助于我们理解和构建用户接受使用文献信息数据库系统的影响因素模型。

表 3.16 技术接受过程总结

接受阶段	用户认知活动/情感状态	阶段的主要活动	达到下一阶段的活动	主要影响变量	评论
接触	主要问题：我是否会毫无顾忌地接受文献数据库系统？用户处于消极的情感状态，对开发的系统及其开发系统的人员具有抵触情绪，担心和焦虑都是和工作有关	分析接受文献数据库系统对于工作是否足够重要；对文献数据库系统的信念能够影响用户通过这一阶段的能力；对文献数据库系统的不信任和阻碍用户摆脱学习系统的沮丧心情；拒绝参加如培训等活动	如果用户意识到由于工作的原因必须学习文献数据库系统，并且达到一种中立的状态，这样就进入下一阶段	计算机自我效能；用户参与；主观规范；计算机焦虑	用户由于工作原因初步接触系统或新技术
领会	主要问题：我愿意全面了解文献数据库系统技术特征吗？用户处于中立的情感状态，了解新系统和决心改变的动力超越了之前的沮丧感	用户开始逐渐了解文献数据库系统。例如，因工作需求而怎样使用系统，处于这一阶段的用户开始参与培训	如果用户理解怎样使用系统来完成一些基本的工作任务并且理解为什么要引入此系统时便进入下一阶段	界面设计；用户培训；易用性	在这一阶段用户不必了解到新技术的价值
评估	主要关心的问题：对于我自己而言文献数据库系统是否真的有用？用户仍然处于中立的情感状态	用户意识到该系统对于自己而言是非常重要的，同时也在考虑文献数据库系统是否能够实现这些价值。用户完全使用系统来完成他们的任务并且已经结束培训，并且尝试将这些融入自己的日常生活中。但是没有完全地日常化并且在初步地使用文献数据库系统	如果用户意识到系统的价值，如系统确实能够传递价值，用户能够达到一种积极的情感状态，满意度随之产生	用户的工作需求和系统的功能之间的差距；感知有用性；相关性	用户已经意识到系统的价值但是还没有完全地将系统融入自己的生活之中

续表

接受阶段	用户认知活动/情感状态	阶段的主要活动	达到下一阶段的活动	主要影响变量	评论
适应接受	主要问题：我是否要调整我的工作方式来适应技术的要求？用户处于中立或者积极的情感状态之中	对文献数据库系统的优势了解之后，用户开始改变自己的工作方式。用户此时开始心甘情愿地改变自己的日常生活方式来适应系统所要求的	完全地改变自己的做事习惯并且将新的信息系统看做解决问题的渠道，用户开始有积极的心态	感知娱乐性	用户在最初适应的基础之上开始将这种行为规律化

3.4 用户技术接受的关键影响因素分析

用户技术接受受到多方面因素的影响，由行为、使用意图和认知信念组成。其中，行为指的是使用信息服务系统；使用意图用来衡量用户实施特定行为意愿的强弱；认知信念，包括用户对信息服务系统的认识、对自身能力的认识。用户对使用行为的信念和使用意图是决定技术接受的重要因素。

3.4.1 认知信念与使用意图

感知有用性和感知易用性是技术接受最为重要的影响因素，而且比其他因素起着更为重要的作用。

（1）感知有用性。

感知有用性是指用户对使用技术能够带来工作绩效提高的认识。这与动机模型中的外在动机（extrinsic motivation）、个人计算机利用模型（model of PC utlization）中的工作适合性、创新扩散理论中的相对优势（relative advantage）、社会认知理论中的产出期望（outcomes expectations）等作用一致（李霆等，2005）。一般而言，如果对信息服务系统的接受使用能够提高绩效，那么用户接受该信息服务系统的可能性就越大。现有的研究成果证明，感知有用性是使用意向最强的预测因子，能够直接决定使用意图。

（2）感知易用性。

感知易用性是用户对信息服务系统使用难易程度的认识。在已有的理论和模型中，感知易用性和复杂性、易用性等概念一致。一般来说，如果信息服务系统越易于理解和使用，那么其被接受的可能性也越大。现有研究揭示感知易用性可直接决定使用意图，是仅次于感知有用性对使用意图的预测因素，它也能通过感知有用性和态度来影响使用意图。

（3）使用意图。

使用意图是指用户使用一项特定信息技术主观意向的强烈程度。按照计划行为理论，强烈的使用意图将导致个人努力去实现行为（Choo and Deltor，2000；Ajzen，1991）。在管理信息系统以及其他领域，使用意图与行为结果（如技术使用）之间的强相关系数为 0.50 左右（Venkatesh and Morris，2000；Lewis et al.，2003）。

关于感知有用性、感知易用性以及使用意图之间的关系研究如表 3.17 所示。由表 3.17 中数据可以看出用户信念以及使用意图之间的关系得到研究者的重视，总体而言，感知有用性和感知易用性影响用户的使用意图，感知易用性影响感知有用性。

表 3.17 感知有用性、感知易用性和使用意图的研究结果

作者（年份）	PU→IU	PEOU→IU	PEOU→PU
Davis 等（1989）	YES	YES	YES
Mathieson（1991）			YES
Subramanian（1994）	YES	NO	NO
Taylor 和 Todd（1995）	YES		YES
Hu 等（2003）	YES		NO
Venkatesh 和 Morris（2000）	YES	YES	YES
Moon 和 Kim（2001）	YES	YES	YES
Lee 等（2005）	YES	YES	YES
Yi 等（2006）	YES	YES	YES
Hasan 和 Ahmed（2007）	YES	YES	YES
Venkatesh 和 Bala（2008）	YES	YES	YES
Park 等（2009）	YES		YES
Lee 等（2011）	YES	NO	YES

注：PU 表示感知有用性，IU 表示使用意图，PEOU 表示感知易用性

3.4.2 外部变量

为了较为全面地找出用户在使用和接受信息数据库过程中的影响因素，指导机构管理者、信息服务系统设计者和系统培训者采取有效手段和措施来引导使用者认知信念，推动信息服务用户对信息服务数据库系统的技术接受，有必要阐述感知有用性和感知易用性形成的外部因素。

（1）自我效能。

现有研究表明，自我效能是最为重要的个体影响因素。自我效能是人们对

于自己是否能够成功使用技术获得所期望结果的认识，是决定技术接受的重要信念。

（2）感知娱乐性。

感知娱乐性主要从动机理论方面进行阐述。积极的情感能够使人的思考更具有创造力、解决复杂问题的能力更强，而消极的情感使人的思考更加片面，还会影响其他方面的感知。因此，本书增加感知娱乐性的研究。

（3）界面设计。

系统界面设计对文献数据库系统易用性具有重要影响。作为系统和用户之间的中介，界面充当着用户活动的平台。一个设计良好的界面能够帮助用户识别屏幕上的某一目标，或者在屏幕之间提供良好的导航，以此让用户更方便简单地使用文献数据库系统。鉴于信息检索系统中界面的重要性，信息服务研究者已经对其进行了研究。有可能是因为不同系统之间界面的复杂性导致很难抽取共性来适应其他的系统，因此之前的研究对于界面详细的特点还没有进行深入探讨。那些把系统特征作为 TAM 外部变量的研究也代表着不同信息系统的外部变量，或者采取全局的变量，如感知系统质量和输出质量来代替系统特征。在这种情况下，每一个具体特征怎样影响系统并不清楚。因此，研究系统的具体特征是很有必要的。在界面有用性的分析中，界面设计可作为用户对信息数据库系统评估的外在因素。

（4）相关性。

实际上，对信息检索系统的评估也包含着相关性这一要素。Lindgaard（1994）提出和相关性相似的变量是任务匹配，就是将系统和目前执行的工作匹配起来。这两个变量都在强调系统功能和用户任务之间的匹配，将其运用于信息服务系统环境中即系统内容和用户需求之间的匹配。在信息检索中，相关性和用户对于绩效的评估是一致的。相关性和用户满意度之间具有较强关系，用户倾向于接受使用具备相关资源的系统。

（5）服务质量。

信息服务工作本身有其特殊性，因此信息服务质量与一般意义上的有形产品质量的量性指标存在差异。信息服务质量是通过用户对信息服务的感知而决定的，是用户期望的服务与实际感知的服务相比较而形成的主观结果，具有多维度、多层次和综合性的特点。信息服务系统是信息化环境下信息机构提供信息服务的重要渠道和手段，其服务质量可从信息资源、设施保障、服务过程和服务结果等方面进行考察。

（6）主观规范。

主观规范是重要的社会影响因素，是指个人对于是否采取某项特定行为所感受到的社会压力，即在预测他人的行为时，那些对个人的行为决策具有影响力的个人或团体对于个人是否采取某项特定行为所发挥的影响作用大小。在技术接受的主要理论、模型（如 TRA、TAM2、UTAUT、TPB 等）以及相关研究中，主观规范或是类似的变量都是决定感知有用性的重要因素。

3.4.3 调节变量

用户对信息技术的使用经验是影响着用户接受和使用信息数据库系统的典型调节变量。使用经验包括两层含义：一方面是指对网络的使用经验，另一方面是指特定系统的使用经验。本书中主要是指用户由于对信息数据库系统的使用了解而获取到的经验。与使用经验有关的技术接受影响因素模型的研究总结如表 3.18 所示，用户技术接受典型理论模型的相关研究中均涉及对使用经验这一因素变量的讨论和分析。

表 3.18 技术使用经验的研究总结

理论和模型	研究和结论
理性行为理论	TRA 在最初并没有包括经验。Karahanna 和 Straub（1999）发现随着使用经验的增加，主观规范的作用不断减弱，态度的影响则变得更加重要
技术接受模型及其扩展模型	最初的 TAM 中并没有包括经验。Szajna（1994）通过实证研究发现，随着经验的增加，感知易用性的影响逐渐减弱。Venkatesh 和 Davis（2000）在扩展 TAM 中研究得出，随着使用经验的增加，主观规范对感知有用性的影响逐渐下降
计划行为理论	Venkatesh 和 Morris（2000）研究发现，在主观规范和行为意向的关系中，随着经验的增加，主观规范对行为意向的影响减弱
TAM-TPB 组合模型	Taylor 和 Todd（1995）通过对有经验和没有经验的用户进行比较，在组合模型之中加入经验变量。随着使用的增加，感知有用性对行为态度以及感知行为控制的作用变得更加突出，而主观规范的影响则会减弱
PC 使用模型	Thompson 等（1994）发现，经验越少，复杂度、使用偏好、群体因素以及便利条件对使用意向的影响就越显著。而长远影响的作用则随着经验的增加而上升
整合性技术接受与使用模型	Venkatesh 等（2003）发现，经验是约束变量，经验水平越低，绩效期望、主观规范对使用意向的影响就越大；而经验越丰富，便利条件对使用的影响就越大

Davis 在提出 TAM 时就关注使用经验对用户信息技术接受的影响，研究结果显示，在使用的早期，感知易用性对使用意图的直接作用更强。随着使用时间和经验的增加，感知易用性通过感知有用性间接影响 BI（Davis et al.，1989）。Thompson 等（1994）的研究发现，相对于经验较少的用户来说，经验丰富的用户更易受到感知易用性、主观规范和偏好的影响。Taylor 和 Todd（1995）通过商学院学生对计算机资源中心使用行为的研究发现，感知有用性对使用意图的作用在没有经验的用户中更强，使用意图对使用行为的影响在有经验的用户中更强。Szajna（1994）发现感知易用性的预测力随着使用经验的增长不断下降，直至最终变得不再显著，而感知有用性在任何时候都是强大的使用意向预测因子。

Karahanna 和 Straub（1999）通过对 Windows 操作系统的接受与使用研究发现，潜在用户使用行为意向由规范压力（normative pressures）所决定，现有用户的使用意图由使用态度决定。此外，潜在用户的使用态度由有用性、易用性、结果可展示性、可见性和可试性决定，而现有用户的使用态度则由有用性和形象决定。

Venkatesh 和 Davis（2000）在 TAM2 模型之中，通过对四个不同组织在实施四种不同系统时实施前一个月、实施后一个月和实施后 3 个月共 3 个时间点的纵向数据的研究发现，主观规范对感知有用性和使用意图的影响都和使用经验之间有较强关系。Venkatesh 等（2003）认为，使用经验对 TAM 中以下 3 组关系有调节作用：①努力期望和 BI；②便利条件和使用行为；③社会影响和 BI。Venkatesh 和 Bala（2008）在 TAM2 模型的基础之上发现使用经验在 TAM 中的另外 3 个调节效应：随着用户使用经验的增加，感知易用性对感知有用性的影响变强，计算机焦虑对感知易用性的影响变弱，并且感知易用性对行为意向的作用也变弱。

上述研究中，如 Taylor 和 Todd（1995）、Karahanna 和 Straub（1999）等，是对不同经验层次的用户对象（有经验和没经验的用户）之间进行横向比较；而有些研究则是将经验作为调节变量，对同一用户对象群体的使用过程进行跟踪，由研究人员对不同时间点上整个用户对象群体的经验赋同一固定值，如 t_1 的经验赋值为 0，t_2、t_3 依次赋值为 1、2。Venkatesh 等（2003）提出的统一理论就是采用这种做法，其研究结论可以简要概括为：①感知有用性正向影响使用意图，但这一影响驱动几乎不受经验增加的潜在影响；②感知易用性正向影响使用意图，但这一影响驱动随经验增加而减弱。

第 4 章　用户搜索功能学习的心智模型改变及测量

搜索功能的学习和决策问题是研究和分析信息服务用户，尤其是新手用户接触和使用信息服务系统的基本问题，可以理解和分析用户认知和信念形成的驱动因素。本章从用户学术搜索功能的学习和决策问题出发，结合心智模型理论和测量方法，探索学术搜索功能学习和使用中的用户心智模型改变机理及其测量方案设计。特别指出，本书中的学术搜索是指为进行学术研究在文献信息数据库系统中搜索科研文献和相关信息资源的活动。

4.1　心智模型理论与测量方法

4.1.1　心智模型理论

心智模型起源于心理学，来自国外“mental model”一词，这一概念最早由苏格兰心理学家 Kenneth Craik 于 1943 年提出，用以表示一个系统的内部表征（internal representations），即那些在人们心中根深蒂固存在的，影响人们认识世界、解释世界、面对世界，以及如何采取行动的许多假设、成见和印象。

基于何自力和戈黎华（2008）、吕晓俊（2002）等关于组织员工心智模型方面的研究探索，本书将心智模型表述为如图 4.1 所示的解释模型，即心智活动实际是指一个在个体对特定事件的知识与信念支持下对将要执行的事件的描述、归因与预测活动，由此导致外在的行为反应。

总的来说，心智模型是人们基于特定情境，对知识图式进行选择性调用的特殊结构，并体现在对最终行为决策的导向性作用，其具体包含三项关键活动，即

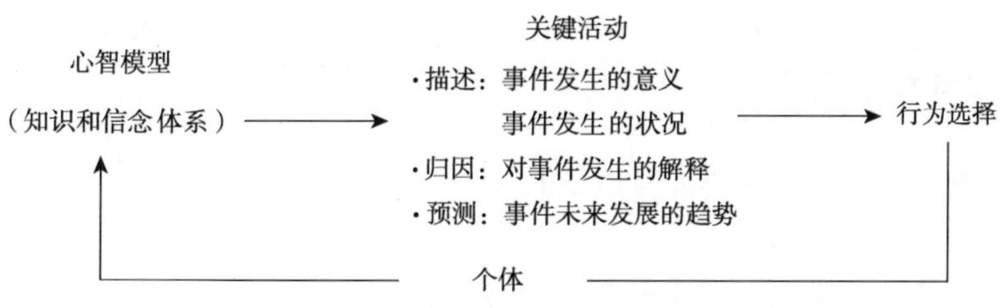

图 4.1　心智模型关键活动构成

对事件进行描述、归因和预测。虽说客观上该模型合理性方面有一定的局限性，但能帮助我们对世界进行建构。

事实上，作为具有灵活知识结构的个体心智模型，通常是在对某个问题场景的实际反应中形成的，而这种反应的目的是对环境进行解读（Stahl，1998）。心智模型也可理解为是个体心灵在环境反馈之前对环境所做的预测或期望，一旦这种预期没有得到环境反馈的检验，那么心智模型则可能被修正、改进或被彻底否定，而这种心智模型的修正过程就是人类普遍特有的学习过程，这是一个与“表征的重新描述”相连的过程（诺思等，2004），也可以称此为心智模型可变性和可塑性。

此外心智模型还具有主观性、差异性等特点，这主要是因为心智模型构建完全取决于个体主观认知或其背景知识结构。

心智模型的研究主要在人类工效学和认知科学这两个领域进行（白新文和王二平，2004）。它的提出，对人类工效学产生了深远的影响，这其中包括计算机软件设计、系统开发、电子产品生产、网站设计等方面，尤其是人机交互和交互设计领域。

4.1.2　心智模型测量方法

除了利用心理学理论解释心智过程机制外，目前测量心智活动的主要思路是依据个体外显行为的测量来推导心智特点与规律。心智模型测量具体涉及两大环节：一是心智信息的记录，即如何通过个体书写、语言、行为等外在表现形式记录他们的内在心智活动；二是对心智数据评估与归类，即用一定的方法进行各种心智活动的归类、比较，由此捕捉心智模型的规律性特征。

心智模型动态测量是重点关注的问题，它的核心是寻求一种方法，记录心智模型改变状态，即对改变前后的心智信息进行收集记录，并对其不同改变状态的差异进行比较评估测量。

1. 心智模型的记录

心智模型记录方法主要涉及以下几类。

（1）访谈法。

访谈法是心智模型记录中从早年至今一直被广泛沿用的方法之一。通常是由研究者提出几个开放性问题，让被试对目标对象进行描述。Kerr（1990）早在 20 世纪 90 年代末就采用此类方法记录用户对数据库理解的心智模型。He 等（2008）的研究工作结合录像等现代技术手段用访谈法记录用户对数据库查询的描述。

（2）出声思考法。

另外一种记录语音资料的方法即出声思考，与访谈法相比，其难点在于被试可能不习惯边操作边描述其行为理由。但是，访谈法和出声思考法都有一个共同的缺陷，即心智数据获取的质量取决于被试表达的清晰程度。

（3）概念图法。

概念图法由美国的 Novak（1984）在《学习如何学习》一书中提出，其原理是将某个主题的相关概念及概念间的关系用图表示出来。该方法目前在心智模型测量中应用最广，如 Efthimiadis 和 Hendry（2005）为了调查用户对网络搜索引擎的认识，让被试画出搜索引擎工作原理的概念图。

（4）卡片分类法。

卡片分类法也是近年来受到青睐的心智模型记录方法。被试只需根据一系列被打乱的主题概念卡片，依据自己的理解将其进行归类，可以分为完全开放式和半开放式（给出顶级的概念）两种。Bilal 和 Wang（2005）就用此方法研究了儿童在搜索引擎分类目录使用中的心智模型。

2. 心智模型的评估测量

心智模型的评估测量，即通过一定测量方法提炼心智模型的特征并对其进行分类。这些方法可分为主观方法与客观方法两大类。

（1）主观方法。

这类方法的主要思路是由研究者主观设置一个评估标准，然后根据对该标准的理解对记录的心智模型进行归类，适用于以语音、文字等主观形式记录的心智模型数据的分析处理。加拿大的麦吉尔大学与国家研究委员会信息技术研究所合作发表的研究就采用了该方法对心智模型归类（Cole et al.，2007），根据 Belkin 和 Kwasnik 对“知识的非常态”（anomalous state of knowledge，ASK）

结构的分类方法，提出了 12 种心智模型类型。

虽然这类分析方法在对测量标准的理解中受研究者的主观因素影响，但其可操作性较好。

（2）客观方法。

客观测量方法即依赖客观数据进行评估测量的方法。

路径搜索法通过概念间的关联权重数值计算两个概念节点路径网络的相似程度。2005 年，美国密西西比州立大学计算机科学学院用此方法就软件需求的理解对用户与设计者之间的心智模型差异进行了分析（Kudikyala and Vaughn，2005），但是该方法却无法测量知识结构之间的空间性特征。

多维尺度法则弥补这一缺憾，它的基本原理是对评价对象从多视角观测其相似性，并通过降维方法，在适当维度空间中以点与点之间的距离加以表示。2006 年，美国军事学院工程心理学实验室与卡耐基梅隆大学的人机交互研究所和社会与决策科学学院合作发表的文章就采用了该方法来测量游戏新手玩家心智模型的变化特征（Graham et al.，2006）。

3. 心智模型动态测量方法

1）心智模型动态研究实验测量方法

鉴于学习是动态的持续过程，因此，如果要比较不同用户主体，或是不同环境信息差异导致的决策中的认知学习效果差异，就要全面地考察决策主体在决策中为什么这样做决策、为什么这样调整、学习的进度差异等，就必须有目标地选择时间节点对心智模型的动态变化进行考察。

Doyle 等（2008）在 *Complex Decision Making* 一书中特别指出，要对心智模型的变化性进行正确和无偏的测量，只能通过严格控制的实验室研究来实现。McNeil（2015）和 Doyle 等（2008）均在相关的研究中指出有关心智模型动态研究的实验研究通用准则，以保证动态心智模型测量的客观正确性。这些通用准则包括以下几个方面。

（1）必要的实验控制。

必要的实验控制是正确测量心智模型变化的基础。要注意的是有自变量和因变量的设计、问题情境的真实性，以及对实验结果数据处理指标和方法原先设计。

（2）心智模型测量节点的选择。

必须在实验干预前，记录个体的初始心智模型，然后在干预进行中选择不同节点表征心智模型，以考察实验干预对心智模型的影响效果。

（3）消除被试间的相互影响。

为了得到每个被试在对应的时刻最真实的心智信息，必须避免被试间相互的讨论或提示，以确保数据的有效性。

（4）要及时并尽可能收集心智的细节数据。

各状态下的心智信息仅暂时停留在人们的头脑中，很容易被遗忘或很快受到其他信息的影响而改变，因此要及时地并尽可能细节化地予以记录。

（5）测量变化而不是听取变化。

研究者不能让被试主观阐述自己心智模型的变化，而是应该对照各个时间点上的心智模型，通过测量客观考察其变化。

（6）提前设定因变量及其定量指标。

在得到心智模型数据后如果不能很好地解释心智模型的变化，研究者很可能主观地判断这种变化的大小，缺乏研究的系统性。此外，如果在得到数据后才定义因变量，其也可能受到研究者主观影响而产生偏差。因此正确的做法是在获取数据前就设计出因变量各项指标。

（7）使用真实情境和惯常作答方式。

被试表征心智模型时，如果针对的是一个虚拟的任务，或者规定被试不熟悉的作答方式，被试就可能不会按照习惯的、真实的思考解决问题的方式回答问题，因此影响到数据的真实性。

（8）避免偏见效应。

被试可能存在猜测并迎合主研究者意图的心理现象，为了被试完全按照自己的意愿作答，主试不要给予任何暗示。

（9）充分运用统计学的方法。

以上的准则适用于测量心智模型，尤其是在动态测量的实验环境中，然而实际的实验研究情况如何呢？下面对照这些要求对已有的实验研究进行分析，找出这些研究值得借鉴或应该注意的环节。

2）心智模型动态改变的实验研究实例

在测量心智模型的实验中，有不少涉及选择不同的时间节点对心智模型进行记录，下面介绍几篇代表性的文献。

例如，前文提到的 Doyle 还进行了心智模型的实验研究，在实验中要求被试实际解决一个复杂的决策问题的心智模型，时间节点只选择干预前和干预后，且两次的心智模型记录方式相同。被试对于心智模型的回答形式是开放的，之后由研究者阅读分析，将其转化为概念图的形式。

Halttunen 和 Järvelin（2005）在评估不同学习环境对信息检索知识的学习效果时，在概念层学习上，让被试随意用描述性文字表征心智模型，研究者以概念地图的方式提取概念进行分析。研究者还精心设计了心智模型变化的衡量指标。

台湾“清华大学”的 Hsu（2006）进行了一个 2×2 的实验，即新手和专家分别使用两种超文本系统学习互联网协议内容，其中一个系统采用隐喻解释手段。首先在学习前，测试被试以了解他们关于互联网协议的初始知识结构；学习后，用卡片分类法和作图法来描述其对互联网协议知识新的理解，由此测量心智模型的改变差异。可以发现该研究中心智模型前后表征的方法是不同的。结果表明，隐喻可以有效地干预专家心智模型改变，但对新手却有干扰作用。

以上对心智模型变化研究的共性都是只表征干预前后两个时间节点的心智模型，再分析两次心智模型的变化。值得借鉴的是，大部分研究均采用了真实情境的任务，为了消除暗示的作用和新奇作答方式的负面影响，大多让被试自由作答，由研究者后期分析处理数据。为了解学习者心智变化的时间和程度、改变的原因，人们做了进一步的实验研究和探索。

2007 年，加拿大麦吉尔大学的图书馆等机构组织了一场实验（Cole et al., 2007），为了引导信息用户的需求理解模型与网络叙词表的层级组织结构相匹配，研究者招募了历史学和心理学专业的大学生，在线完成文献搜索任务，观察其有关信息需求理解的心智模型是否发生了改变。在心智模型的记录上，采用访谈表的方式让被试循序渐进地回答相应的问题，并在适当的阶段通过访谈表的提问给予指导或启发。访谈过程大体可以分为三个阶段：第一阶段要求被试在没有任何干扰的情况下，用自己的方式针对检索主题画出心智模型图，观察被试未经干预下的初始心智模型。第二阶段对被试进行心智模型画法的干预和指导，如告知其如何区分重要和不重要的概念等。第三阶段进一步要求被试细化搜索问题，并选出最重要的问题再次画出心智模型图。在数据分析阶段，根据被试所使用概念词语在垂直或水平维度上分布的数量，来确定其心智模型的类型，并创新性地总结出 12 种类型。结果发现通过对被试的干预，其心智模型从水平型向垂直型转移的现象发生，即最终大多数用户的心智模型被引导到了与叙词表层级结构相匹配的状态上。

2009 年，佛罗里达州立大学 Darabi 等（2009）的实验研究中，用计算机模拟一个化学工厂，让化学工程专业的被试通过计算机完成复杂的任务。通过将被试的心智模型与专家的进行对照，来判断其是否进步。任务的指导过程分为文字资料介绍阶段、实际操作阶段、执行测试阶段。实验中设立了 5 个心智模型的观察点，除了在实验指导进行前（即干预前），以及实验结束两周后检查被试的心智模型外，还在以上各个阶段后检查被试的心智模型。被试的心智模型通过纸质记录，回答实验设计的 if 提问句。考察被试的心智模型与专家的匹配程度时，采用了三度量表（即 0：不匹配；1：部分匹配；2：完全匹配）。另外，研究中还测量了认知灵活度（cognitive flexibility）、心智努力度（mental effort）等作为辅助。

以上的研究设立了更多的心智模型的检查点，有针对性地考察各阶段的干预对心智模型的推动作用，很有意义。但前一篇对心智模型的前后记录方式不统一，从自由到规定的作答方式，会给衡量心智模型变化的正确性造成一定的障碍；且两篇文献均注重心智模型的分类研究，在某种意义上说这是一种定性的分析方法，缺少用定量化的指标衡量心智模型的发展性。因此本书要汲取经验，不仅要注意心智模型记录节点的选择，还要特别注重心智模型表征方式和因变量设计的问题。

3）马尔可夫链蒙特卡罗方法及其启示

马尔可夫链蒙特卡罗（Markov chain Monte Carlo，MCMC）方法可借助外显行为状态改变来测量个体心智变化的特点。MCMC 方法产生于 19 世纪 50 年代早期，实际就是指将马尔可夫链引入传统的蒙特卡罗方法中，通过计算机模拟，在特定平稳分布下产生样本的方法（张少刚，2011）。传统的蒙特卡罗方法的一个基本步骤是产生随机样本，使之服从一个特定概率分布 $P(X)$。当 X 是一维情况时，这很容易做到；否则，要直接产生既符合分布 P 又相互独立的样本X，这通常较为困难，而现实中X往往不是简单的一维情况。这时，MCMC 方法显出了它的优势（赵琪，2007），即可以在以 P 为平稳分布的条件下，动态产生相互依赖的样本，通常被用来解决统计物理学、生物学、心理学等学科中比较难的概率问题。

该方法中，预测下期状态的唯一信息就是当期状态，而与其他先期状态无关，该过程由转移概率来决定。无论链条的初始值是什么，通过计算机模拟观测，经过多次迭代产生样本，最终收敛到特定概率，即平稳分布。因此在 MCMC 方法中，构造转移概率是至关重要的。

在MCMC的标准用法中，产生样本的平稳分布$P(X)$是已知的，从这个意义上讲，至少可以写下与 $P(X)$ 成正比的一个函数。当其应用到心智模型表征测量中时更具挑战性，因为研究者试图从未知的分布中产生样本，而且这个分布就隐含在被试的序贯外显行为中。为了解决这个问题，必须将人纳为 MCMC 方法中的一个要素（Sanborn et al.，2010），即把 MCMC 方法应用于心智模型测量的基本原理，就是将人作为 MCMC 的接受函数，用户心智的外在行为表现就相当于马尔可夫链的各个状态，这样生成的马尔可夫链就可以用来分析用户的心智信息。

在构造转移核的诸多方法中，出现较早的一种方法是 Metroplis-Hastings 方法，又称取舍抽样法（赵琪，2007）。Metropolis-Hastings 算法中有这样一个任务：有两个对象，一个是当前状态，另一个是建议状态，要求从两者中做出选择。因此，可以尝试这样运行MCMC算法：由计算机产生基于当前状态的建议变量，由人在当前状态和建议状态之间做出选择。因此可构造相应的任务，使人的序贯选择行为作为 MCMC 方法中的接受函数。

4.2　用户搜索功能学习和使用决策的内涵

4.2.1　用户搜索功能学习的概念

搜索学习问题主要来自学术数据库新手用户，因为新手用户需要在人机交互环境下独立摸索学习搜索技能。

首先从学术搜索平台的设计目标上看，其提供的是学术研究的文献搜索功能，比起一般网络，为了实现基于文献内外部特征（如题名、关键词、主题、作者、来源等）的标引与搜索，搜索系统有更加复杂的后台算法。同时为满足用户各种类型的搜索需求，学术搜索平台几乎都设计有不同难度级别及实现功能的搜索方法，且各自的算法都会有所不同，因此新手需要学习平台上从未接触过的各式搜索方法，而不是完全沿用过去使用网络搜索引擎的经验。

其次，在网络普及的今天，学术搜索平台的新手用户往往还受其他经验偏好的影响，如普通搜索引擎、网上购物等搜索行为的影响，因此对于新手来说，学术搜索学习不是简单地在白纸上作画，而是一个偏好、习惯在学习中动态转变的认知过程。

4.2.2　搜索功能学习的主要内容

新手用户搜索功能学习的概念属于认知学习的范畴。认知学习的过程一般可概括为：刺激—认知学习—行为反应的迭代过程。所谓的学习就是在特定的问题刺激下，经过认知思考，得到关于若干策略的倾向性判断，由此做出相应的行为决策，对反馈结果的评判中，结束学习或继续调整行为策略。

1）搜索学习模式

依据学习理论的相关观点，本书认为学术搜索中迭代的学习模式可被概括为以下几方面。

第一，接受搜索界面、搜索任务的双重刺激。

第二，进行认知决策活动，其中的认知要点包括思考哪种搜索方法界面、哪种搜索条件、哪种关键词输入方法与搜索任务能够匹配，即能完成任务。

第三，搜索策略选择，即选择某个搜索界面、搜索条件、关键词输入方法。

第四，搜索结果反馈，即判断是否达到搜索目标，若是，则某一个搜索方法学习循环结束，开始下一个搜索方法的学习过程。否则，重复上述迭代过程。

2）搜索决策调整是搜索学习的主要内容

从上述搜索学习模式的概括中可以将学术搜索功能学习的主要内容理解为搜索决策的调整。

因为在这个学习过程中贯穿着决策以及决策的调整行为。在界面与任务的双重刺激下，用户要在心智活动的作用下，形成对搜索策略的决策倾向，并做出决策后的结果反馈，不断调整心智状态，导致一系列决策行为调整的过程，即通过心智调整导致搜索决策行为调整改变的过程，如图 4.2 所示。

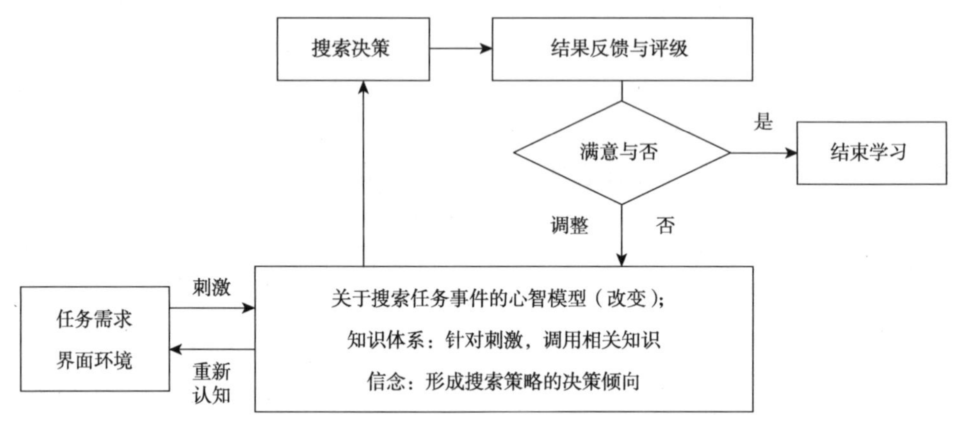

图 4.2 搜索决策调整机制

4.2.3 用户搜索决策的主要内容

上文提到新手用户在学术搜索功能学习中存在诸多不确定的因素，实质上是对界面提供的各种搜索方法、搜索条件等诸多备择的选择决策学习，因此有理由相信行为决策领域的相关理论会对本书有所启迪。

1）决策

所谓决策，是指人们为了达到某个目标，按某种标准（如最优、满意等），通过对影响决策的诸因素做逻辑判断与权衡，从一些可能的备选方案中进行选择的分析判断过程。

而一个完整的决策问题必须包含以下要素。

（1）行为人：来自于一个或多个独立群体的决策者，不同个体的策略空间和收益函数不同，体现了个体的差异性。

（2）行动集：亦称方案集，即备选的行动方案集合。

（3）学习规则：学习中的行为调整规则，根据反馈信号做出。

（4）收益集：与各方案对应的各种可能结果，可以使用效用、价值或损失等来表示收益集（张登兵，2006）。

规范性的决策过程也称决策分析，大致包括了三个阶段（西蒙，1988），如图 4.3 所示。

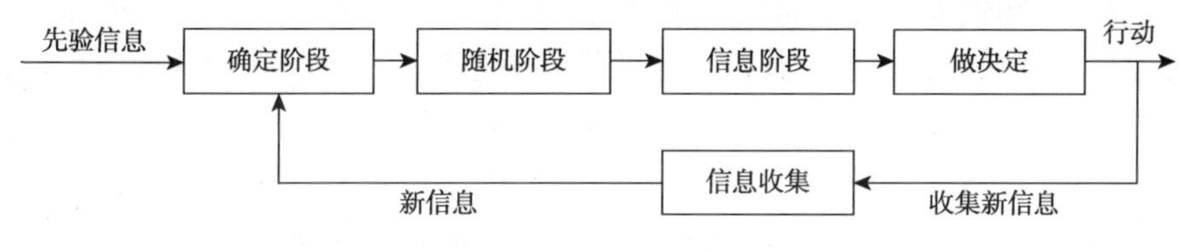

图 4.3　决策分析过程

（1）确定阶段。构造决策问题的确定性模型，包括识别方案、确定后果与后果的价值、规定系统变量并对系统中各个变量进行敏感性分析，进行时间偏好分析，找出重要的不确定性因素。

（2）随机阶段。估计不确定性因素的概率，确定决策人的风险偏好并对风险偏好进行敏感性分析，通过随机优势分析和随机敏感性分析确定最佳的决策。

（3）信息阶段。这一阶段分为两部分：一是计算获取有关不确定性因素的信息的价值；二是在需要进一步收集信息时研究获取新信息的具体方法，获得新信息后设定自然状态的新概率分布，并在必要时返回（1），修改决策问题的模型结构。

2）有限理性假设

在规范性决策理论形成和不断发展的同时，行为科学的方法和观点开始对决策理论产生深刻的影响。20世纪40年代，西蒙在《管理行为》一书中提出了“满意标准”和“有限理性原则”，他认为人介于完全理性和非理性之间，对种种偏离理性原则的行为做出解释（Sage，1981）。显然，该理论的假设条件更符合用户尤其是新手用户搜索功能学习决策问题的实际。

有限理性假设在上文提到的决策要素和决策过程中的表现可以归纳为以下几方面。

（1）在感知环境新信息时，个体的决策行为受知觉选择性的支配，不同经验和背景的决策者，对决策环境的认识会有不同的解释。

（2）在构建方案集上，个体在决策前往往不能识别出所有的备选方案，不能全面考察每一个方案可能导致的复杂结果。

（3）在决策规则上，从先前全面客观收益评估的“最优”准则，到主观判断为主的“满意”准则。

此外，有限理性假设还会导致种种认知上的偏差，即对决策事件现有状态与期望状态之间差距分析的认知倾向往往带有很大的主观色彩，常见的有以下几种类型。

（1）信息偏差：用户依赖自己的经验信息进行决策，受到个体知识背景的约束，已出现认知的偏差。

（2）感知偏差：感知是指决策者对环境信息进行接收和释义的过程，主要表现为容易接受与其信念一致以及与期望后果相符的信息，认为这种信息具有较高的真实性。

（3）锚定与代表性："锚定"是指人们的思维定势，信念一旦形成，便倾向于坚持下去，即使有新信息证明其错误，也很难使决策者据之进行更改和调整。"代表性"是指过分依赖于特别的、具体的和生动的经验，难免导致判断失误。

（4）习惯与保守：习惯是指决策人在遇到类似的问题和信息时，重复使用同样的解决流程、同样的备选方案并做出同样的选择。习惯常常产生成见与保守性。有保守性的决策人对新事物不敏感，对新信息不能充分利用。

除上述几种之外还有许多种假设，如欺骗性暗示、未说明的假设、连贯性等（陈荣虎，2006）。

3）学术搜索中的决策内容

学术搜索中的决策内容具体体现在以下几个方面。

（1）关于搜索方法选择决策，其备选方案集包括初级、高级、专业等为不同任务需求类型设置的搜索方法。例如，初级方法适合完成难度一般的检索问题，高级方法适合完成多个搜索条件叠加的综合性检索问题，专业检索适合完成多个检索词且逻辑关系复杂的检索问题。

（2）关于关键词输入方法选择决策，备选方案集包括一框一词、一框多词的各种形式（如加空格、符号等进行词间的连接），主要用于控制不同检索词的逻辑关系。不同的检索平台由于算法的差异，无形中给新手用户的学习使用造成认知负担。

（3）关于搜索条件选择决策，备选方案集包括控制检索词出现位置的检索项的选择（如文献的内部特征范畴，包括关键词、题目、文摘等；文献外部特征范畴，包括作者、来源等）、控制检索词逻辑关系的逻辑选项（如逻辑与、或、非）等。

据此推断，在实际搜索学习中用户可能遇到的困难主要在于：①不知道如何针对搜索任务选择最有效的方法。这就涉及对界面功能内涵理解的问题，是浪费用户认知资源的主要问题之一。因此需要在人机交互环境下，通过界面帮助干预的设计引导用户的决策行为。②不知道怎么输入关键词。各学术搜索平台设计具有差异，且较网络搜索引擎需要使用比较复杂的布尔逻辑组配方式。这是新手用户需要重新花费认知负荷学习的重点内容，也是观测学习中偏好发生转变的环节。

其中可能的认知困惑有：①对于复杂的搜索需求，不清楚如何对其进行关键词的表征描述，这也是图情领域长久不衰的研究主题。但本书暂不涉及此类学习问题。②不清楚平台搜索框关于关键词组配的隐含算法。这就需要新手凭着以往经验，通过反复地试错认知学习，因此是认知负荷极大的环节。本书的目的之一就是要构建一种搜索环境以减轻用户的认知负荷。③不知道选择什么搜索条件。在进入选定的方法界面后，还需要确定适合的检索条件，该环节可能产生的认知困惑体现在理解陌生界面的各项功能的内涵，以及实际如何操作上。

本书将通过实验研究对上述用户搜索决策内容做实证分析。

4.2.4　用户搜索决策中的有限理性假设

决策理论的有限理性假设认为决策者介于完全理性和非理性之间。在搜索决策中的有限理性主要体现在以下几方面。

（1）难以识别所有备选方案。例如，虽然界面上提供了初级、高级、专业搜索方法，但是由于种种原因，用户没有注意到这些方法的存在，就更谈不上对这些方法进行决策选择了。

（2）难以判断选择备选方案。用户在选择搜索界面功能时，如搜索方法选择、关键词输入，很可能受过去网络使用经验的影响，或者由于知识储备、认知能力的局限，无法在已识别的备择之间做出合理选择。

（3）难以制定理性决策规则。这体现在用户往往不会以最优为准则，进行反馈结果的满意度判别，进而调整认知和行为，通常是符合需求答案就行，因此难以寻求最优的方法功能。或用户干脆因为认知偏差，一旦获得成功就沿用策略，不再进行继续学习。

此外，搜索决策差异的主要影响因素如下。

一是在同样的外部环境条件下，个体因经验、经历、偏好、认知方式等差异，会导致搜索决策的差异。

二是对于同样条件的个体，不同的搜索界面、不同的外部干预，如帮助、引导，个体决策也会因信息偏离而导致决策差异。

4.3 用户搜索功能学习中的心智模型动态改变观测思路

4.3.1 搜索功能学习中的心智模型构成及改变机制

4.2 节已经提及搜索决策调整就是搜索学习的过程，但本质上也是不断依据反馈试错，通过调整心智进而调整搜索策略的过程。

图 4.3 的搜索决策过程说明搜索决策及其调整需要心智活动做支持，即在界面环境和任务需求刺激下，通过知识调用构建基于问题的心智模型，形成搜索策略信念，指导搜索决策，具体包括搜索方法、搜索条件的多方案选择。在结果反馈评价下（如是否匹配任务需求），调整心智模型，进而导致搜索决策的调整。

由此看来搜索学习的主要内容是学习做出合适的（即有利于有效完成搜索任务的）搜索决策，而搜索策略选择则是在内在心智模型支持下完成的。进一步的搜索决策的改变则是源于心智模型的改变。

1. 基于搜索决策事件的心智模型构成

针对本书学术搜索中的决策事件，心智模型要素构成及改变机制如图 4.4 所示。

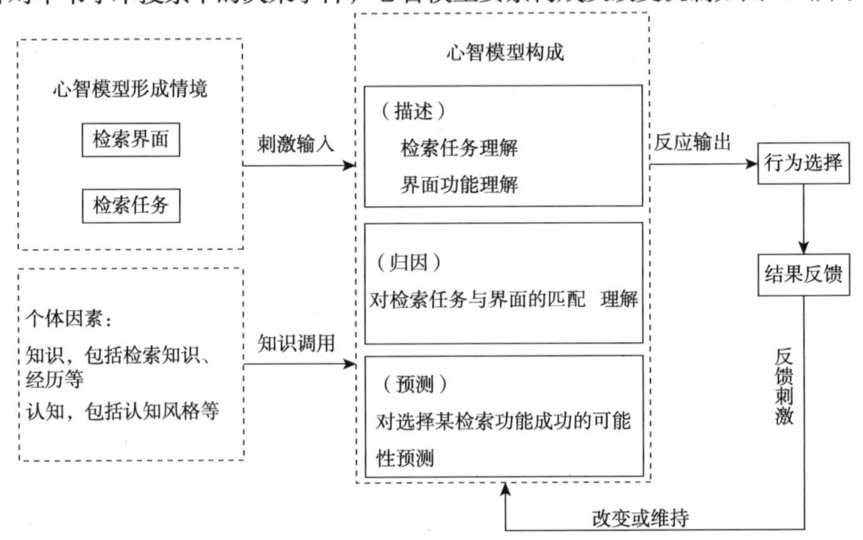

图 4.4 学术搜索中的心智模型构成及改变机制

图 4.4 中描述了搜索决策中心智模型的构成。针对搜索决策事件，即在任务和界面的刺激下，调用固存在大脑中的知识结构形成有关搜索知识（包括对任务、界面功能的理解），并由此寻找与识别检索界面可能与之匹配的符号元素（即构建与检索任务需求有匹配关系的检索策略），形成对搜索策略的成功预期，在这种心智状态支持下选择相应的操作行为。

据此，本书将通过问卷记录用户对搜索方法，以及在选定方法界面上关键词输入方法及其搜索条件的选择原因，由此观测搜索决策中的心智模型。

2. 用户搜索决策中的心智模型动态改变机制

图 4.4 中同样表示了搜索决策中心智模型的动态改变机制，即在搜索结果的反馈刺激下，运用一定的满意评价准则，通过对界面功能和任务需求的重新认知，形成对其的重新理解，并由此形成新的搜索策略及信念，进一步由修正的心智模型指导下期的搜索决策，并如此迭代。

进一步的，本书将通过多轮实验来观察：一是初级、高级、专业等不同搜索方法选择下用户学习状态转移的心智模型动态改变；二是具体搜索方法界面上用户搜索条件选择、关键词输入学习中的心智模型动态改变。

4.3.2 基于理性划分标准的心智模型归类探索

心智模型本质上是人头脑中对特定问题情境的思维结构，必然涉及心理学认知理论的相关知识。特别是在心智模型状态改变与分类测量上也需要参考一定的标准，即到底应该选择什么角度来衡量它的改变，以及改变程度的大小，因此本节介绍了一些值得参考的心理学方面的理论线索。

1）基于认知负荷的心智模型理性程度排序

在认知理论描述的诸多概念中，一定问题情境下对于认知负荷的付出的大小是可以被排序比较的，因此可作为本书中心智模型动态改变中的一个序化衡量标准。

Cooper 将认知负荷界定为：在特定的作业时间内施加于个体的工作记忆的心智活动总量（杨心德和王小康，2007），即其核心特征与完成某一特定的任务情境密切相关，此外该负荷施加在工作记忆中。

而人的工作记忆又有这样的特征：首先相对于存储知识的长时记忆的无限性（主要存储图式），工作记忆的容量是有限的，但图式无论多大多复杂，在工作记忆中都被作为单一的个体来处理，因此处理起来较为省力（Brenner，2006）。

此外，认知负荷可分为内在认知负荷（取决于任务本身的复杂度）、外在认知负荷（取决于任务的外在表现形式等）、有效认知负荷（或称相关认知负荷，主要用于产生相应的知识图式）。

综上，心智的认知负荷的大小取决于单位时间内工作记忆的总量，与长时记忆无关，即利用有限的工作记忆资源，对特定问题情境进行理性分析的程度越高，认知负荷也相应越高。此外有效减轻负荷的方法之一便是将分散凌乱的认知元素组合形成相应的更大的认知单元，直至到达知识图式的水平，以方便随时整块地调用。

认知负荷可作为本书中心智模型理性程度序化的衡量标准。

2）基于思维类型的心智模型理性程度分类

心理学中对于学习中思维类型有很多种分类方法（孙彦等，2007），其中有涉及思维理性程度的划分，如按人与动物思考的差异分为有意识学习和无意识学习，而其中有意识的学习又可依据理性程度分为完全理性和有限理性。

然而心理学领域的研究结论（史慧颖等，2006；李其维，2008；李志刚和李兴旺，2006）认为：认知理解水平与思维类型并不是一回事。理解水平高低或认知效果好坏未必与理性程度高低直接挂钩。因此只能对理解水平进行得分高低赋值；而对于思维类型只能分类，不可直接做优劣比较。很多文献研究公认的两种思维类型如下所述。

基于理性的分析系统（或称理性加工、意识控制成分、外显加工等）可以被归纳为：有意识的、合乎逻辑和规则（概率和统计规则）的推理、分析的高级认知过程。其特征为：串行加工、加工速度慢，认知负荷大，不易受背景相似性、刻板印象的干扰（不易整块地调用图式知识），主要基于规则进行，其加工过程和结果都可以被意识到。

但是，除了标准的理性思维之外，在人们的实际思维中，还并存基于直觉经验的、服从满意原则的快速启发式系统（或称无意识思维、自动化成分、内隐加工、生态理性等）。其与标准理性思维同时出现，且独立平行。这种思维并非不合乎逻辑和理性，也能顺利地解决问题。甚至在解决多个属性维度的复杂问题时，较标准理性思维表现更好、更高效。其特征为：更多地依赖于直觉，并行加工且加工速度较快，认知负荷小，往往是根据经验或一些关键线索就进行决策。模块化封闭运行，反应自动化，容易受背景相似性、刻板印象的影响（因此，更多地出现在人们已拥有一定量的知识积累后）。通常我们只能意识到其加工结果而意识不到加工过程。

综上对思维类型的划分得知：思维可按照意识、理性分析的参与程度等划分种类。但是各思维类型不能单纯地比较孰优孰劣，只是各自付出的认知负荷、适用问题情境等有所差异。

因此在本书心智模型理性程度分类中，将综合认知负荷及思维类型的理论观点，按照思维类型的划分对实验中各心智模型状态进行类型界定，同时参照认知负荷理论对这些思维类型进行编码排序。

4.3.3　基于 MCMC 方法的心智模型改变状态测量思路

正如上文部分对MCMC方法介绍中提到的，该方法可以通过将人的序贯外显决策行为充当该方法中的接受函数，以用作心智模型动态改变的观测与分析。

具体来看，可以借鉴 MCMC 方法中的转移矩阵这样一个操作思想（Sanborn et al.，2010）：通过 n 期实验，要求被试依据“心里感觉”，即通常意义的“心智模型”，在 t 期对两个对象做出选择，一个是被试在 $t-1$ 期已认可的状态，另一个是系统在 t 期新建议的状态，然后对两者进行重新比较认知，以选择更符合实验要求的那个状态，然后每期重复这样的实验内容，直到出现自认为最合适的状态再做出不变的或稳定的选择。最后构建转移矩阵以对每轮状态改变加以量化描述。

在 Szajna 的研究中，让被试在 n 期实验中不断选择心里比较喜欢的“网站界面中的检索框位置”，直到看见最喜欢的，便稳定在这个选择状态上。在这个实验中，检索框在界面的位置有很多种，它们在实际网站运用情况中存在一个概率分布，只是实验中每轮只让被试比较其中两个位置状态。

类似的，本书问题中要求用户分别学习三个搜索方法，为了表征与测量用户在三个方法学习中的心智模型转换状态，利用该方法的转移矩阵构成思想，应用于从一个搜索方法选择状态到另一个选择状态的变换测度方法。具体的计算思路如下所述。

假定序贯决策活动有 N 期：

$$T=\left\{t_1,t_2,\cdots,t_{N-1},t_N\right\}$$

可供选择的策略为 M 个：

$$S=\left\{s_1,s_2,\cdots,s_j,\cdots,s_M\right\}$$

若将在 N 期决策中选择了策略 $s_j\left(s_j\in S\right)$ 的轮数记为

$$L\left(s_j\right)\quad\left(L\left(s_j\right)\leqslant N-1\right)\tag{4.1}$$

则所有选择策略 s_j 的决策期数集合 T（s_j）如下：

$$T\left(s_j\right)=\left\{t_{i1},t_{i2},\cdots,t_{L(sj)}\right\}\quad\left(T\left(s_j\right)\subseteq T\right)$$

对应的，每轮选择策略 s_j 下一轮的决策期数集合则可表示为

$$T'(s_j)=\{t_{i1+1},t_{i2+1},\cdots,t_{L(sj)+1}\}\ (T'(s_j)\subseteq T)$$

若决策集合$T'(s_j)$中涉及的不同策略有 m 个，集合S'可表示为

$$S'=\{s_{r1},s_{r2},\cdots,s_{rk},\cdots,s_{rm}\}\ (S'\subseteq S)$$

且记S'中任意策略为

$$s_{rk}\ (k=1,2,\cdots,m,m\leqslant M)$$

将这种由策略s_j转移后的策略状态记为$s_{j/rk}$。其中，当下标$rk=j$时，说明决策个体继续沿用了原策略s_j，所涉及轮数记为

$$I(s_{j/rk=j})\ (I(s_{j/rk=j})\leqslant L(s_j)) \tag{4.2}$$

当$r\neq j$时，说明个体策略从s_j转向了其他策略，其中所涉及轮数可记为

$$\sum_{k=1}^{m}I(S_{j/rk\neq j}) \tag{4.3}$$

并且有

$$I(s_{j/rk=j})+\sum_{k=1}^{m}I(s_{j/rk\neq j})=L(s_j) \tag{4.4}$$

那么，决策状态s_j到决策状态$s_{j/rk}$的转移概率采用如下计算公式：

$$P(s_{j/rk})=I(s_{j/rk})/L(s_j) \tag{4.5}$$

且显然有

$$\sum_{k=1}^{m}P(s_{j/rk})=1 \tag{4.6}$$

无疑利用式（4.5）可能通过决策个体改变策略的外显状态来观测其决策过程中的心智变化方法。

下面举一个涉及三个策略集$(S\{A,B,C\};14\text{期}(T=\{1,2,\cdots,14\}))$的个体决策数据算例。

为此本书建立了数据表和矩阵表（表 4.1 和表 4.2），其中表 4.2 中纵向的当前策略即为式（4.1）中的s_j，横向的下一策略即为式（4.2）中的$s_{j/rk}$。

表 4.1　搜索方法选择序列示例

项目	序列													
轮数	1	2	3	4	5	6	7	8	9	10	11	12	13	14
决策状态	A	B	A	A	B	B	B	B	B	B	C	C	B	B

表 4.2 方法转移概率矩阵计算示例

当前策略＼下一策略	A	B	C
A	0.333	0.667	0.000
B	0.125	0.750	0.125
C	0.000	0.500	0.500

然后依据式（4.5）计算表 4.2 中每一单元格数据，如第一行三个数据分别代表当决策个体在 14 轮中选择了 A 策略后，分别以多大的转移概率转向其他策略。假设在这里有

$$I\left(s_{A/A}\right)=1; I\left(s_{A/B}\right)=2; I\left(s_{A/C}\right)=0; L\left(s_{A}\right)=3$$

据式（4.5）进行计算，得到第 1 行第 1 列数据为

$$P\left(s_{A/A}\right)=1/3\approx 0.333$$

第 1 行第 2 列数据为

$$P\left(s_{A/B}\right)=2/3\approx 0.667$$

第 1 行第 3 列数据为

$$P\left(s_{A/C}\right)=0/3=0$$

其他数据计算同上。

从总体观测表 4.2 中可以清楚看到 14 期决策活动中该个体策略转移的动态，其中一个重要倾向是：A、B、C 策略都向 B 策略做了明显的转移。

4.4 用户搜索功能学习中的心智模型动态改变观测设计

针对上述理论研究和方法分析，接下来本书将进行用户搜索功能学习的心智模型动态改变观测实验设计和实验分析，以对相关理论进行实证探索。

4.4.1 基本理论假设

基于前面理论分析，提出以下实验理论假设：

$H_{4\text{-}1}$：新手在学术搜索功能学习中的心智模型将随着系统不断交互而发生改变。

$H_{4\text{-}2}$：新手为学术搜索功能学习构建的心智模型及其改变会对学习行为和学习绩效产生影响。

$H_{4\text{-}3}$：不同的界面引导干预程度会影响新手基于学术搜索功能学习中的心智模型构建，进而导致不同的学习效果。

$H_{4\text{-}4}$：个体差异也会影响新手基于学术搜索功能学习中的心智模型构建。

4.4.2 实验目的与原理

1）实验目的

本部分实验研究将围绕前面提出的研究问题展开，以用户高效地使用学术数据库界面提供的功能，为改善界面或提供帮助的形式设计提供依据为最终目的，选择CNKI学术搜索平台界面中的初级检索、高级检索、专业检索以及相关界面检索操作功能作为搜索学习的基本内容，通过完成多轮搜索任务，达到如下目的。

（1）尝试运用 MCMC 方法观测用户在学习上述三种搜索方法过程中心智模型状态改变特点。

（2）尝试运用扎根理论方法、理性程度划分理论等观测用户在高级检索界面中学习关键词输入方法以及搜索条件功能选择的心智模型改变模式特点。

（3）进一步观测不同外部干预下心智模型差异。

（4）观测不同认知方式用户群体的心智模型差异。

2）基本原理

在不同的实验干预下，要求被试在规定的实验室中，依据所给定的关键词，在 CNKI 实际检索平台上完成指定的 14 轮搜索任务。具体要求在每次选定有关检索方法以及关键词输入方法后首先在实验问卷中填写这样放词的原因，以及对选定方式获得成功的预期，由此获取被试心目中关于搜索策略的心智模型；然后依据每轮任务给出的搜索结果标准答案来对照实际检索结果，并要求在问卷中给出对搜索结果的满意评价打分以及说明原因，由此获取下一轮被试心智模型可能被调整的原因。

具体实验任务单见附录 B。

通过上述实验，观测每名被试在完成 14 轮搜索任务的过程中如何学习选择初级检索、高级检索、专业检索方法及在相关界面放词操作行为，以及行为背后的思考认知，即每一轮搜索所体现出来的心智模型及其动态改变。

具体实验流程如图 4.5 所示。

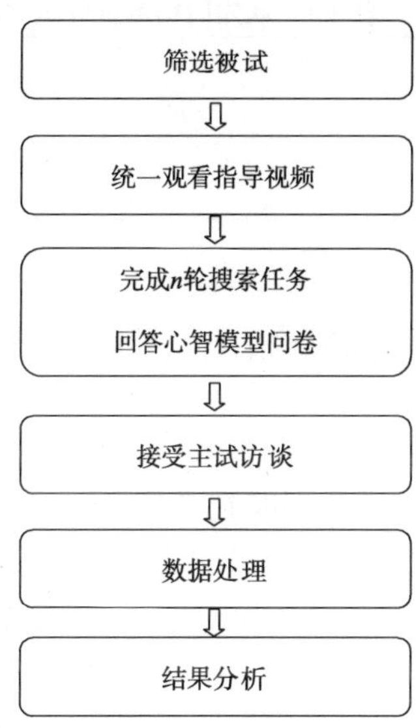

图 4.5　实验流程图

4.4.3　基本要素设计

1）样本选择

本实验被试由本项目组成员在高校中招募。招募原则为自愿参加，最后依据研究需要筛选出没有参加过类似实验的专业、年级、认知风格分组下的被试样本。实验样本分布如表 4.3 所示。

表 4.3　本次实验样本分布

年级	专业	有效样本/个	总样本/个
大一	管理	43	100
大一	机械	14	
大一	理学	14	
大四	机械	14	
大四	自动化	15	

其中大一管理组通过镶嵌图形测试法，进行认知风格分组，如表 4.4 所示。

表 4.4　认知风格测试分组

认知风格	有效样本/个
场独立	25
场依存	18

2）检索平台

本实验以 CNKI 检索系统为实验平台，并以初级检索为初始界面。

3）检索任务

本实验执行了 14 轮任务（第 15 轮作为其他观测内容）。每轮任务提供若干检索词，并要求所有检索词必须同时在“篇名”中出现，并给出检索的标准答案，目的是重点观察用户怎么根据任务题意通过对检索界面识别、认知，最后选择心里感觉相匹配的检索策略，具体见附录 B。

4）干预设计

首先在实验前要求每个被试仔细聆听视频指导语，以模拟人工培训强化被试的注意力；然后在主试（每一个主试负责两个被试）引导下浏览阅读问卷前带有截图以及文字解释更加明晰的指导语，见图 4.6。

图 4.6　本次实验文字图片干预效果截图

依据专业检索、高级检索、初级检索等三个方法对解决复杂问题的功能程度给予不同赋值，即学会了这个方法就会得到相应的得分（在这里专业检索得分最高 7 分、高级检索得 5 分、初级检索得 2 分，具体由主试依据检索结果直接报分，以为用户心智活动改变提供及时的结果反馈）。

这种设计思想主要源于大学生自我效能或自我能力感意识比较强，由此刺激新手为得高分而努力学习，这种思想在实践中对于开发经营者引导用户使用目标产品的营销情境设计无疑是有启示意义的。

此外，本实验对于专业检索使用方法专门在问卷指导语中进行了示范，以改善原来界面示范理解易发生误会的不足。

显然，这种强提示干预可以大大降低被试在界面中对检索方法按钮位置及其内涵的认知负荷，不仅可以便于将实验的观测重点放在用户如何依据心智模型，即现有的知识经验、前轮实验中积累的经验来对三个方法进行决策的学习特点上；更有意义的是可以通过比较分析详尽的界面帮助信息与简单提示信息对新手用户学习效率是否存在差异。

其中专业检索方法使用的示范例如图 4.7 所示，供学习参考。

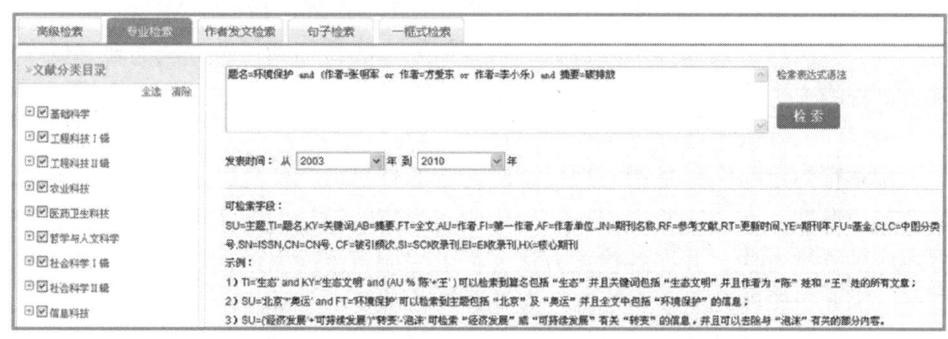

图 4.7　本次实验专业检索方法使用示例截图

5）记录材料

（1）录像材料：利用屏幕录像软件，搜集被试的所有界面操作行为。包括实际发生的点击行为，以及仅仅进行浏览、翻阅等反映思考痕迹的行为。

（2）问卷材料：主要功能包括记录被试基本人口统计信息，以及每轮搜索中的心智模型状态信息，如对搜索任务的理解，对选择检索方法的原因解释，对在已选择的搜索方法界面上的操作的原因解释、成功预期、满意度等。具体参见附录 A。

（3）主试记录材料：实验进行中每名被试都由一名主试负责。主试需要记录被试每轮对任务的理解程度、实验操作中对被试的各类提示、被试异常操作行为，以及实验最后的简单访谈数据。

为了方便后续的分析工作，特地把每名被试的录像数据、问卷数据，以及主试记录的辅助数据全部录入一张预先设计好编码的 Excel 表中，见附录 C。

6）分析变量编码设计

（1）自变量。

一是干预特征。

强弱干预特征：干预特征差异设计是本书研究的实验观测之一，主要用于模拟不同搜索平台引导帮助干预，分析用户在三种搜索方法学习中心智模型的改变差异。

二是认知方式特征。

不同认知风格：不同认知风格体现了个体惯用认知方式的差异，特别是场独立和场依存的认知风格分组常常被用在各种用户行为研究中，且两组之间往往存在差异。在这里基于对场独立与场依存个体差异的理论特征描述，分析其在搜索决策学习中的心智模型的差异。

（2）因变量。

第一，三方法学习中的心智模型。

其具体包括：三方法学习中的心智模型的转移矩阵，指运用MCMC方法，通过分析三方法序贯式选择学习行为，得到从某方法转移到任意方法的转移概率矩阵，以观测关于三方法转移学习中的心智模型改变趋势。

第二，三方法学习行为策略。

搜索行为策略实际是指心智模型支持下的外显行为信息，从实验中的屏幕录像资料中获取。在本实验中根据实验中学习内容的设计，即实际要求被试学习选择相应的检索方法，并在各检索方法界面上完成若干检索词同时出现在篇名中的任务。因此每轮涉及的主要外显行为变量包括以下几方面。

一是检索方法的选择：每轮对初级、高级、专业三种检索方法的选择，以及每人各轮检索方法选择的趋势曲线。

二是检索项的选择：对篇名、关键词、摘要、主题等检索项的选择。

三是关键词输入形式：一框一词（每个检索框放一个词）、一框多词等。

第三，三方法学习绩效。

搜索绩效中的指标应该能够客观反映并便于衡量用户搜索学习实验中的学习效果。因此在这里的考查内容主要包括：每人三种检索方法的分别学会与否；每人三种检索方法学会所用轮数；每轮搜索学习所用时长，以及每人的每轮平均学习时长；每轮搜索学习的结果反馈正确与否，以及每人的结果反馈正确率。

该部分的因变量数据分析的目的在于观测心智模型在不同认知状态下与三方法学习行为的关联。

第5章　用户搜索功能学习的心智模型改变实验分析

本章在用户搜索功能学习的心智模型改变机制分析和观测实验设计的基础上，通过实验观测分析理解用户在搜索界面功能学习过程中认知信念的形成机制，从而为用户高效使用学术数据库界面提供帮助，为界面改善或在线帮助的形式设计提供依据。选择 CNKI 学术搜索平台界面中的初级检索、高级检索、专业检索三类检索途径以及相关界面检索操作功能作为搜索学习的基本内容，通过完成多轮搜索任务进行了用户搜索功能学习中心智模型改变的观测实验。重点进行了两种观测点下的实验结果分析，即观测点 1——不同外部干预下三种搜索方法学习的心智模型改变分析，以及观测点 2——高级搜索界面操作学习中的心智模型改变模式分析。

5.1　不同外部干预下搜索方法学习的心智模型改变分析

就目前搜索系统构建来看，有多种搜索方法可以满足不同类型及复杂度的搜索需求。但在人机交互环境下，用户通过自主学习是否会有效使用这些方法？怎样才能促进自主学习的效果？这就是本节分析的问题。

本节分析建立在这么一个假设基础上，即如果有更好的界面提示，用户可能付出较少的认知负荷，学会对多种搜索方法进行理性选择。

5.1.1 观测分析基本思路

1）分析要点

（1）初级、高级、专业三种搜索方法学习中心智模型转变状态分析。

尝试运用MCMC方法对三种方法学习中心智模型转变状态进行测量，具体通过观测被试每轮搜索方法选择变化来分析其对搜索方法的认知变化方向。

（2）观测初级、高级、专业三种搜索方法之间的转换趋势。

虽然初级、高级、专业三种搜索方法是搜索系统构建的最常见搜索方法，但很多用户甚至到了硕士、博士学习阶段尚未能全面接触这些方法，而其中专业、高级等搜索是完成复杂搜索任务的有效途径。因此本节还准备观测在怎样的界面引导干预下，新手会对各种方法进行全面体验，并选择合适的方法。

（3）不同干预分析。

本次实验（即强干预实验）的干预内容可概括为以下几方面。

第一，三种搜索方法在界面中位置的醒目标识，如加上红框，以帮助识别。

第二，实验问卷指导语中强调：三种搜索方法都可以完成本实验搜索任务，以提示用户可选搜索策略集，减少该方面决策中的有限理性约束。

第三，实验视频指导语播放，通过声音、视频强化用户的认知。

第四，分别就初级、高级、专业搜索方法完成实验搜索任务的效率给出评分，由此帮助用户提升对三种搜索方法差异的认知，提高决策质量。

相比之下，弱干预实验只包含第一项干预内容。

强干预实验设计的目的体现在对未来搜索界面引导服务构建方向的一种期待。

2）分析目标细化

进一步的，该观测点中的分析目标可细化为以下几方面。

（1）不同干预下，三种方法转移学习中的心智模型改变趋势比较分析。

该目标将运用 MCMC 方法，通过对被试各轮检索方法选择的转移矩阵计算，获得不同干预下用户三种方法转移学习的心智模型改变趋势。

（2）不同干预下，三种方法学习趋势比较分析。

三种方法学习趋势数据主要用于辅助上述分析目标来共同归纳关于三种方法转移学习中心智模型动态改变规律。

（3）不同干预下，三种方法学习绩效比较分析。

该目标通过对比不同干预下的三种方法学习绩效指标，进一步观测在不同心智模型指导下的实际搜索学习效果是否存在差异。

本节涉及的样本数据如表 5.1 所示。

表 5.1　实验观测点 1 涉及样本

实验时间	实验名称	年级	专业	有效样本数
2009 年	实验 1：弱干预	大一	管理	16
2010 年	实验 2：强干预	大一	管理	43

以下各小节的内容将围绕上述分析目标及理论假设展开。

5.1.2　不同干预下，三种方法转移矩阵比较分析

首先我们运用 MCMC 方法，依据 4.3.3 所述的计算公式与算例，计算实验 1 与实验 2 小组整体的三方法平均转移概率矩阵，计算方法如下。

设实验小组群体总人数为 Z，根据式（4.6），则群体中从策略 s_j 转向各策略的总轮数 $L^*(s_j)$ 为

$$L^*\left(s_j\right)=\sum_{X=1}^{Z}L\left(s_j\right) \tag{5.1}$$

从策略 s_j 转向任意策略 $s_{j/rk}$ 的轮数 $I^*\left(s_{j/rk}\right)$ 为

$$I^*\left(s_{j/rk}\right)=\sum_{X=1}^{Z}I\left(s_{j/rk}\right) \tag{5.2}$$

则群体中从策略 s_j 转向任意策略 $s_{j/rk}$ 的转移概率 $P^*\left(s_{j/rk}\right)$ 为

$$P^*\left(s_{j/rk}\right)=I^*\left(s_{j/rk}\right)\big/L^*\left(s_j\right) \tag{5.3}$$

由此来测度不同干预的两个实验组新手用户学习检索方法的心智模型变化特点，即表 5.2 中当前方法（纵向）转向下一轮方法（横向）的概率值大小，概率值越大，说明该实验组整体转移倾向大。

表 5.2　两组实验平均转移概率矩阵

当前方法 \ 下一轮转用的方法	初级		高级		专业	
初级	实验 1 弱干预	实验 2 强干预	实验 1 弱干预	实验 2 强干预	实验 1 弱干预	实验 2 强干预
	0.95	0.36	0.05	0.49	0.00	0.15
高级	实验 1 弱干预	实验 2 强干预	实验 1 弱干预	实验 2 强干预	实验 1 弱干预	实验 2 强干预
	0.02	0.11	0.93	0.75	0.05	0.14
专业	实验 1 弱干预	实验 2 强干预	实验 1 弱干预	实验 2 强干预	实验 1 弱干预	实验 2 强干预
	0.19	0.26	0.83	0.25	0.17	0.56

结合表 5.3 的显著性差异分析，我们对表 5.2 数据做比较分析。

表 5.3　主要转移概率指标显著性差异分析结果

指标含义	简称	实验分组	正态性检验		秩和检验		显著性
			W	Pr<W	Z	Pr>|Z|	
其他方法转向高级平均转移概率	初—高	实验 1	0.569	0.000	− 3.692	0.000	显著
		实验 2	0.880	0.000			
高级转向其他方法平均转移概率	高—初	实验 1	0.389	0.000	− 2.191	0.028	显著
		实验 2	0.696	0.000			
保持在高级方法上平均转移概率	高—高	实验 1	0.721	0.000	− 0.369	0.712	不显著
		实验 2	0.869	0.000			

1）心智改变调整情况

具体我们按表 5.2 每一行数据来分析。

（1）第 1 行数据。

强干预下初级转向高级明显，第 3、4 列数据说明了这一点，从表 5.3 显著性差异分析中也可以得到证实；有理由认为这与干预中高级干预刺激强度（如得分赋值）要比初级干预刺激强度大有较大关系。

强干预下初级转向专业也较明显，第 5、6 列数据说明了在强干预下，出现了从过去无人问津到现在有人尝试的转变现象，这说明干预在引导用户尝试学习新知识中的作用显现了出来。

（2）第 2 行数据。

强干预下高级转向初级明显，第 1、2 列数据说明了这一点。事实上，在弱干预下被试使用了初级搜索时很少再往高级上尝试学习，因为一般选了高级的被试都会获得成功，因此强干预引导用户全面学习的效果有所显现，表 5.3 也说明这种差异是显著的。

强干预下高级转向专业明显：这说明在强干预下有不少被试即使高级检索使用成功，也会被更多地吸引学习其他方法。

（3）第 3 行数据。

强干预下专业转向初级比较明显，原因应该如前一样，干预导致用户在各方法之间进行学习。

弱干预下专业转向高级更明显，第 3、4 列数据表明了这一点，这有点出乎意料，强干预下转向高级的学习概率要比弱干预的小得多。我们可以这么解释，在弱干预下专业的示范干预信息很弱，几乎没有人能学会，且凡是选择了专业的被试大多是学习过高级的，因此在专业方法碰壁后会回到高级上继续学习。而强干预则不然，选择专业方法的会有较多人学会，从而转移的人数会减少。

总之，我们能够从总体上看到一个群体在不同干预下，在多个检索方法间进行决策状态的转换是有差异的。强干预的确会引导用户较全面地学习所给定的三个方法，而不像在弱干预环境下，用户完全依赖自己具有局限性的知识来做具有局限理性特点的决策，从而往往显示出较低的学习效果。

2）心智稳定性情况

这里我们进一步对表 5.2 矩阵斜角上的数据做三种方法学习中的心智模型稳定性分析，即被试在全面学习了三个检索方法之后，会对什么方法显示出偏爱（即偏爱使用某种方法）或做出稳定的选择（如认为当前检索任务更合适）。

（1）弱干预下初级稳定性大于强干预。

转移概率值为 0.95，几乎接近 1，也就是说在弱干预下选择初级检索后，大多数人最后的决策状态就趋于稳定而不变了。我们可以结合图 5.1 来解释这一现象，从图 5.1 看出，弱干预下，有将近 40%的人一直稳定选择了初级方法，而在强干预下，这部分人被分流去学习专业和高级方法，所以强干预下初级检索的稳定性有很大的下降。

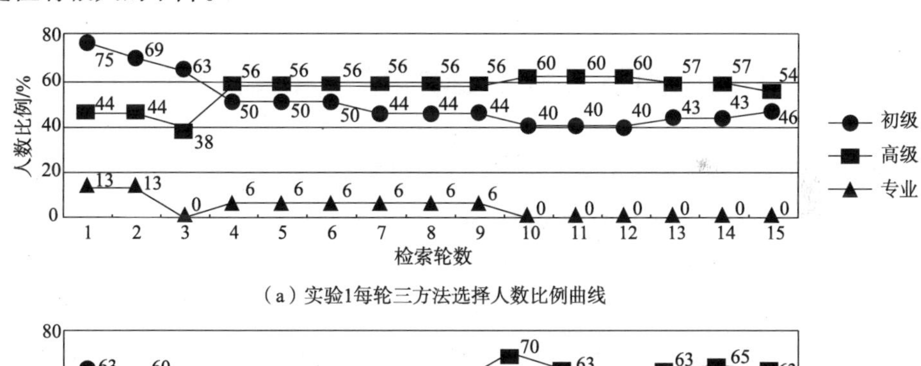

（a）实验1每轮三方法选择人数比例曲线

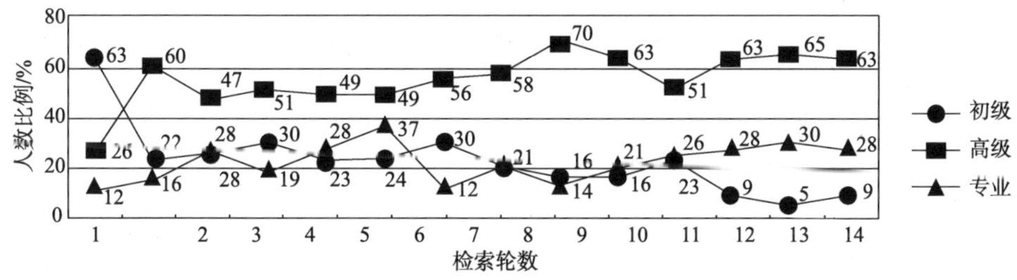

（b）实验2每轮三方法选择人数比例曲线

图 5.1　两组实验每轮三种方法选择人数比例曲线

据我们了解，这一群体之所以喜欢维持使用初级方法，是因为他们只要掌握了初级界面的输词规则，就不用学习其他方法也能完成当前实验任务，而最关键的因素是他们在学习初级输词过程中大多没有经历重负荷的学习，如沿用过去搜索引擎的输词法碰对了，当然也有习惯因素，等等。但是显然，他们以后碰到复杂搜索任务时重新学习的负担会较重。

（2）强干预下专业稳定性大于弱干预。

这一点也可以用图 5.1 做很好的解释，在强干预下大部分学习初级检索的人纷纷转向学习高级检索，且有相当比例的人群维持在这个方法上，他们觉得这个方法一旦学会就能解决问题，显然这是一群喜欢学习具有挑战性知识的人群、更具有理性思维的人群，当然强干预中表达明晰易理解的示范信息起的作用也很重要。

（3）弱干预与强干预下高级检索的稳定性差异不显著。

这一点表 5.3 给出了检验数据，尽管表 5.2 高级检索的稳定性概率值总体都比其他方法大，而弱干预的数据还大于强干预，也能用上述理由解释，即在强干预下，用户总体被分流学习其他方法了。

但不管在哪种干预下，用户都表现出对高级检索的偏好，用他们自己的话说，这与实验任务最吻合，即用户在强干预干扰下，纷纷学习各种检索方法，但最后还是理性地回归到高级检索上。的确，与本实验任务的目标定位最匹配的方法就是高级检索，专业检索更适应更复杂的任务，本实验任务实际并未涉及。

5.1.3 不同干预下三种方法学习趋势比较分析

图 5.1 的弱干预实验 1、强干预实验 2 两组实验得到的三种方法学习使用走势曲线可以进一步对前面转移概率矩阵数据进行补充性解释。

在这里，对各小组被试每轮进行某一搜索方法决策选择的人数比例（每轮中选择某方法的人数/小组总人数）进行统计，并绘制方法选择人数比例曲线图，直观地看三种方法的选择人数比例的动态变化，见图 5.1。

从方法学习走势图来看，我们进一步看到：

（1）在强干预刺激下，新手用户对三种方法都给予了关注，不像在弱干预情况下，专业检索人数几乎为零。

（2）在强干预刺激下，初级检索使用人数比例明显下降。原因在于由于信息干预，他们接收到了还可以学习其他方法的信号；而在弱干预下相当一部分用户只停留在初级检索的方法使用上，我们可以看做这是对以往搜索引擎使用知识迁移的结果。

关注这一点，对于改变偏好网络的新手的学习环境来说是重要的，他们可能会因为没有良好的在线指引、导向而长期停留在低信息素养的水平上（这些现象在我们身边随处可见），随着他们的学历逐步提高，如从本科到硕士，甚至到博士，由于课题研究的需要，检索问题可能会越来越复杂，而这种低信息素养也会给未来的学术研究带来更多的阻碍。

（3）在强干预刺激下，专业检索使用人数比例增加。这也是强干预最为明显的引导提示效果，这说明界面提示只要强化到足够引起用户的注意与理解，再难以被发现的界面资源也是有可能被引导学习的。最终用户是否会持续使用，与用户自己的偏好或理性思考有关。

5.1.4　不同干预下三种方法学习绩效比较分析

在这里进一步选择学习人数中的“学会人数比例”作为指标，来观测学习的效果。

图 5.2 明显地告诉我们在强干预下，用户学会三种方法的人数都比弱干预下有所提高。

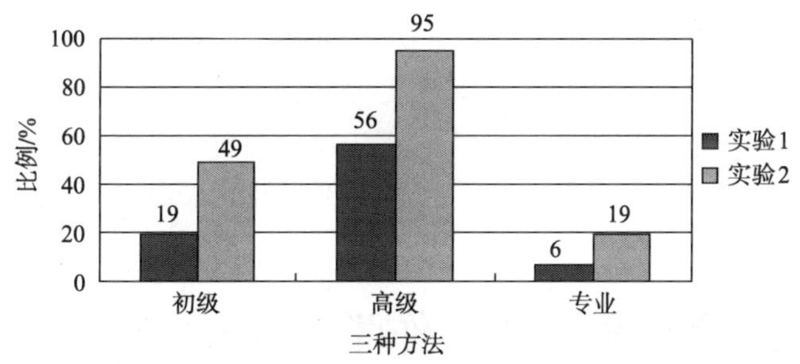

图 5.2　两组实验三种方法学会人数比例对照

此外我们选择学习人数最多的高级方法，观测学会的实验轮数。图 5.3 也明显地告诉我们在强干预下，高级检索学习速度要快于弱干预条件下的学习速度。

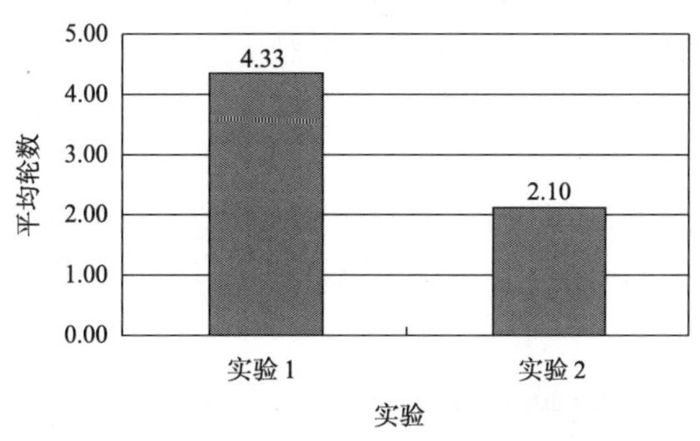

图 5.3　两组实验学会高级方法平均轮数对照

5.1.5 观测实验小结

根据上述分析我们得到了关于三种方法学习的心智模型及相关支持数据，并有理由接受前面的假设，即在更好的界面提示下，用户可能学会多种搜索方法，并做出基于任务的理性选择。

新手用户在初级、高级、专业三种方法强干预刺激下，比在弱干预刺激下会较有意识地尝试全面学习三种方法。这一点还可以从实验 2 问卷中（附录 B）主观方法选择原因回答内容得到证实，如“换种方式”“根据提示”等是被试选择新方法的主要原因。

（1）在专业方法的学习上，强干预的实验 2 也进步明显。图 5.1 显示在弱干预下几乎无人问津的专业方法，在实验 2 中每轮均有不同数量的被试在尝试学习。

（2）此外，强弱干预也导致三种方法的学习绩效产生明显差异，强干预不仅使学会的人数明显增加，也使学会高级方法的所用轮数缩短了不少。

（3）在初级、高级、专业三种方法高强度的推荐干预下，新手用户即使全面学会三个方法，也有可能会选择自己更偏好的方法继续使用。进一步分析实验最后的访谈数据，基于我们任务设计的方法定位目标，大多数用户最终会认知高级检索是较有效的方法，而强干预下会有比较明显的表现。

5.2 高级搜索界面操作学习中的心智模型改变模式分析

我们以高级搜索界面为观测点，进一步分析用户是怎么学习关键词输入操作以及搜索条件选择的，这更多的是一个对选定搜索界面功能理解与按钮选择的搜索决策学习问题。而我们发现这是人机交互环境下，新手用户认知负荷较重的环节。

具体我们希望尝试运用扎根理论以及认知理性程度划分理论，对用户心智活动理性程度变化模式进行归类，并探索它们与用户学习效果的关系。

5.2.1 观测分析基本思路

本节分析中使用了一些专门构造的名词概念，因此在开始介绍之前先对它们进行统一界定。

1）本节中的名词概念解释

（1）心智模型理性程度：通过扎根理论等方法对每名被试每轮的心智模型数据进行的基于理性程度的编码赋值。

（2）心智模型理性程度动态改变模式（或心智模型动态改变模式）：基于上述每人心智模型理性程度的编码赋值的轮数走势，总结出的每人的心智模型动态改变模式。

（3）搜索认知层：用户信息搜索的心智模型，包括心智模型理性程度、心智模型理性程度动态改变模式等。

（4）搜索行为层（或策略层）：包含所有实际搜索行为，如每轮选择的各种搜索条件、关键词输入形式等。

（5）搜索绩效层：包含所有客观搜索绩效指标，如每轮的结果正确与否、搜索学习时长等。

（6）认知效果动态改变模式：综合参考搜索绩效层中的结果反馈、行为层中的行为策略正确与否作为认知思考下的实际学习效果指标，并分析每人的轮数走势，总结出其动态改变模式。

2）分析目标

（1）心智模型理性程度编码赋值。利用扎根理论分析处理心智模型文字记录数据，利用心理学相关理论制定基于心智模型理性程度的赋值规则与标准，并以此对每名被试每轮选择高级搜索方法的心智模型数据进行编码赋值。

（2）心智模型理性程度动态改变模式归类。以每名心智模型理性程度编码的轮数走势为基础，进行基于理性程度的每人心智模型动态改变模式归类标准的制定与实施。

（3）心智模型理性程度与搜索行为层、搜索绩效层的关联分析。选择行为层、绩效层相应指标，与心智模型理性程度进行关联性分析，观测心智模型理性程度的差异是否会导致不同的学习效果。

（4）不同认知风格因素下的心智模型理性差异分析。进一步选取不同认知风格作为反映个体差异的自变量，分析其中心智模型的理性程度会不会因此产生显著性差异。

本节中涉及的样本如表 5.4 所示。

表 5.4　实验观测点 2 涉及样本

实验场次	年级	专业	有效样本/个	总样本/个
2010 年实验	大一	管理	41	69
	大一	机械	14	
	大一	理学	14	

其中有关认知风格对照组样本如表 5.5 所示。

表 5.5 实验观测点 2 涉及认知风格对照样本

认知风格	有效样本/个
场独立	23
场依存	18

5.2.2 心智模型数据处理

参见 4.3.1 小节关于学术搜索中的心智模型构成，本节分析的心智模型数据主要来自实验问卷和主试记录材料，包括对界面功能和搜索任务的理解。

在本节观测点中，具体为被试在所选定界面（本节中为高级搜索界面）进行各项操作的原因回答上，这实际是围绕对关键词进行合理输入的一系列对搜索条件等进行决策选择的过程，以下简称为“放词原因”或“原因回答”。而对搜索任务的理解已经事先在设计好编码的 Excel 表中结构化处理（附录 C），因此当前的工作主要是对“放词原因”的数据编码化处理。

为了将被试原因回答数据先做概念化、结构化处理，首先借鉴扎根理论方法的数据处理步骤（潘威，2010；王海宁，2008），通过对所有被试在高级检索方法下的放词原因数据的通体分析，提出了初步的放词原因类型编码表，并依据此对所有被试每轮高级界面放词原因的原始数据进行了开放式登录。

1）开放式登录

在该阶段的编码过程中，主要依据被试的主观原因回答，在其表达不清、语义含糊，以及回答明显不够认真导致与实际不符等情况下，辅以相关思考痕迹数据（附录 C）帮助判断。具体的放词原因编码表如表 5.6 所示。

表 5.6 开放式登录编码表

原因大类	细分类别
题目界面匹配理解（题目理解、界面理解、题目与界面的关系理解）	理性理解（题目/界面/两者关系）：原因描述依据“篇名中 A+B”题目理解形式来进行界面方法、放词的匹配操作 中间理解（题目/界面/两者关系）：原因描述依据题目理解的其他有误形式来进行界面方法、放词的匹配操作 盲目理解（题目/界面/两者关系）：原因描述没有依据自己理解的题目要求，而是转向如题目中关键词的含义、关系等问题
方法表面评价	简单/方便 有效（操作简单、结果准确……）

续表

原因大类	细分类别
依赖外界刺激	结果（预期）正确与否 得分高低 提示：指导语提示——专业检索示范；指导语提示——三个方法提示；指导语提示——论文示例；指导语提示——其他；主试口头提示；界面帮助提示
个性化原因	因为好奇，尝试新方法/继续尝试没能成功的方法 因为偏好/习惯（此次实验前积累的），尝试新方法/继续尝试没能成功的方法 因为此次实验之前轮数经验形成某种方法的偏好/习惯
盲目	盲目

2）核心式登录

由于本实验中的原因回答数据并不十分复杂，不是成段的文字，而本身扎根理论方法中的核心式登录与关联式登录两个步骤本质差别并不大，只不过前者所处理的分析层次更为抽象（皮连生，2004），鉴于此，本书将这两个步骤合并，即在开放式登录后直接进行核心式登录。目的是根据研究问题的需要，找到若干具有统领性的、能够将大部分概念类属联系起来的核心类属，然后将分析的重点放到与核心类属有关的编码上。

在开放式登录得到的心智模型构成中关于放词原因的初步编码体系的基础上，综合被试每轮任务理解等心智模型构成数据，以及实际放词策略等能够辅助推断心智思考的数据，做关于心智模型的进一步提炼。

为深入研究心智模型的理性程度与搜索行为及搜索绩效的关系，将 4.3.2 节中有关思维类型划分作为理性程度编码类型提炼的依据，认知负荷作为理性程度编码的序化标准，结合本实验具体情境，得到如表 5.7 所示的编码体系。

表 5.7　核心式登录编码表

理性程度编码得分	编码名称	理论解释	对应本实验情形
4 分	较全面理性	在理性分析并获得正确反馈的基础上，积极探索解决问题的新途径	在前轮用某种放词方法获得正确答案后，本轮在题目理解不变的前提下，原因解释体现尝试新放词方法的愿望，且实际放词策略亦如此
3 分	有限理性	运用抽象分析的方法，对环境反馈信息进行很好的分析加工，能够挖掘到事物的本质	原因解释体现努力思考，且与题目理解匹配，实际放词策略亦如此
2 分	生态理性（惯性启发式思维）	在通过理性的分析推理，或经过实际反馈结果的检验后，以后在面对类似的问题时，可以超越判断、推理的逻辑思维过程，迅速整块地调用这些知识，对事物做出直接的判断，达到对事物直接的领悟和理解，也称“启发式”思维	本实验中表现为被试对前面轮数经过推理得到的正确结果或高得分的惯性认知，再遇到相类似的检索问题时，对放词方法几乎不加思索地直接照搬，并且原因解释亦有体现

续表

理性程度编码得分	编码名称	理论解释	对应本实验情形
1分	直觉/盲目	通过感性思维获得的信息，联系自己已有的知识结构，形成对事物本质的基本推断，但没有经过分析推理的验证，属于浅显层次的认知	原因解释体现出于以往搜索引擎经验、因好奇尝试或不明原因等情形

依据上述理性程度的编码标准，经过对本节所涉及样本所有轮数的编码及初步统计，得到表5.8描述性统计结果。

表5.8　心智模型及行为层指标编码轮数分布比例

有效样本/个	总轮数	心智模型理性程度编码得分				搜索行为层			
		1分	2分	3分	4分	检索项		放词形式	
						篇名	其他	一框一词	其他
69	537	10.8%	47.1%	41.3%	0.7%	76.2%	23.8%	56.8%	43.2%

注：小计数字的和可能不等于100%，是因为有些数据进行过舍入修约

表5.8的统计结果反映出认知、策略层的整体样本所有轮数的描述性统计特征。

认知层，即心智模型各理性程度编码得分上的轮数分布情况显示大多数轮数分布在2、3分的编码上，且两者比例相当，也就是说大多数轮数不是处于“有限理性”的理性分析水平上，就是处于“生态理性”的启发式惯性思维的理性水平上。而其他两个理性水平分布较少，尤其是“较全面理性”几乎没有轮数分布。

首先要申明的是，在高级检索界面中，将检索词以“一框一词”的形式同时输入相应的检索框中，并选择“篇名”检索项为针对本实验任务情境的目标策略。因此搜索策略层的统计围绕此展开。

搜索策略层的统计指标方面，检索项选择指标中有超过70%的轮数选择了“篇名”检索项，而具体的放词形式上，“一框一词”的轮数分布也超过50%，整体上看说明被试在高级界面学习中还是能够比较好地根据任务需要来进行对应界面功能及操作的决策。

5.2.3　心智模型动态改变模式分析

基于上文的心智模型核心式数据登录结果，按照被试每轮中的心智模型理性程度的编码得分走势，本书总结出心智模型理性程度动态改变模式，以反映心智模型动态改变。相关动态模式及解释详见表5.9。

表 5.9　各动态模式内涵解释表

心智模型理性程度动态改变模式	解释	认知效果动态改变模式	解释
分析型	一直采用理性分析式思维	最佳型	从首轮就选用正确策略或正确答案
分析–启发型	先理性分析，后生态理性的惯性思维		
分析–直觉型	先理性分析，后直觉思维	渐佳型	经过几轮后正确
分析启发混合型	理性分析与生态理性混合交替		
分析直觉混合型	理性分析与直觉思维混合交替	偏执型	一直没有正确
分析启发直觉混合型	三种思维混合交替		
直觉–启发型	先直觉思维后生态理性（即顿悟）	摇摆型	正误交叉分布
直觉–分析型	先直觉后理性分析		

此外，为了进一步看出心智模型动态改变模式与认知效果动态改变模式的关系，又同时总结出几种认知效果动态改变模式及对应解释。

（1）心智模型动态改变模式人数比例分布，见图 5.4.

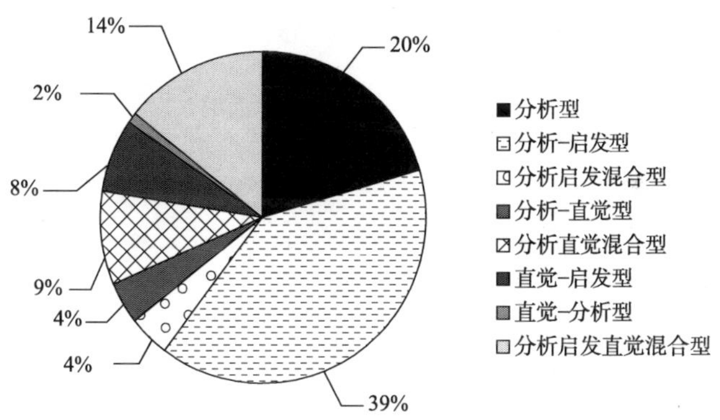

图 5.4　心智模型动态改变模式人数比例分布

心智模型动态改变模式人数比例统计中分析–启发型的人数比例最高，表明大多数被试面对陌生的搜索界面先处于理性分析思考的心智状态，而后可能经过几轮的结果反馈，逐渐掌握规律，建立起与任务情境匹配的界面认知图式，继而直接照搬先前积累的搜索经验，采用生态理性的思考方式；分析型被试比例也比较高，说明在面对陌生界面时，也有不少被试一直都在积极探索正确的或者最佳的搜索方法。

（2）认知效果动态改变模式人数比例分布，见图 5.5。

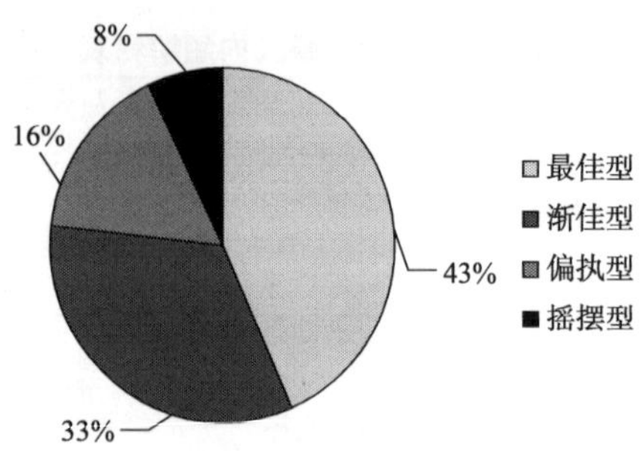

图 5.5 认知效果动态改变模式人数比例分布

单从认知效果动态改变模式人数比例分布看，“最佳型”和“渐佳型”的人数比例最高，说明经过多轮实验，甚至是从实验首轮开始很多被试就通过对界面和任务匹配的理性分析，完成了实验目标，获得了正确的搜索结果。

（3）心智模型动态模式与认知效果动态模式关联统计，见表 5.10。

表 5.10 心智模型动态模式与认知效果动态模式关联统计表

心智模型动态模式	最佳型/%	渐佳型/%	偏执型/%	摇摆型/%	总人数/人	总计/%
分析型	14	43	43	0	14	100
分析-启发型	67	30	0	3	27	100
分析-直觉型	0	33	67	0	3	100
分析启发混合型	100	0	0	0	3	100
分析直觉混合型	33	17	33	17	6	100
分析启发直觉混合型	10	50	10	30	10	100
直觉-启发型	80	20	0	0	5	100
直觉-分析型	0	100	0	0	1	100

以各心智模型动态改变模式为统计基准，对各认知效果动态模式进行分项统计，以观测两者的关联。其中几项比较突出的数据透露出两者的关系，如在“分析型”心智模型动态模式的被试中“偏执型”与“渐佳型”认知效果动态模式的人数比例最高且相同，说明实验从头至尾均采用理性分析思维的被试在认知效果动态模式上并没有显示出优势，相反倒是不少被试在这种动态认知模式下走进了偏差认知的死穴，以至于从头至尾都没能顺利达到任务的要求；“分析-启发型”被试的认知效果动态模式集中在“最佳型”和“渐佳型”上，分别高达 67%和30%，说明这种认知的动态模式取得了不错的学习效果；其他类似的有“启发型”思维参与的认知动态模式如“分析启发混合型”“直觉-启发型”等也浮现出不少不错的认知效果模式。

综上，在本实验任务情境下，有“启发型”思维参与的认知动态模式的认知效果模式更优，而“分析型”的认知效果反倒容易出现偏差。

5.2.4　心智模型理性程度与搜索行为、搜索绩效的关联分析

关于心智模型理性程度和搜索行为以及搜索绩效的关联分析，本节在行为层选取了对完成本实验任务至关重要的“检索项选择”以及“放词形式”两大项作为相应指标，绩效层则选取了能客观反映被试学习效果的“完成时间”“正确与否”作为该层指标。

实验中每名被试被要求完成 14 轮搜索任务，为了全面考察层间关联，在统计中采用了两种方式：一是不考虑区分个体，针对所有轮数的统计，以下称“每轮”；二是先统计出每名被试各轮相关指标的均值，再分层关联统计，以下称“每人”。

另外需要特别解释的是，对应本实验任务“篇名”检索项，以及“一框一词”的放词形式是在高级界面上完成任务的最佳方式，因此在统计中被特别提取出来，与其他操作形式做对照统计。

（1）心智模型理性程度与行为层关联分析，见表 5.11。

表 5.11　心智模型理性程度与行为层关联分析

统计方式	变量 1	变量 2	相关系数	系数含义
每轮	理性程度得分	检索项选择	－0.17	微弱负相关
	理性程度得分	放词形式	－0.17	微弱负相关
每人	理性程度均分	篇名选择比例	－0.40	低度负相关
	理性程度均分	一框一词比例	－0.22	微弱负相关

（2）心智模型理性程度与绩效层关联分析，见表 5.12。

表 5.12　心智模型理性程度与绩效层关联分析

统计方式	变量 1	变量 2	相关系数	系数含义
每轮	理性程度得分	每轮完成时间	0.29	微弱正相关
	理性程度得分	每轮正误	－0.20	微弱负相关
每人	理性程度均分	平均完成时间	0.41	低度正相关
	理性程度均分	正确轮数比例	－0.35	低度负相关

表 5.11 和表 5.12 数据反映出认知层的理性程度得分与行为层、绩效层的相关

关系都不明显，均表现出正负的低度甚至微弱相关。但是从几个低度相关的数据中可以发现：认知层与行为层的关联分析中，理性程度得分与检索项选择“篇名”呈现“低度负相关”表明一定程度上思考得越多，付出的认知负荷越大，反倒容易受到其他因素影响，导致选择其他的检索项；而与绩效层的关联分析中，“理性程度均分”与“平均完成时间”和“正确轮数比例”分别呈现“低度正相关”“低度负相关”，表明理性思考导致了完成时间的增加，但却降低了正确轮数的比例。

综上，以上认知层与其他两层的关联分析体现了在我们的实验任务情境下，思考的理性程度越高、付出的认知负荷越大，并没有导致学习效果和行为策略更优，反倒是表现出一定程度的负相关关系。

5.2.5 不同认知风格心智模型理性程度的差异分析

（1）认知风格每轮理性程度得分显著性差异分析见表 5.13。

表 5.13 认知风格每轮理性程度得分显著性差异分析

统计方式	组别	均值	标准差	正态性检验		秩和检验		显著性差异比较
				W	$Pr<W$	Z	$Pr>\lvert Z\rvert$	
每轮	场独立	2.25	0.641	0.789	0.000	－1.715	0.086	不显著
	场依存	2.37	0.717	0.790	0.000			

（2）认知风格每人理性程度平均得分显著性差异分析见表 5.14。

表 5.14 认知风格每人理性程度均分显著性差异分析

统计方式	组别	均值	标准差	正态性检验		秩和检验		显著性差异比较
				W	$Pr<W$	Z	$Pr>\lvert Z\rvert$	
每人	场独立	2.29	0.399	0.849	0.003	－0.804	0.422	不显著
	场依存	2.40	0.479	0.928	0.181			

表 5.13 和表 5.14 显示无论采用“每轮”还是“每人”的数据统计方式，在认知理性程度上，场独立与场依存分组下的认知风格均没有表现出显著性的差异。

5.2.6 观测分析的理论解释

1）实验任务情境对应的理论解释

为了更好地解释用户在本实验高级界面放词学习中的心智模型等内容，要先对本实验的任务情境进行剖析。

第一，知识类型。

首先从知识类型的角度上入手，现代认知心理学有一种对知识类型较为公认的分类，即将其分成陈述型和程序型知识，所谓陈述型知识是指有关原理、公理或现实中各种客观现象的描述，主要解决“是什么”的问题，而程序型知识则是指个体综合运用各种陈述型知识，用以解决更高层次的问题，即解决“怎么办”的问题，它通常是高度自动化的，而且学习过程是无意识的（潘洪建等，2005）。

从这个意义而言，本实验中的任务属于“程序型知识”，用户完成实验设置的实际搜索任务的过程是在模拟解决实际的搜索问题，并且需要在综合理解界面各个按钮的功能、任务，以及两者匹配关系的基础之上。

此外还有各种对于知识类型的两分法，如系统与零散知识（关海霞，2009），典范型（抽象的科学知识，常连接分析的认知）和叙述型知识（特定、实用的知识，常连接启发式认知）（唐京和冯明，2000），外显（对应有意识思维、陈述型知识，易表达）和内隐知识（对应无意识思维、程序型知识，不易表达），等等。这些也均能在本实验任务情境中找到映射，即本实验的任务完成需要用户摸索散落在高级检索界面上各个按钮的功能，这本身不存在系统性、结构化的知识，因此属于零散的知识；且解决本实验任务的知识属于程序型知识，不易表达，需要亲身体验，因此从某种意义而言，属于内隐知识。

第二，任务情境。

接着从任务/问题情境的角度再次对本实验任务进行解释。本实验任务实际要求用户在高级界面上决策选择使用何种按钮功能，以及各按钮功能的细分选项，如检索项选择“篇名”还是“关键词”，属于选择性决策任务。一般而言，选择性决策任务的复杂度取决于选项和信息线索的数量（刘永芳，2003），而高级界面上不仅按钮功能多，而且各功能的细分选项也很多，因此任务情境较为复杂。

此外，本实验设置了多轮类型相似的任务，即在“篇名”检索项下，同时出现若干个检索词的搜索任务，从学习的迁移程度上看，属于低迁移的任务。

最后由于实验每轮均提供检索篇数的“标准答案”，供用户对照检索的正误，还根据不同的放词形式进行打分，这在一定程度上强化了用户对于结果反馈的认知。

2）心智模型理性程度分布及其与行为、绩效关联的理论解释

惯性启发式思维与分析型思维轮数比例相当，且惯性启发式思维类型下的策略、绩效更优。本实验中的生态理性或称启发式思维占了所有轮数中的很大比重，且从其与行为策略和学习绩效的相关性分析上看，似乎较理性分析表现更优、绩效更高。下面结合 4.4 节阐明的本实验任务情境给出相应的理论解释。

首先说明生态理性/启发式思维是一种常人惯用的心理捷径，是针对特定的环境中产生的特殊规则，如再认启发式、基于单一理由的启发式等（吉戈伦尔和托德，2002）。总体而言就是利用很少的信息和认知资源，做出有效的决策。正如上文对认知负荷理论的解释，这种思维占用很少的工作记忆空间，自动化地调用已形成的针对特定情境的知识图式，充分发挥图式的作用。

这种思维方式的适应情境往往是知识/时间有限、程序型知识（潘洪建等，2005）、任务复杂、非结构化（刘永芳，2009）、低迁移度（庄锦英，2005），以及积极的情绪（吉戈伦尔和托德，2002）等。正如上述本实验情境，可以看出其与生态理性/启发式思维的适应情境非常切合，因此在本实验统计数据中，这种思维方式占了所有任务轮数的很大比例。

且一方面由于实验中的新手用户对于学术数据库界面知识相对匮乏，没有形成适应此情境的图式，而如果盲目对界面上的各认知元素进行理性分析，必将占用很大的工作记忆空间，认知资源的分配也会受到影响，从而使认知效果大打折扣；另一方面由于界面本身功能元素众多，知识散点非结构化，如若采用启发式认知思维，调用既已形成的图式，将各个知识散点组块化，节省认知资源，未尝不是一个更好更有效的思维方式。这可能就是本实验中这种思维联系策略更优、绩效更高的原因。

3）心智模型的动态改变模式理论解释

在心智模型动态改变数据部分，我们发现分析启发型模式的用户比例最高，而从头至尾纯分析模式的效果反倒不佳，此外顿悟型模式也大多获得了较好的绩效。对应这些现象，也有一些理论线索能够对其进行解释。

（1）“分析-启发型”动态认知模式比例最高。

上文已经提到本实验的被试均是大一新生，属于学术数据库新手用户，先前采用理性分析的思维方式是因为在他们的头脑中没有存储任何类似高级检索界面的知识图式，因此出现在他们面前的界面可能只是由若干纷繁零散的认知元素构成的复杂界面，为了完成实验搜索任务，在实验的前几轮，尤其是首轮要对该界面进行一定的理性分析。随着实验推进，新手用户逐渐形成了对该特定界面不同完备程度的认知图式，此时的他们虽仍谈不上专家，但是正渐渐从新手–专家两极的一端向另一端靠近，而新手与专家在解决问题时的重大区别就是对于关键信息线索判别和获取的能力，以及调用图式的能力（张春莉，2010），即专家较新手更擅长将散落的认知元素组块化，形成更大的图式，有助于加快认知加工的速度、减少工作记忆的负担（彭贺，2009）。因此在本实验进展过程中，分析启发型被试比例最高。

（2）纯“分析型”动态认知模式学习绩效不高。

在本实验中从头至尾均采用理性分析思维方式的用户行为策略及学习绩效都

不理想。这可以从认知负荷分类的视角上找到原因所在。认知负荷可分为内在认知负荷（取决于任务本身的复杂度）、外在认知负荷（取决于任务的外在表现形式等）、有效认知负荷（或称相关认知负荷，主要用于产生相应的知识图式）（Brenner，2006），而其中有效认知负荷的形成在学习中至关重要，提高有效认知负荷，某种程度上可以提高学习效率，达到事半功倍的效果（艾森克和基恩，2004）。分析型的用户在问题解决中关注的是界面或任务描述中的个别认知元素，没有注意总结规律、把握本质，并形成相应的图式，因此学习效果欠佳。

（3）出现“顿悟型”思维动态认知模式。

本实验中“直觉-启发型”的认知负荷模式代表顿悟类型。在解释本实验中的顿悟认知模式之前，先简单阐述什么是顿悟思维。顿悟是一种因突然找到问题解决方法或理解一个问题结构时产生的个体体验（邢强和黄伟东，2008）。我国学者张庆生教授及其课题组提出了对于顿悟认知机制的解释（赵琪，2007），即认为顿悟是原型启发的结果，对其的研究应该主要探究原型事件（对当前问题有启发作用的认知事件）中隐含的关键启发信息的激活情况，一旦个体激活这些信息，称“顿悟”。

此外顿悟只有在一定的情境下才容易产生，认知资源的耗费是影响顿悟产生的重要阻碍（Reber et al.，1991），即在解决问题的过程中，认知资源耗费的越多，关键启发信息越难被激活。在我们的实验中也是这样，顿悟思维模式往往是在不经过或很少经过理性分析时产生的，即分析得越少，花费的认知资源也越少，更容易因发现关键信息而产生顿悟。

4）不同认知风格心智模型理性程度差异分析理论解释

本实验中场独立、场依存两种认知风格在认知层上并未表现出显著差异。而出现这种现象的原因可能与实验任务本身有关。有关认知风格这种人格差异的研究多集中在有意识学习、外显知识、陈述型知识，以及程序性知识的迁移学习上；而在无意识学习、内隐知识及程序性知识的保持学习上，学习方式更加趋于自动化、更为基础，往往会因个体的低变异性（吴国来等，2006）而体现不出明显的差异。这在相关研究中得到过证实（张鑫，2006；康诚和周爱保，2010）。

5.3　实验观测总结

综合 5.1 节和 5.2 节中两个实验观测，根据对心智模型及其动态改变的数据分析结果，我们可以得到以下的结论。

（1）无论是观测点 1 中三种方法学习中心智模型转变状态分析，还是观测点 2

中高级界面上的心智模型理性程度动态改变模式分析，都证明了新手用户在学术搜索功能学习中的心智模型状态的确在动态改变，验证了实验假设 H_{4-1}。

（2）从新手在高级检索界面功能学习的心智模型理性程度及其动态改变模式分析中得出：心智模型的理性程度与实际搜索策略和搜索绩效并无太大相关关系，甚至在某些方面还对行为和绩效产生了负面的作用。反之，惯性启发式思维导致了更好的学习效果。

虽然没有完全验证假设 H_{4-2}，但可以由此看出：用户认知的理性程度或者说认知负荷的大小未必是在学术搜索界面学习中获得成功的必然因素，减少用户对界面功能学习的认知负荷，使启发式思维更好地发挥作用应该是界面设计改进的目标之一。

（3）三种搜索方法的强干预提示，有效促进了新手用户对多种搜索方法的全面尝试学习，并提升了相关学习绩效，验证了假设 H_{4-3}。

由此看出界面上相关的干预帮助作用显著，因此针对界面重要搜索功能以及代表性搜索任务的帮助模块设计十分必要。

（4）不同的认知风格个体没有反映出关于心智模型理性程度的显著性差异，假设 H_{4-4} 没有被验证。但是通过 5.2.6 小节的理论解释，可以进一步理解为造成这种现象的原因可能是本实验任务情境并不能让认知风格差异显著体现。未来的研究可以选取其他个体差异自变量，或改变实验任务设置继续探索。

第6章 文献数据库系统用户技术接受影响因素研究

本章在现有技术接受行为研究理论和研究成果的基础之上，结合前面章节对信息服务中用户技术接受的一般过程的阶段划分，以及该过程中涉及的关键影响因素和变量含义分析，以结构方程模型、潜变量增长曲线模型（latent growth curve model，LGM）为方法论基础，分别构建信息服务用户对文献信息数据库系统技术接受的影响因素结构模型和用户技术接受过程中信念动态调整模型并提出相应研究假设。其中，结构模型主要从“横断”研究的视角，描述和理解信息服务用户技术接受的影响因素和影响机理；信念动态调整模型则基于“纵向”研究的视角，描述和理解信息服务用户成长过程中随时间推进延伸的信念动态变化的规律和特点。

本章还对本书所提出的影响因素模型及其研究假设进行实证检验。实验调查的信息服务系统主要为目前科学研究中广泛使用的文献信息数据库系统如CNKI、维普、Elsevier 等典型国内外信息服务产品。针对用户技术接受影响因素结构模型，本书采用网络问卷和纸质问卷两种渠道来发放调查问卷，并运用数据分析软件对调查问卷进行数据分析；对于用户信念动态调整模型，本书通过用户系统操作实验的方法来进行跟踪研究，并通过调查问卷的方式来获取数据，对假设检验进行验证分析。

6.1 影响因素模型构建的方法论基础

在社会科学及经济、市场、管理等研究领域，有时需处理多个原因、多个结果的关系，或者会碰到不可直接观测的变量（即潜变量），这些都是传统的统计方法不能很好地解决的问题（侯杰泰等，2004）。20世纪80年代以来，结构方程模型迅速发展，弥补了传统统计方法的不足，成为多元数据分析的重要工具。本章采用结构方程模型方法对信息服务活动中用户技术接受影响因素进行因果关系分析，在此基础上采用潜变量增长曲线模型方法进一步研究分析信息服务用户技术接受过程中信念因素的动态调整问题。

6.1.1 结构方程模型

20 世纪 70 年代，瑞典统计学家、心理测量学家 Karl G. Joreskog 及其合作者把潜在变量引入路径分析中，同时又利用因子分析方法，把潜在变量和观测变量有效结合起来，提出了结构方程模型。其理论依据是：虽然某些潜在变量无法直接观测，但它可以由一个或几个显在变量表征，因此可以通过观测变量来分析潜在变量之间的关系。统计学家们根据该方法的不同属性，赋予其不同的名字，如根据数据的结构和运算，称之为协方差结构分析；根据其功能，称之为因果建模；等等（易丹辉，2008）。

结构方程模型是在已有的因果理论基础上，用与之相应的线性方程系统来表达该因果理论的一种统计分析技术，目的在于探索事物间的因果关系并将这种关系用因果模式、路径图等进行表述。实际上，它是计量经济学、计量社会学与计量心理学等领域的统计分析方法的综合。结构方程模型是一种通用的、典型的线性统计建模技术，自提出以来，研究和应用发展很快。目前，它已广泛应用于心理学、经济学、社会学、行为科学等领域的研究。结构方程模型的软件工具也发展很快，目前比较典型的有 AMOS、LISREL、Mplus 等。

结构方程模型是一个包含面很广的数学模型，可以分析一些涉及潜在变量的复杂关系，是基于变量的协方差矩阵来分析变量之间关系的统计方法。概括来说，结构方程模型有下列优点：能够同时处理多个因变量；容许自变量和因变量含测量误差；能够同时估计因子结构和因子关系；模型设计具有更大弹性，容许更大弹性的测量模型；能够估计整个模型的拟合程度，即在结构方程分析中，除了参数估计外，还可以计算不同模型对于一个样本数据的拟合程度。

结构方程模型的基本要素可以概括为“二个二”：两类变量、两个模型和两种路径（胡玲，2007）。两类变量是指观测变量和潜在变量；两个模型是指度量模型和结构模型；两种路径是指潜在变量与观测变量之间的路径，潜在变量之间的路径。

观测变量，又称为显在变量或指示变量，是指可直接观测和度量的变量。潜在变量是指不能被直接观测的因素或特质，它可能是某种理论构想、研究假设，或是尚不能用现存方法精确并直接测量的客观实在，但它可以通过观测变量进行度量，又称为隐变量。其中，潜在变量又分为内生潜在变量（内生变量）和外生潜在变量（外生变量）。内生变量是指在一个假定的因果关系模型中，受其他变量影响或被其他变量说明的变量，即因变量。而引起因变量变化且自身变化由因果关系模型外其他因素所决定的变量则被称为外生变量，即自变量。通常，认为任一内生变量是由外生变量和其余内生变量联合作用的结果。在结构方程模型中，两个变量间的单向箭头表示一个变量对另一个变量的直接影响；两个变量间的双向箭头或曲线表示两个变量间可能互相影响，或两个变量可能是相关的；箭头上的数字表示效应大小。

结构方程模型是指通过观测变量集合间的协方差矩阵和相关结构，从定量的角度建立模型来研究变量之间因果关系的方法。结构方程模型分析一般包含 5 个步骤（吴明隆，2009），具体如下所述。

（1）模型设定。

结构方程模型包括测量模型和结构模型两个部分。测量模型描述观测变量与潜在变量之间的度量关系，结构模型则描述潜在变量之间的结构关系。研究者根据先前的理论以及已有的知识，通过推论和假设形成一个关于一组变量之间相互关系（常常是因果关系）的模型。模型设定，就是将理论得到的研究假设，用结构方程模型的形式表现出来，可以是模型路径图，也可以是方程组。

（2）模型识别。

模型识别是决定模型是否可解以及多解的关键步骤，需要具备以下两个条件：首先，符合 t 规则，即模型要被识别，需满足被估计参数总和 t 不大于模型总的自由度，即结构方程所需要估计的参数数目不能超过方程个数；其次，每一个潜变量应该具有三个或三个以上的测量指标，且每个观测指标均只测量一个特质，即因子负荷矩阵上的每一行有且只有一个非零参数。满足以上条件，则模型是可识别的。

（3）模型估计。

模型估计是根据观察变量的方差和协方差进行参数估计。结构方程模型的估计过程完全不同于传统的统计方法，它不是追求尽量缩小样本每一项记录的拟合值与观测值之间的差异，而是追求尽量缩小样本的方差、协方差值与模型估计的方差、协方差值之间的差异。

（4）拟合度评估。

模型拟合程度有许多检验标准，最常用的拟合指标是拟合优度的卡方检验 χ^2，要求样本量为 100~200。卡方值很小，说明拟合度很好。当卡方值为 0 时，即残差矩阵的所有元素都是 0，标志着模型对数据的完美拟合，这种情况只有在恰好识别模型中才会出现。为减少样本规模对拟合检验的影响，一般认为，如果卡方值与自由度之比小于 2 则可以认为模型拟合较好。除了总体卡方检验以外，还有很多模型拟合检验的指标，如拟合优度指数（goodness of fit index，GFI）、校正的拟合优度指数（adjusted goodness of fit index，AGFI）、均方根残差（root mean-square residual，RMR）等。

（5）模型修正。

模型修正是为了改进初始模型的拟合程度。当然，并不是所有的结构方程模型分析都要进行模型修正，模型修正是考虑到研究者的理性总是有限的，为了认识初始模型的缺陷，发现原始资料中潜藏的信息和逻辑关系，所采取的改进措施，主要包括：改变测量模型，增加新的结构参数，设定某些误差项或限制某些结构参数。

6.1.2 潜变量增长曲线模型

潜变量增长曲线模型是一种建立在结构方程模型基础上的处理追踪型研究数据的统计分析方法。潜变量增长曲线模型分析方法可以同时对个体的发展趋势和个体间的差异进行解释，并且可以对变量之间复杂的因果关系进行分析（刘红云和张雷，2005）。

潜变量增长曲线模型通过因子（潜变量）来描述重复测量变量的发展特征，类似于验证性因子分析模型，用来研究个体以及个体之间随着时间变化发展的情况。不同的是，潜变量增长曲线模型不仅对整体的增长趋势进行分析，而且就增长趋势的个体差异进行分析。将测量水平分析和个体水平分析结合起来，是潜变量增长曲线模型的特色。潜变量增长曲线模型的处理技术类似于含有均值的结构方程模型，用类似于验证性因子分析的方法来定义潜变量，用时间函数确定因子载荷，从而用潜变量描述具体的增长趋势。Lee 等（2011）采用潜变量增长曲线模型对用户使用 Excel 软件的接受过程中信念调整进行了探索性研究。

如图 6.1 所示，模型中的因子（或潜变量）F_1 称为“截距”。截距的定义是当时间 $t = 0$ 时，因变量的取值。对于任一给定个体，截距是与时间无关的常数，所以将截距对应的因子载荷都限定为 1。截距因子的均值 M_i 和方差 D_i 分别用来描述个体在 $t = 0$ 时整体的平均值和这一均值的个体变异。模型中的另一个因子（或潜变量）F_2 称为“斜率”，表示个体的变化速度。对于一组样本来说，分别用 M_s 和 D_s 来表示斜率因子对应的均值和方差。

本书中将潜变量增长曲线模型用于观测和分析用户技术接受过程中信念因素的动态调整变化，针对同一用户群体，共先后进行 3 次用户使用信息资源数据库系统的跟踪实验测量。模型示意图如图 6.1 所示，包括斜率与截距两部分，斜率

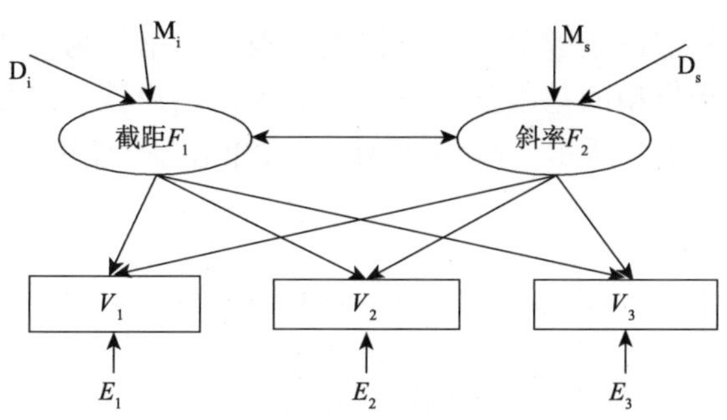

图 6.1　潜变量增长曲线模型示意图

与截距包含了潜变量在三个时间点的测量。截距指的是信念变量的最初平均水平（在本次研究中涉及自我效能、感知易用、感知有用和使用意图）以及在各时间点的各个体之间的差异；斜率指的是个体信念平均改变速度值。

6.2　技术接受影响因素模型构建

6.2.1　影响因素结构模型构建

Venkatesh 等（2003）在提出 UTAUT 时分析了用户信息 TAM 背后所遵循的基本逻辑，如图 6.2 所示。信息技术的使用行为受到行为意向的影响，而行为意向又受到对信息技术使用反应的影响。在 UTAUT 的构建过程中，又进一步把用户对信息技术使用的反应进行阐释，明确了这些反应本质上就是用户的认知信念。所以 UTAUT 实际上是遵循“认知信念—行为意向—使用行为”的分析逻辑。这与 TAM2、TAM3 等典型的技术接受理论模型一致，也与 TRA 和计划行为理论等认知心理学理论的分析逻辑一致。

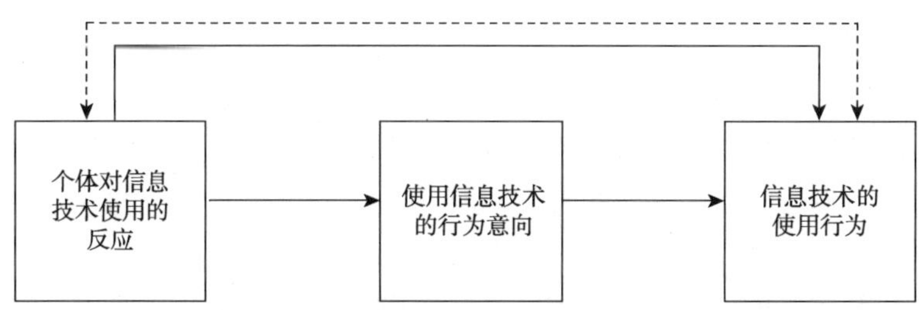

图 6.2　技术接受行为研究的基本框架

从第 2 章关于技术接受理论模型的相关研究进展可以看出，在用户信息技术接受问题中，外部情景因素的影响很大，因此本书认为应该把它纳入用户对信息服务系统接受模型的基本框架中。本书提出用户技术接受影响因素结构模型的基本框架如图 6.3 所示，该框架遵循“认知信念—使用意图—使用行为”的分析逻辑。

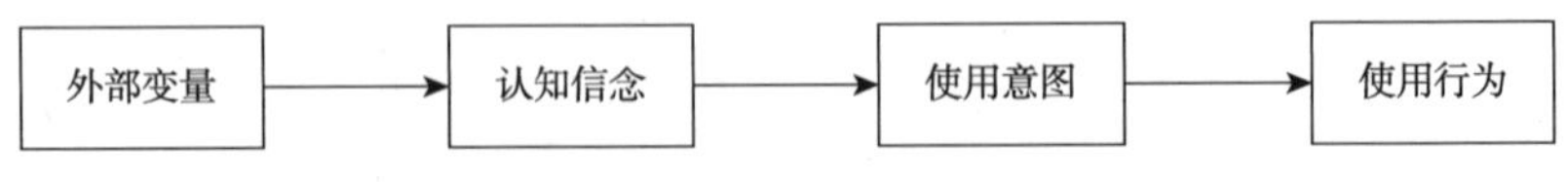

图 6.3 技术接受影响因素结构模型基本框架

本书基于上述技术接受影响因素结构模型基本框架，参考借鉴了国内外相关研究理论及模型成果，如 Park 等（2009）在 TAM 基础上提出的一个针对发展中国家影响用户对数字图书馆接受的模型，如图 6.4 所示。

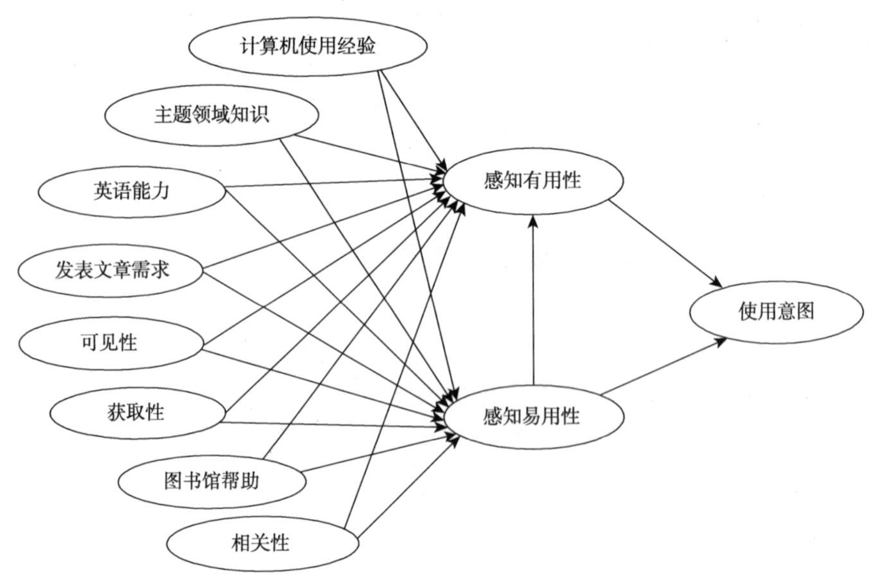

图 6.4 Park 的发展中国家用户对数字图书馆技术接受模型

通过实证，Park 在研究中指出：主题领域知识对数字图书馆系统的感知有用性有着很强的正向作用；由于 90%被调查者的母语不是英语，因此英语能力对于用户感知有用性和感知易用性有着直接的正向作用，并对使用意图有间接的正向作用。另外，发表文章的需求也是用户感知数字图书馆有用性的一个原因。数字图书馆系统的获取性，即能否在任何时间和地点很方便地使用数字图书馆系统则是用户感知易用性的一个重要变量，间接影响了感知有用性和使用意图。图书馆服务人员的帮助以及相关性则是影响用户感知易用性和感知有用性的最重要的变量。相关性是内容与用户需求的匹配程度，它与能否满足用户的需求直接相关。

在前文技术接受理论模型国内外相关研究进展以及关于技术接受过程阶段和关键影响因素分析的基础之上，本书参考图 6.4—— Park 的发展中国家用户对数字图书馆 TAM，对其中的外部变量进行了简化、合并和调整。例如，将获取性、可见性和图书馆帮助合并为服务质量因素，将使用经验合并至自我效能，将主题领域知识合并至相关性，等等。

本书针对信息服务活动中最常用和具有典型代表性的文献数据库系统的用户使用和接受行为，提出了如图 6.5 所示的文献数据库系统用户技术接受影响因素结构模型。该模型以 TAM 理论为基础，将服务质量、界面设计、感知娱乐性、自我效能、相关性和主观规范作为影响结构模型的外部变量，影响着感知有用性及感知易用性，感知有用性和感知易用性影响着使用意图。相对于上述数字图书馆技术接受结构模型而言，本模型的影响因素和关系表达更为简洁清晰。

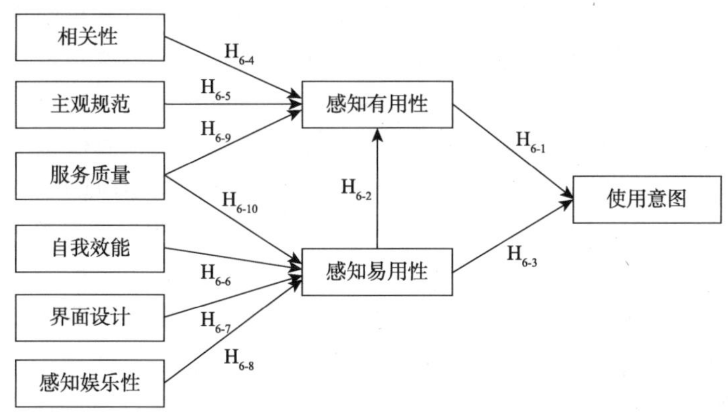

图 6.5　文献数据库系统用户技术接受影响因素结构模型

6.2.2　影响因素结构模型假设

针对文献数据库系统用户技术接受影响因素结构模型，提出相应研究假设。

（1）感知有用性、感知易用性与使用意图。

Davis（1989）首次提出了将 TAM 作为 TRA 的扩展，并发现它能更好地解释用户接受。TAM 提出了两个特殊的信念：感知有用性和感知易用性，它们是影响用户接受的主要因素。在本书中，感知有用性被定义为用户认为使用信息数据库系统满足自己信息需求的效果程度，感知易用性被定义为用户认为使用信息数据库系统的难易程度（Davis，1989）。

TAM 提出感知有用性对用户的 BI 具有直接影响，感知易用性通过感知有用性而间接影响 BI（Davis，1989），即感知有用性是感知易用性影响 BI 的中介变量。许多实证研究也证实了这一点（Venkatesh and Davis，2000）。因此，本书提出以下假设：

$H_{6\text{-}1}$：用户对文献数据库系统的感知有用性积极影响用户对文献数据库系统的使用意图。

$H_{6\text{-}2}$：用户对文献数据库系统的感知易用性积极影响用户对文献数据库系统的感知有用性。

$H_{6\text{-}3}$：用户对文献数据库系统的感知易用性积极影响用户对文献数据库系统的使用意图。

（2）相关性。

Kling 和 Elliott（1994）将系统和工作实践整合起来提出了组织可用性维度指标，并描述了如何利用组织可用性维度将系统和个人或者团体的工作结合起来。Lindgaard（1994）提出的相似变量是任务匹配，就是将系统和目前执行的工作匹配起来。这两个变量都在强调系统功能和用户任务之间的匹配，将其运用于文献数据库系统的环境下就是系统内容和用户需求之间的匹配。对信息服务领域研究回顾发现相关性是能代表此概念的合适词汇。实际上，对信息检索系统的评估也是围绕着相关性展开的。在信息检索中，相关性和用户对系统的绩效评估是一致的（Schamber et al.，1990）。系统本身的目标是提供给用户相关的文献。因此，本书提出以下假设：

$H_{6\text{-}4}$：文献数据库系统和用户需求之间的相关性能够积极影响用户对文献数据库系统的感知有用性。

（3）主观规范。

主观规范指的是“是否实施某一行为的感知社会压力”（Ajzen，1991）。换句话说，主观规范和他人对自己的期望紧密相关。许多用户选择使用文献数据库系统的原因是因为其同事、导师和朋友等的推荐。因此本书提出以下假设：

$H_{6\text{-}5}$：主观规范和使用文献数据库系统的感知有用性紧密相关。

（4）自我效能。

自我效能是在社会认知理论基础上提出的（Bandura，1977），各种各样的研究已经证实了自我效能能够影响系统的使用。自我效能被定义为个体对自己使用计算机能力的判断（Compeau and Higgins，1995a，1995b）。之前的研究已经发现自我效能对一般的计算机使用具有积极的影响（Venkatesh and Davis，2000）。有关计算机软件系统通过 TAM 影响使用行为的机制可以通过 Mathieson（1991）的观点来理解。他提出在意图–行为模型中，有两种控制因素：一种是内在的因素，包括技术和意愿；另一种是外在控制因素，包括时间、机会和与其他人的合作。

在 TAM 中，并没有详细解释外在因素如何影响内在变量，如并未对计算机技能和感知易用性之间的关系进行研究。自我效能将通过感知易用性来影响 BI，信息服务领域研究者已经识别出计算机水平对日益增长的信息检索系统的可能影响，但还缺乏实验研究。本书认为文献数据库系统的自我效能将影响用户对文献数据库系统的感知易用性，因此提出以下假设：

$H_{6\text{-}6}$：自我效能对文献数据库系统的感知易用性具有积极影响。

（5）界面设计。

界面设计是信息在屏幕上呈现的方法（Lindgaard，1994）。相同的内容，不同的信息组织方式能够影响用户的搜索策略和搜索结果。在信息服务中，不仅要关注给用户呈现什么，更要关注怎样组织信息并将其表现出来。屏幕上信息呈现的方式也能够影响用户与文献数据库的交互，如直线式的设计缺乏清楚必要的标志容易让用户迷失和误解；相反，精心设计的屏幕能够帮助用户浏览并容易地识别相关的信息。因此，本书提出以下假设：

$H_{6\text{-}7}$：文献数据库系统的界面设计将积极影响用户对系统的感知易用性。

（6）感知娱乐性。

感知娱乐性是用户感知到除了使用信息技术带来绩效外，在使用本身上带来的令人愉快的程度。Csikszentmihalyi（1998）所提出的流理论（flow theory）说明了为什么人们在从事许多活动时会产生最佳、最快乐的体验。用户在查找文献的过程中，如果发现查找过程本身能够给自己带来身心上的愉悦性，那么用户就会觉得文献数据库是好用的，并且会重复相同的行为，希望能够再次体验到这种愉悦的心情。因此，本书提出以下假设：

$H_{6\text{-}8}$：感知娱乐性积极影响用户对文献数据库系统的感知易用性。

（7）服务质量。

服务质量指的是信息服务组织通过在线及离线服务帮助用户更好地使用文献数据库系统，主要指资源推荐、系统使用帮助、全文获取保障。如果服务组织提供在线检索帮助、在线新资源介绍、各学科适用资源推荐，当用户不能下载全文的时候，服务组织帮助获取全文，那么将在很大程度上帮助用户更有效地使用文献数据库系统。另外，工作人员的帮助服务，也会让用户觉得文献数据库系统使用起来更加容易。因此，本书提出以下假设：

$H_{6\text{-}9}$：服务质量将会积极影响用户对文献数据库系统的感知易用性；

$H_{6\text{-}10}$：服务质量将会积极影响用户对文献数据库系统的感知有用性。

6.2.3　技术接受信念调整模型构建

信念调整指的是一个理性主体将信念从一种状态转变为另一种状态的过程。具体地说，它是人们在发现新信息和原有信念系统不一致后，确定原有信念的哪一部分和新信息相冲突并对原有信念的某一部分做出调整和改变，以接受新的信息、适应新环境的过程。信念调整一直是逻辑学、哲学、计算机科学、经济学及认知科学等领域共同关心的一个跨学科课题（杨群，2010）。

目前在人工智能、哲学领域，研究者们提出了一些关于信念修正的理性模型，但在心理学领域中，人们实际上对如何调整不一致信念的过程和机制还知之甚少，人们实际调整信念的方式和人工智能研究所提出的理性模型还可能有很大的不同。关于信念调整的心理学理论非常有限，并且发展得都不系统，尤其缺少实证数据的支持。本书中信念调整是从 TAM 时间维度扩展的角度，对信息服务用户在技术接受过程中信念的阶段性变化和调整进行实证分析，相关理论依据包括社会认知理论、认知失调理论和信念更新理论。

（1）社会认知理论。

社会认知理论从环境、认知和行为三要素之间相互影响的角度来解释人类的行为（Bandura，1977）。该理论可应用于理解个体对信息技术的使用。其中，自我效能是指“个人对自己做出特定行为的能力的信念”，这一变量得到了信息系统领域学者的普遍关注。社会认知理论的本质结构是各因素之间的相互关系，因此其中的自我效能被认为是动态的。例如，自我效能影响技术使用，而技术经验也影响自我效能。

（2）认知失调理论。

当用户发现认知失调，处于不平衡的状态时，这种失调感将会导致用户调整或者重新判断他们的信念、态度和行为。这个理论尽管被心理学家修订过，但是理论的核心思想仍被广泛接受。在信息技术环境下，认知失调理论已经被其他学者接受和使用。例如，罗杰斯（2002）在研究中指出，“对于新观念接受或者拒绝的决定并不是最终的阶段……用户会寻找相关的证据来加强这种决定，也有可能根据不一致的信息来进行修订”，并将这种加强机制归因于能够导致用户改变的失调经验。同样的，Karahanna 和 Straub（1999）运用此理论发现在使用前后行为模式并不一样。

（3）信念更新理论。

用户并不是以其原有的形式评估外部刺激，而是根据外部刺激调整其先前的知识结构，先前的知识结构在理解外部刺激上起着决定性作用（Bolton，1998）。行为决策理论的研究者在理解个体的探索式决策制定时也提出了类似的观点。在信息系统情境下，Kim 和 Malhotra（2005）、Venkatesh 和 Morris（2000）以此为理论基础，研究感知有用性和感知易用性等信念结构随时间变化的关系。

依据上述理论基础，可以认为，用户在使用系统的过程中，会随着使用时间的增加来调整对系统的感知有用性和感知易用性。这种调整改变主要体现在随着使用时间的变化，感知有用性和感知易用性会动态变化。本书从“纵向”研究的角度，基于潜变量增长曲线模型方法，依据社会认知理论来理解自我效能的动态变化，依据认知失调理论、信念更新理论来理解感知有用性和感知易用性随时间的动态变化，构建如图 6.6 所示的信息服务用户技术接受过程中信念调整模型，以探索性地研究用户对资源服务类信息系统接受过程中信念因素的动态调整。

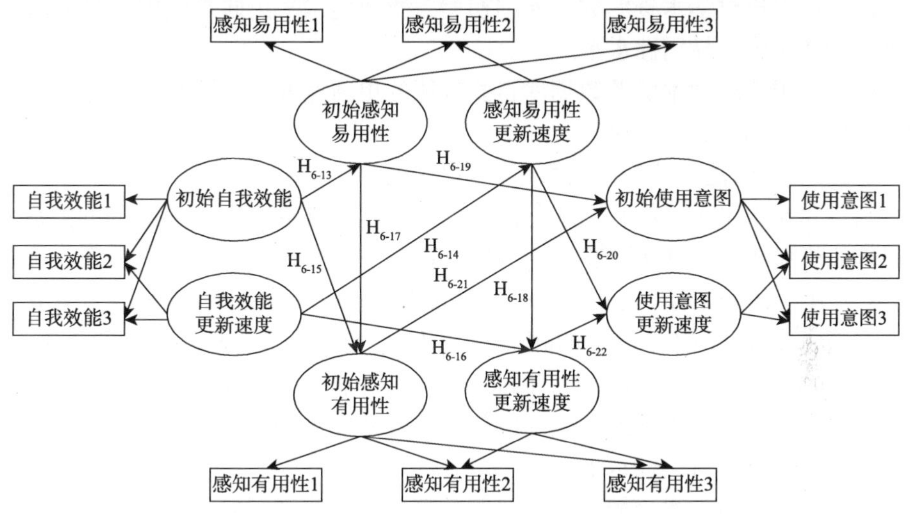

图 6.6　技术接受过程中用户信念调整模型

其中，用户信念因素调整模型涉及自我效能、感知易用性、感知有用性和使用意图等。对用户信念调整的研究主要是对用户在技术接受过程中自我效能、感知易用性、感知有用性和使用意图几个因素的动态变化和相互影响进行观测和分析。这是对技术接受理论模型的应用扩展，也是对心理学领域信念调整在信息服务用户群体中的探索性实证研究。

6.2.4　技术接受信念调整模型假设

针对前文构建的技术接受过程中用户信念调整模型，提出相应假设。

（1）用户信念存在变化。

在社会认知理论中，自我效能已被认为是动态变化的（Mathieu et al.，1993），并且自我效能和行为会反复相互影响（Bandura，1977）。特别是在信息系统中，随着对学术数据库使用经验的增加，用户会调整自我效能。因此提出以下假设：

$H_{6\text{-}11}$：用户对学术资源数据库的自我效能在用户接受过程中不断变化。

$H_{6\text{-}12}$：用户对学术资源数据库的感知有用性、感知易用性和使用意图在用户接受过程中不断变化。

（2）自我效能与感知易用性存在动态影响。

很多学者将社会认知理论和 TAM 联系起来，关注自我效能、感知易用性和感知有用性之间的关系。研究结果显示，自我效能可以作为外部变量影响感知易用性（Agarwal et al.，2000；Venkatesh and Morris，2000）。因此，提出以下假设：

$H_{6\text{-}13}$：用户对学术资源数据库的初始自我效能水平正向影响用户对学术资源数据库的初始感知易用性水平。

$H_{6\text{-}14}$：用户对学术资源数据库自我效能的更新速度正向影响用户对学术资源数据库感知易用性的更新速度。

（3）自我效能与感知有用性存在动态影响。

与自我效能和感知易用性的关系不同，自我效能与感知有用性之间的关系并没有具体的研究结果，但有相当一部分研究间接支持这两个变量之间的关系。例如，Lewis 等在信息系统用户使用中发现自我效能与感知有用性的相关系数为 0.42，而在系统初期投入使用时两者的相关系数为 0.18（Lewis et al.，2003）或 0.19（Venkatesh and Morris，2000）。因此，提出以下假设：

$H_{6\text{-}15}$：用户对学术资源数据库的初始自我效能水平正向影响用户对学术资源数据库的初始感知有用性水平。

$H_{6\text{-}16}$：用户对学术资源数据库自我效能的更新速度正向影响用户对学术资源数据库感知有用性的更新速度。

（4）其他动态影响关系的存在。

根据 TAM，感知易用性和感知有用性决定使用意图，感知有用性也会对感知易用性产生影响。通过推理，可以认为用户对信息系统的初始感知有用性、初始感知易用性及其感知有用性、感知易用性的更新速度也具备类似的关系。因此提出以下假设：

$H_{6\text{-}17}$：用户对学术资源数据库的初始感知易用性水平正向影响用户对学术资源数据库的初始感知有用性水平。

$H_{6\text{-}18}$：用户对学术资源数据库感知易用性的更新速度正向影响用户对学术资源数据库感知有用性的更新速度。

$H_{6\text{-}19}$：用户对学术资源数据库的初始感知易用性水平正向影响用户对学术资源数据库的初始使用意图水平。

$H_{6\text{-}20}$：用户对学术资源数据库感知易用性的更新速度正向影响用户对学术资源数据库使用意图的更新速度。

$H_{6\text{-}21}$：用户对学术资源数据库的初始感知有用性水平正向影响用户对学术资源数据库的初始使用意图水平。

$H_{6\text{-}22}$：用户对学术资源数据库感知有用性的更新速度正向影响用户对学术资源数据库使用意图的更新速度。

6.3　模型测量方案和小样本前测

根据前文的影响因素结构模型、信念动态调整模型，本书共涉及 9 个变量。其中，包括 6 个外部变量，即自我效能、主观规范、相关性、界面设计、服务质量和感知娱乐性；以及 3 个内生潜变量，即感知有用性、感知易用性和使用意图。本书对模型的观测变量均采用利克特（Likert）7 点量表形式测量，其中，7 表示强烈同意，6 表示同意，5 表示有点同意，4 表示不确定，3 表示有点不同意，2 表示不同意，1 表示强烈不同意。

本书数据收集采用问卷调查方式进行，对信息服务用户技术接受影响因素结构模型的测量采用一次性问卷调查的方式进行，具体如本书附录 D 所示；而技术接受信念动态调整模型的测量则采用阶段性跟踪的问卷调查方式进行，具体如本书附录 E 所示。

6.3.1　外部变量的测量

1）自我效能

TAM3 中将自我效能作为感知易用性的影响因素。Compeau 和 Higgins（1995a，1995b）对自我效能的测量是我能够使用系统完成工作：①在周围无人告诉我该如何做的情况下；②在我只有固定帮助设备协助时，如果我遇到困难能够寻求帮助的情况下；③在有人先向我示范如何做的情况下。此后很多研究也都照着 Compeau 和 Higgins（1995a，1995b）的量表来测量自我效能，并且取得了良好的测量效果。

在对以上的问项分析之后发现，这些问项说明了用户在使用文献数据库系统时会遇到的三种情况：①在没有帮助的情况下，用户可以使用文献数据库系统来独立完成任务；②用户可以使用文献数据库系统完成任务，但在遇到困难时会需要他人或相应设备的帮助；③用户在使用文献数据库系统之前，有人示范说明如何操作。在对这三种情况提炼之后，总结得出与自我效能相对应的三个观测变量：“无人指导”、“遇到困难有人帮助”及“有人示范”，如表 6.1 所示。

表 6.1　自我效能的测量问项

观测变量	问项描述	参考文献
无人指导	当我使用文献数据库系统时，我有能力独立来完成查找所需文献的任务	Compeau 和 Higgins（1995a，1995b）
遇到困难有人帮助	在使用文献数据库系统的过程中，我不需要有别人来帮助我解决问题	
有人示范	在使用文献数据库时，我不需要有人为我先操作示范	

2）主观规范

Taylor 和 Todd（1995）将主观规范概念从 TRA 理论引入信息技术接受领域，并从两个方面来测量主观规范：①影响我行为的人认为我应该使用好信息技术；②对我重要的人认为我应该使用信息技术。通过实证检验发现了要求苛刻的Guttman's lower bound（格特曼下界）信度高达0.88。Venkatesh和Davis（2000）在TAM2 中扩展了原始的 TAM，加入了主观规范变量，使用与 Taylor 和 Todd（1995）完全一样的两个问项，得到了 0.81 和 0.94 的测量信度（Cronbach α）。此后很多研究也照着 Taylor 和 Todd（1995）、Venkatesh 和 Davis（2000）的量表来测量主观规范，如 Hsieh 等（2008）测量了两个组样本，得出组合信度高达 0.98。

因此，本书沿用上述测量方式，从“影响我的人”和“对我重要的人”两个方面来测量，测量问项如表 6.2 所示。

表 6.2　主观规范的测量问项

观测变量	问项描述	参考文献
影响我的人	能够影响我的行为的人认为我应该使用好文献数据库系统	Taylor 和 Todd（1995）； Venkatesh 和 Davis（2000）
对我重要的人	对我重要的人认为我应该使用好文献数据库系统	

3）相关性

Venkatesh 和 Davis（2000）在 TAM2 中将相关性正式地加入 TAM 中，测量问项为：①在我的工作中，系统的使用是非常重要的；②在我的工作中，系统的使用是相关的。研究结果显示，在不同的阶段内 Cronbach α 为 0.80 到 0.95。Venkatesh 和 Bala（2008）在对工作相关性测量时，在 TAM2 的基础之上增加了“系统的使用与与我各种工作相关的任务是有关系的”来更好地对相关性进行测量，也获得了较高的信度。在 Hu 等（2003）以教师为目标对象的技术接受研究中，相关性的测量问项为：①我认为使用信息技术对我的工作非常重要；②我认为使用信息技术对我的工作来说是必需的；③我认为使用信息技术对我的工作来说是最基本的；④我认为使用信息技术与我的工作有非常重要的关系，其信度达到了 0.86。

考虑到用户在使用文献数据库系统时更多的是获取信息资源，信息资源的质量对用户来说非常重要，因此本书对之前测量进行细化，分别从及时性、一致性、全面性、重要性及丰富性等方面来衡量，见表6.3，加重了数据库文献内容与用户需求之间的相关程度研究。

表 6.3　相关性的测量问项

观测变量	问项描述	参考文献
及时性	我使用的文献数据库系统能够提供给我所关注领域的最新信息	Venkatesh 和 Davis（2000）；Hartwick 和 Barki（1994）；Venkatesh 和 Bala（2008）
一致性	我使用的文献数据库系统内的资源能够满足我的工作与科研需求	
全面性	我使用的文献数据库系统内的信息与我所需信息非常相关	
重要性	在我的学习工作中，使用文献数据库系统是非常重要的	
丰富性	我使用的文献数据库系统内的资源足够丰富	

4）界面设计

对于界面设计的测量，技术接受理论研究中还缺乏专门的研究。Thong 等（2002）借鉴了 Hill 等开展的 Alexandria 数字图书馆用户调查方案（Hill et al., 1997），测量问项为：①系统界面上的按钮和符号能够很好地诠释其含义；②版面设计清楚连贯，最终获得了 0.86 的信度。本书在此基础上从按钮和符号、文字图片色彩及布局风格是否一致三个方面来进行测量，见表 6.4。

表 6.4　界面设计的测量问项

观测变量	问项描述	参考文献
按钮和符号	我使用的文献数据库系统界面上的按钮和符号能够准确地诠释它要表达的命令与意义	Hill 等（1997）；Thong 等（2002）
文字图片色彩	我使用的文献数据库系统文字图片的色彩搭配宜人，感觉舒适	
布局风格	我使用的文献数据库系统版面布局风格一致，容易学习操作	

5）服务质量

Igbaria（1990）对服务质量的测量主要通过以下几个问项：①当有问题时能够提供帮助；②随时都可以拨打热线电话；③当有问题时可以发传真；④当有问题时可以发 E-mail。研究结果获得了较高的信度，后续的研究中都采用了这种测量方法。用户使用文献数据库系统主要是为了获取文献资源，本书根据信息服务系统的特殊之处，增加了对服务质量的测量，根据前期探索性研究的结果从数据库资源获取和系统使用帮助两个方面来衡量，包括能否及时介绍新资源、推荐各学科使用的资源等，具体见表 6.5。

表 6.5　服务质量的测量问项

观测变量	问项描述	参考文献
资源获取帮助	我使用的文献数据库系统能够及时向我介绍、推荐新资源	Igbaria（1990）；Sánchez 和 Hueros（2010）
	我使用的文献数据库系统能够推荐相关适用的资源	
系统使用帮助	文献数据库系统能够提供检索匹配机制的说明（如说明精确检索与模糊检索的区别）	
	文献数据库系统能够提供操作使用的示范（如通过例子讲解如何使用高级检索方法等）	
	文献数据库系统能够很好地提供用户论坛以及用户咨询平台（如用户能够提出建议、问题等）	

6）感知娱乐性

TAM3 中首先将感知娱乐性作为影响感知易用性的因素，测量问项参考了 Davis 等（1992）的研究：①我预期使用该系统是令人愉悦的；②该系统的实际使用过程是令人高兴和开心的；③总的来说，使用系统是非常有趣的。本书参考了上述测量问项，从预先期望、实际的使用及整体感受三个方面来衡量，如表 6.6 所示。

表 6.6 感知娱乐性的测量问项

观测变量	问项描述	参考文献
期望效果	我预期使用该文献数据库系统是令人愉悦的	
实际效果	该文献数据库系统的实际使用过程的确令人高兴和开心	Davis 等（1992）
整体感受	我在使用该文献数据库系统的过程中找到了乐趣	

6.3.2 内生潜变量的测量

1）感知有用性

Davis 在提出 TAM 理论时将感知有用性正式引入信息技术接受领域。他在 1989 年发表在 *MIS Quarterly* 上的文章中提出了从使用系统能够提高工作效果、更快地完成任务、使工作容易做、改善工作业绩、提高生产率和发现信息技术有用 6 个方面来测量感知有用性，并获得了很高的测量信度（Cronbach α =0.98）（Davis，1989）。在另一篇发表在 *Management Science* 上的文章中 Davis 及其同事用同样 6 个问项来测量，获得了类似的信度（Cronbach α =0.97），并对量表进行精简，分别考虑改善工作业绩、提高工作效果、提高生产率和发现信息技术有用 4 个方面，并通过两个不同的时间点测量，也都取得了不错的信度（Cronbach α =0.95 和 Cronbach α =0.92）（Davis，1989）。

"使工作容易做"与其他测量问项非常接近，所以在后续的研究中，大都采用精简后的 4 个问项来测量感知有用性。本书在此基础上，删除了提高工作效果这一问项，采用精简后的 3 个问项来对感知有用性进行测度，测量问项见表 6.7。

表 6.7 感知有用性的测量问项

观测变量	问项描述	参考文献
改善工作业绩	在我的学习、工作中使用文献数据库系统能够极大地提高我的业绩（如学习成绩以及发表论文的数量等）	
提高生产率	在我的学习、工作中使用文献数据库系统能够让我快速地完成任务，提高我的学习、工作效率	Davis（1989）；Davis 等（1989）；Venkatesh 和 Davis（2000）
发现有用	在我的学习、工作中我发现文献数据库系统是有用的	

2）感知易用性

Davis 于 1989 年发表在 *MIS Quarterly* 上的研究中从 6 个方面来测量感知易用性：①容易学习操作系统；②与信息系统的交互是清楚明了的；③容易利用信息系统达到我的任务目的；④容易熟练使用信息系统；⑤与信息系统交互是灵活的；⑥发现信息系统是容易使用的。通过测量发现信度高达 0.94（Davis，1989）。同年 Davis 及其同事在 *Management Science* 上发表的文章中提出用简化的 4 个问项来测度，包括容易学习操作信息系统、容易熟练使用信息系统、容易利用信息系统做想做的事情和发现信息系统容易使用，结果经过 2 个时间点测量发现较高的信度（Cronbach α=0.91 和 Cronbach α=0.90）（Davis et al.，1989）。

2000 年，Venkatesh 在研究影响感知易用性的决定因素时，保留了与信息系统交互是清楚和可以理解的、容易利用信息系统做想做的事情和发现信息系统容易使用三个问项，此外又新增一个测量问项，即与信息系统交互不需要太多脑力。三个时间点的测量内部一致性信度比 Davis 等（1989）研究中使用的 4 个问项要好，分别是 0.92、0.93 和 0.96（Venkatesh and Davis，2000）。后续很多发表在管理信息系统与信息技术领域的研究采用的问项与 Venkatesh 和 Davis 在 2000 年时采用的问项相同，如 Venkatesh 等（2003）和 Hsieh 等（2008）的研究。

鉴于此，本书采用 4 个问项来测量感知易用性，如表 6.8 所示。

表 6.8　感知易用性的测量问项

观测变量	问项描述	参考文献
交互是清楚和可以理解的	我所使用的文献数据库系统的交互过程是清晰易懂的，不会产生混淆歧义以及语义不明等现象	Davis（1989）； Davis 等（1989）； Venkatesh 和 Davis（2000）； Venkatesh 等（2003）； Hsieh 等（2008）
容易利用信息系统做想做的事情	我发现很容易利用文献数据库系统完成我的任务，达到我的使用目的	
容易使用	我发现该文献数据库系统是容易使用的	
交互不需要太多脑力	我所使用的文献数据库系统的人机交互不需要太多的脑力以及出现认知负荷过重等现象	

3）使用意图

Davis 在 TAM 中对使用意图测量时，将 TRA 中一般使用意图具体化到信息技术接受领域（Davis，1989；Davis et al.，1989）。由于在 TAM 中没有给出使用意图的测量问项，所以在后续 Davis 及其研究团队的研究中，分别从打算使用信息系统的可能性和概率方面（Davis et al.，1992）或打算使用信息系统和预测会使用信息系统方面来测量，得到 0.82~0.97 的高信度。

2003 年，Davis 的学生 Venkatesh、Davis 及其他同事在对信息技术接受领域之前的 8 个理论成果进行整合的基础上，提出了 UTAUT。基于之前的测量，提出从打算在接下来的一个月中使用信息技术、预测在接下来的一个月中使用信息技术和计划在接下来的一个月中使用信息技术三个方面来测量行为意向，在 6 次检验中获得内部一致性信度为 0.88~0.92。

本书评测持续使用意图，从打算继续使用与打算增加使用这两方面来进行测量，并增加了“是否愿意推荐给他人使用”的问项，测量问项如表 6.9 所示。

表 6.9 使用意图的测量问项

观测变量	问项描述	参考文献
继续使用	我打算以后继续使用该文献数据库系统	Davis（1989）；Davis 等（1989）；Venkatesh 和 Davis（2000）；Venkatesh 等（2003）
增加使用	我打算以后增加对文献数据库系统的使用	
推荐给他人	我很乐意将该文献数据库系统推荐给其他人（同学、朋友、同事等）使用	

6.3.3 小规模样本前测

为了确保最终数据的质量，在正式分析之前，本书进行了小规模样本前测。在小规模样本前测中，先进行信度评价再进行效度评价，在这两种评价结果基础之上修正量表并进行再一次信度评价，以确保最终问卷的质量。

1）数据收集

问卷前测的对象为对文献数据库系统使用比较熟练的人员。对某高校信息管理系研究生以及信息服务培训班参训人员发放问卷 40 份，收回问卷 35 份。利用问项“使用文献数据库系统的时间”和“使用文献数据库系统的频率”来筛选有效的目标样本，同时剔除有空缺的问卷。最终得到有效问卷 32 份，有效回收率达 80%，其中男性占 45%，女性占 55%。

2）信度分析及评价

信度是指测量结果的一致性或稳定性，即研究者对于相同或相似的现象（或群体）进行不同的测量（不同的形式或不同的时间），其所得结果一致的程度。测量的观测值包括实际值与误差值两部分，信度愈高表示其误差值愈低，测得的观测值就不会因形式或时间的改变而变动，故有相当的稳定性。本书利用 Cronbach α 系数和纠正项目总相关系数（corrected item total correlation，CITC）来对测量变量进行信度评估。

量表或问卷的信度系数最好在 0.8 以上，0.7~0.8 可以接受；分量表的信度系数最好在 0.7 以上，0.6~0.7 可以接受。若分量表的信度系数在 0.6 以下或者总量表的信度系数在 0.7 以下，应该考虑重新修订量表或增删题项（Fornell and Larcker，1981）。而 CITC 是评价同一变量中的每一个测量问项与该变量所在的总体相关系数，目的在于剔除所谓的“垃圾问项”。对于评价标准，各个学者的认定标准不一，Cronbach 认为 CITC 小于 0.50 的问项应该删除；李怀祖（2004）觉得 CITC 不能小于 0.35。本书采用最高标准，即对 CITC 小于 0.50 的问项予以删除。

本书对小规模样本前测的数据分析结果如表 6.10 所示。根据上述 Cronbach α 系数和 CITC 的评价标准，本书中全部 9 个变量的 Cronbach α 系数都超过了 0.7 的标准阈值，分析结果体现了良好的内部一致性。在所有的测量条款中只有工作相关性变量条款的 CITC 值小于 0.50，且删除该条款有利于提高相关性整体量表的 Cronbach α 系数，因而将该条款予以删除，在后续的效度分析中不予考虑。其他所有条款将进入后续效度分析阶段。

表 6.10　小规模前测中测量工具的信度评价结果

变量	序号	初始 CITC	最终 CITC	初始 Cronbach α	最终 Cronbach α
自我效能	SE1	0.63	—	0.79	—
	SE2	0.62	—		
	SE3	0.66	—		
主观规范	SJ1	0.77	—	0.78	—
	SJ2	0.79	—		
相关性	JB1	0.53	0.65	0.82	0.85
	JB2	0.55	0.69		
	JB3	0.66	0.72		
	JB4	0.50	0.61		
	JB5	0.40	—		
界面设计	ID1	0.61	—	0.80	—
	ID2	0.62	—		
	ID3	0.64	—		
服务质量	SQ1	0.75	—	0.81	—
	SQ2	0.77	—		
	SQ3	0.77	—		
	SQ4	0.78	—		
	SQ5	0.76	—		
感知娱乐性	PE1	0.79	—	0.79	—
	PE2	0.72	—		
	PE3	0.70	—		
感知有用性	PU1	0.58	—	0.80	—
	PU2	0.75	—		
	PU3	0.63	—		

续表

变量	序号	初始 CITC	最终 CITC	初始 Cronbach α	最终 Cronbach α
感知易用性	PEOU1	0.55	—	0.80	—
	PEOU2	0.66	—		
	PEOU3	0.55	—		
	PEOU4	0.67	—		
使用意图	IU1	0.66	—	0.84	—
	IU2	0.79	—		
	IU3	0.66	—		

3）效度分析及评价

效度是指调查题目反映其所要调查的主题的程度。效度通常以测验项目分数与其所欲测量的特质之间的相关系数来表示，可分为内容效度和结构效度。

内容效度反映测量工具是否涵盖了它所要测量的某一观念的所有项目。大体而言，如果测量工具涵盖了它所要测量的某一观念的代表性项目，则可以认为测量工具具有内容效度。本书在设计调查问卷的过程中，阅读参考了大量文献资料，基于已有研究成果，并经过项目组讨论后形成本问卷，保证了内容效度。

结构效度是指测量工具能测得一个抽象概念或特质的程度（Goodhue et al., 1997；庄锦英，2005）。一般可从聚敛效度与区分效度两个方面来进行衡量：聚敛效度是指同一概念不同问项之间的一致性程度；区分效度是指测量不同概念问项之间的差异性程度。在模型前测中，可通过探索性因子分析来同时判断聚敛效度和区分效度。在进行探索性因子分析前，可通过 KMO（Kaiser-Meyer-Olkin）样本测度和 Bartlett 球体检验（Bartlett test of sphericity）来判断样本是否适合进行探索性因子分析。对于 KMO 的测度没有显著性检验，经验法则认为 KMO 在 0.90 以上，非常适合；0.80~0.90，很适合；0.70~0.80，适合；0.60~0.70，不太适合；0.50~0.60，很勉强；0.50 以下，不适合。同时，Bartlett 近似卡方统计值要显著异于 0 才适宜做因子分析。

根据上述结构效度评价标准，本书采用主成分分析法（principal component analysis），通过方差最大旋转法（varimax）来旋转因子，并以特征根的值（eigen-values）是否大于 1 来进行探索性因子分析。

对信度分析后筛选的 9 个变量中 24 个问项进行 KMO 与 Bartlett 检验，得到的结果如表 6.11 所示。KMO 为 0.73 适合做因子分析。此外，Bartlett 球体检验显著，适宜做因子分析，接下来将正式进行探索性因子分析。

表 6.11　小规模前测中探索性因子分析 KMO 与 Bartlett 检验结果

KMO 检验		0.73
Bartlett 球体检验	近似卡方值	1218.187
	自由度	435
	显著性	0.000

通过 7 次迭代后最终收敛，如表 6.12 所示，共得到特征根大于 1 的因子 9 个，与 9 个研究变量相对应，一共解释了 78.34%的总体方差，总体符合研究预期。

表 6.12　小规模前测中探索性因子分析结果

变量	变量条款	因子								
		1	2	3	4	5	6	7	8	9
自我效能	SE1	0.131	−0.194	−0.250	0.670	0.164	−0.341	0.218	−0.086	0.204
	SE2	0.206	−0.313	−0.231	0.682	−0.113	−0.328	0.204	0.268	−0.101
	SE3	0.203	−0.495	−0.158	0.713	0.212	−0.096	0.188	0.078	−0.151
主观规范	SJ1	0.232	−0.303	0.675	−0.127	−0.286	0.078	0.308	0.053	0.196
	SJ2	0.274	−0.289	0.629	−0.086	−0.306	0.126	0.326	−0.008	0.191
相关性	JB1	0.667	−0.366	−0.106	0.261	0.131	0.318	−0.139	−0.246	0.156
	JB2	0.779	0.157	−0.498	0.129	0.057	0.208	0.224	−0.247	0.304
	JB3	0.657	−0.393	−0.171	0.061	−0.016	0.424	−0.173	−0.230	0.137
	JB4	0.761	0.002	−0.365	−0.250	−0.117	0.284	0.156	−0.017	−0.126
界面设计	ID1	0.004	0.646	0.284	0.360	0.355	0.040	−0.202	−0.100	−0.057
	ID2	0.084	0.575	0.355	0.261	0.069	−0.172	−0.196	0.087	−0.076
	ID3	0.076	0.759	0.235	0.425	−0.032	−0.044	−0.260	−0.196	−0.076
服务质量	SQ1	0.349	0.284	−0.031	0.155	−0.108	0.657	−0.085	−0.057	−0.136
	SQ2	0.393	0.372	−0.099	0.310	−0.058	0.549	0.109	0.440	0.003
	SQ3	0.162	0.299	0.075	0.113	0.298	0.544	0.307	0.120	−0.027
	SQ4	0.219	−0.067	0.117	0.176	−0.091	0.608	0.419	−0.014	0.150
	SQ5	0.348	−0.062	0.142	0.189	0.106	0.593	−0.049	−0.186	0.027
感知娱乐性	PE1	0.170	0.160	−0.241	−0.081	−0.250	−0.377	−0.050	−0.010	0.636
	PE2	0.153	0.208	−0.295	−0.114	−0.250	−0.299	−0.207	−0.074	0.650
	PE3	−0.024	0.368	−0.045	−0.094	−0.314	−0.139	−0.204	0.297	0.562
感知有用性	PU1	0.038	−0.201	0.087	0.127	−0.368	0.091	−0.363	0.664	0.285
	PU2	0.182	−0.448	0.007	0.040	−0.143	0.153	−0.104	0.703	−0.126
	PU3	0.143	−0.331	−0.118	−0.255	−0.079	0.075	0.087	0.682	−0.178
感知易用性	PEOU1	0.358	−0.022	−0.027	−0.203	0.520	0.030	−0.118	0.474	−0.075
	PEOU2	0.369	0.140	0.358	−0.259	0.696	−0.122	−0.033	0.072	0.276
	PEOU3	0.245	−0.252	0.049	−0.242	0.701	−0.122	0.096	−0.040	0.133
	PEOU4	0.191	−0.082	−0.018	−0.341	0.586	0.000	−0.162	0.101	0.136

续表

变量	变量条款	因子								
		1	2	3	4	5	6	7	8	9
使用意图	IU1	0.107	−0.116	−0.082	−0.343	−0.196	−0.055	0.748	−0.131	−0.077
	IU2	0.140	0.063	0.030	−0.292	0.039	−0.120	0.655	−0.198	−0.442
	IU3	0.180	0.169	0.098	−0.093	0.054	−0.178	0.621	−0.233	−0.453
特征根		6.87	2.37	1.92	1.58	1.49	1.41	1.37	1.29	1.03
共解释方差		78.34%								

6.3.4 最终问卷形成

通过小规模样本前测，进行信度和效度分析，净化了主体问卷，剔除了所谓的垃圾条款，问项由最初的 31 个减少到 30 个。为确保最终大规模发放时问卷量表具有良好的内部一致性，需要再做一次信度检验。问卷最终信度结果见表 6.13，结果表明最终的测量量表中 9 个变量具有良好的内部一致性。

表 6.13 最终问卷信度分析结果

变量	变量条款数目	Cronbach α	变量	变量条款数目	Cronbach α
自我效能	3	0.79	感知娱乐性	3	0.79
主观规范	2	0.78	感知有用性	3	0.80
工作相关性	4	0.82	感知易用性	4	0.80
界面设计	3	0.80	使用意图	3	0.84
服务质量	5	0.81			

6.4 影响因素结构模型分析检验

本书接下来将选取对文献数据库系统使用比较熟悉的群体，利用问卷调查的方法获取研究数据，采用数据分析软件，对用户接受文献数据库系统影响因素模型进行检验分析。

6.4.1 问卷调查和数据收集

本书调查问卷主要采用两种发放渠道：一方面，利用专业的在线调查平台问卷星制作网络答卷（网址：http://www.sojump.com/report/1050529.aspx），方便被调查者上网进行填答；另一方面，采用纸质版的问卷，走访了南京和武汉地区的多所高校进行访谈和问卷调查。问卷发放和回收情况如表 6.14 所示。

表 6.14　数据来源统计

问卷来源	详细情况	问卷数量/份	占总体发放问卷比例/%
纸质发送	实际发放问卷	300	—
	回收问卷	270	90
	无效问卷	60	20
	有效问卷	210	70
网络答卷	实际填写问卷	353	—
	无效问卷	52	15
	有效问卷	301	85

根据此次研究调查的目的，并结合问卷调查实施的可行性，纸质问卷选取了南京和武汉地区的几所高校图书馆和教室作为调查地点。网络问卷来源比较广泛，涉及全国多个省份，从而保证了样本的广泛性与代表性。通过严格的筛选，最终有效问卷为 511 份。

6.4.2　样本描述性统计

（1）被调查用户身份情况，见表 6.15。

表 6.15　被调查用户身份情况表

用户身份	学生	教师	研究所科研人员	总数
样本数/个	358	112	41	511
所占比例/%	70	22	8	100

由表 6.15 可以看出，此次被调查用户的学生身份样本比率达到了 70%，学生样本的高比率一方面与本书的目标样本有关，另一方面与本书所调查的地点有关。由于本书的纸质问卷主要来源于各大高校的图书馆和教室，因此，本书样本中学生比例较高。

（2）被调查用户的学历情况，见表 6.16。

表 6.16　被调查用户学历情况表

用户学历	博士及以上	硕士	大学本科	大专	总数
样本数/个	31	215	240	25	511
所占比例/%	6	42	47	5	100

由表 6.16 可以看出，本次调查的对象以硕士和本科生为主，调查中发现，在本科生中，以大三、大四的学生为主，因为在大三、大四期间学生才开始频繁使用文献数据库系统，对文献数据库系统较为熟悉和了解，符合本书的要求。

（3）使用年限的统计。

本次被调查用户对文献数据库的使用年限如表 6.17 所示。由表 6.17 中数据可以看出使用者年限一般达到了一年以上，主要以 1~2 年及 2~3 年为主，一定的使用年限表明用户了解熟悉文献数据库系统，对文献数据库系统有自己的看法与见解，保证了后续答题的准确性。

表 6.17 被调查用户使用文献数据库年限情况统计表

使用年限	1 年以下	1~2 年	2~3 年	3 年以上	总数
样本数/个	36	149	215	111	511
所占比例/%	7	29	42	22	100

（4）使用频率的统计。

由表 6.18 可以看出，被调查者对文献数据库系统的使用频率主要是每月若干次，比例高达 49%，而每天都会访问的比例仅有 10%，说明用户对文献数据库接受使用的提高空间较大。

表 6.18 被调查用户使用文献数据库情况频率统计表

使用频率	每月少于一次	每月若干次	每周若干次	每天都会访问	总数
样本数/个	102	250	107	52	511
所占比例/%	20	49	21	10	100

6.4.3 信度和效度检验

唯有在测量模型的信度和效度符合规定要求的条件之下，结构模型的检验才有意义，因此在进行结构模型检验之前要进行测量模型的检验。测量模型的检验包括对每个变量的信度、区分效度及聚敛效度的检验。

测量信度评价一般要求 Cronbach α 的值大于 0.70，复合信度（composite reliability，CR）的值要大于 0.70。从表 6.19 来看，每个变量的 Cronbach α 值都要超过 0.70，复合信度都超过 0.80，表明数据具有较好的稳定性和一致性。

表 6.19 变量描述性统计和信度

变量	均值	标准差	Cronbach α 值	复合信度	平均提取方差
自我效能	5.027	0.999	0.77	0.83	0.70
主观规范	4.950	1.192	0.78	0.85	0.75

续表

变量	均值	标准差	Cronbach α 值	复合信度	平均提取方差
相关性	5.237	1.094	0.74	0.84	0.77
界面设计	4.905	1.645	0.80	0.83	0.62
服务质量	4.770	1.018	0.82	0.85	0.75
感知娱乐性	4.967	1.312	0.78	0.85	0.66
感知有用性	5.475	1.291	0.81	0.89	0.73
感知易用性	5.075	1.346	0.83	0.84	0.58
使用意图	5.574	1.278	0.85	0.87	0.69

对于聚敛效度，本书采用Fornell和Larcker（1981）的评价标准：①所有变量因子的负载都要显著并且大于 0.7；②每个变量的平均提取方差（average variance extracted，AVE）要超过 0.5。从表 6.19 可以看出，每个变量的平均提取方差大于 0.5。从表 6.20 中可以看出，所有变量因子的负载都在 p=0.001 的水平下显著并且高于被推荐的 0.7 的水平值。因此，以上结果证明本书用到的测量量表具有较好的聚敛效度。

表 6.20　所有变量验证性因子分析结果

变量条款	条款均值	条款标准差	条款负载	变量条款	条款均值	条款标准差	条款负载
SE1	5.27	1.13	0.75	SQ4	4.96	1.40	0.78
SE2	4.91	0.91	0.76	SQ5	4.56	1.44	0.74
SE3	4.89	0.94	0.71	PE1	5.11	1.08	0.82
SJ1	4.94	1.14	0.86	PE2	4.97	1.14	0.84
SJ2	4.96	1.12	0.86	PE3	4.82	1.20	0.78
JB1	5.30	1.39	0.72	PU1	5.24	1.24	0.84
JB2	4.98	1.41	0.77	PU2	5.47	1.21	0.87
JB3	5.34	1.19	0.80	PU3	5.72	1.20	0.85
JB4	5.31	1.20	0.73	PEOU1	5.27	1.14	0.76
ID1	5.00	1.22	0.74	PEOU2	5.02	1.17	0.79
ID2	4.94	1.35	0.83	PEOU3	4.85	1.22	0.70
ID3	4.76	1.29	0.80	PEOU4	5.16	1.11	0.80
SQ1	4.55	1.49	0.77	IU1	5.54	1.17	0.83
SQ2	4.97	1.38	0.74	IU2	5.42	1.22	0.86
SQ3	4.81	1.38	0.76	IU3	5.59	1.27	0.80

对于区分效度，本书进一步使用交叉负载的方法来评定模型中所有变量的区分效度。表 6.21 报告了研究模型中所有变量的问项负载和交叉负载。从每列来看，问项在测量对应变量列的负载要高于其测量其他变量列的负载。此外，从每行来看，问项负载在测量对应变量行要高于其他行。所以满足上述评价区分效度

的标准，证明本测量模型中各变量之间的区分效度良好。

表 6.21 变量的问项负载和交叉负载

变量条款	自我效能	主观规范	相关性	界面设计	服务质量	感知娱乐性	感知易用性	感知有用性	使用意图
SE1	0.94	0.07	0.21	0.17	0.07	0.09	0.25	0.27	0.17
SE2	0.81	0.09	0.17	0.11	0.06	0.08	0.12	0.24	0.14
SE3	0.88	0.02	0.18	0.12	0.06	0.08	0.15	0.19	0.11
SJ1	0.12	0.89	0.18	0.18	0.13	0.14	0.15	0.21	0.19
SJ2	0.12	0.95	0.21	0.20	0.20	0.24	0.16	0.29	0.23
JB1	0.10	0.02	0.83	0.30	0.30	0.26	0.30	0.38	0.27
JB2	0.08	0.07	0.95	0.35	0.49	0.35	0.31	0.39	0.38
JB3	0.13	0.10	0.84	0.39	0.33	0.36	0.37	0.46	0.36
JB4	0.17	0.06	0.84	0.29	0.37	0.28	0.34	0.48	0.43
ID1	0.18	0.09	0.38	0.87	0.36	0.34	0.40	0.36	0.32
ID2	0.12	0.09	0.30	0.82	0.38	0.33	0.40	0.35	0.28
ID3	0.03	0.06	0.32	0.88	0.52	0.42	0.35	0.37	0.29
SQ1	−0.03	0.00	0.33	0.39	0.83	0.32	0.20	0.29	0.25
SQ2	0.13	0.06	0.39	0.45	0.77	0.38	0.29	0.45	0.35
SQ3	−0.04	0.01	0.26	0.29	0.80	0.32	0.25	0.22	0.25
SQ4	0.07	0.01	0.39	0.35	0.79	0.38	0.33	0.39	0.35
SQ5	0.01	0.04	0.25	0.40	0.81	0.35	0.32	0.25	0.25
PE1	0.10	0.05	0.32	0.36	0.37	0.81	0.42	0.41	0.34
PE2	0.06	0.00	0.37	0.37	0.38	0.84	0.46	0.42	0.34
PE3	0.03	0.05	0.28	0.38	0.43	0.89	0.45	0.41	0.30
PEOU1	0.16	0.07	0.42	0.34	0.35	0.48	0.89	0.58	0.43
PEOU2	0.14	0.07	0.32	0.47	0.36	0.41	0.79	0.44	0.32
PEOU3	0.18	0.04	0.26	0.35	0.21	0.34	0.84	0.34	0.33
PEOU4	0.17	0.07	0.28	0.35	0.24	0.40	0.86	0.40	0.44
PU1	0.17	0.10	0.43	0.42	0.42	0.47	0.46	0.83	0.47
PU2	0.19	0.07	0.50	0.39	0.38	0.45	0.49	0.87	0.48
PU3	0.21	0.06	0.51	0.35	0.38	0.39	0.55	0.86	0.56
IU1	0.17	0.06	0.43	0.30	0.27	0.30	0.44	0.56	0.85
IU2	0.09	0.09	0.41	0.33	0.33	0.32	0.40	0.47	0.85
IU3	0.07	0.10	0.35	0.30	0.42	0.38	0.38	0.43	0.98

6.4.4 假设检验与结论

目前对结构方程模型进行参数估计时，最经常使用的两种方法是基于极大似然估计的协方差结构分析（linea structural relationships，LISREL）方法与基于偏最小二乘法（partial least squares method，PLS）的方差分析方法。本书采用基于 PLS 的方差分析方法，原因有以下几点：①与 LISREL 相比，PLS 使用非参数推断方法，不需要对数据的正态性做严格假定，它假设观测变量是独立且服从多元正态分布的；②PLS 最适合检验复杂关系的模型和初始探讨，而 LISREL 更适合于理论检验且先验理论知识比较充足的情况；③PLS 在预测准确性方面具有优势，在参数估计过程中就能够计算潜变量得分，可以得到确定的计算结果；④PLS 对残差分布限制最小。

本书基于 PLS 的方差分析方法，使用 VisualPLS 1.04 软件对结构方程模型进行参数估计及路径分析。最终经过结构模型检验的模型结果如图 6.7 所示，所有假设的路径系数、显著水平及内生变量的被解释程度（R^2 值）均在图中给出，下面进行详细分析阐述。

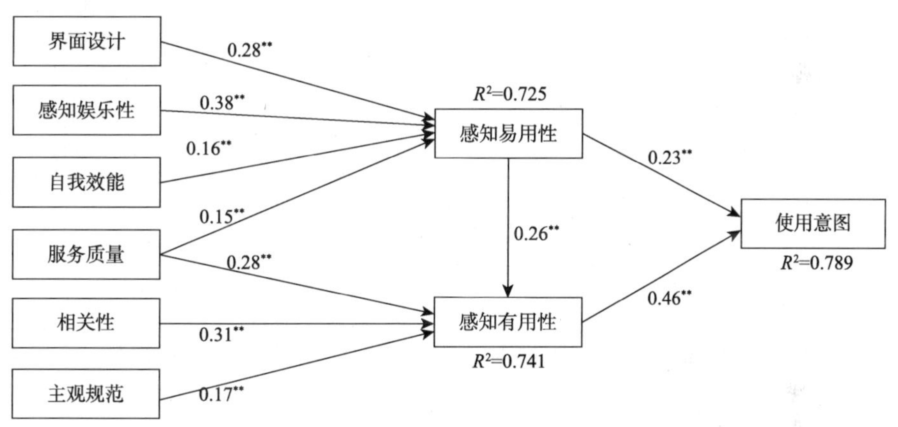

图 6.7　用户对文献数据库系统接受影响因素结构模型检验结果

**表示在 1%的水平上显著

1）R^2 值

内生潜变量的 R^2 值反映了内生潜变量被解释的程度，反映了模型的预测能力，结果如表 6.22 所示。结果显示："感知有用性"、"感知易用性"及"持续使用意图"三个内生潜变量的 R^2 值分别是 0.741、0.725 及 0.789。由此可以看出，假设的概念模型比较合理，对"感知有用性"的解释程度达到 74.1%，对"感知易用性"的解释程度达到 72.5%，特别是对"持续使用意图"的解释程度高达 78.9%，表明假设的概念模型具有较强的预测能力，证明了概念模型的合理性。

表 6.22　内生潜变量对应的 R^2 值

检测值	感知有用性	感知易用性	持续使用意图
R^2 值	0.741	0.725	0.789

2）路径系数

结构变量之间的路径系数可以反映各结构变量间因果关系作用的直接效应大小。一般来说，路径系数越大，原因变量到结果变量的直接效应就越大。路径系数如表 6.23 所示。

表 6.23 用户对文献数据库系统接受影响因素模型检验结果

因果关系假设	路径系数	是否支持假设
$H_{6\text{-}23}$：自我效能对 PEOU 具有正面影响	0.16	支持假设
$H_{6\text{-}24}$：感知娱乐性对 PEOU 具有正面影响	0.38	支持假设
$H_{6\text{-}25}$：界面设计对 PEOU 具有正面影响	0.28	支持假设
$H_{6\text{-}26}$：服务质量对 PEOU 具有正面影响	0.15	支持假设
$H_{6\text{-}27}$：服务质量对 PU 具有正面影响	0.28	支持假设
$H_{6\text{-}28}$：主观规范对 PU 具有正面影响	0.17	支持假设
$H_{6\text{-}29}$：相关性对 PU 具有正面影响	0.31	支持假设
$H_{6\text{-}30}$：PEOU 对 PU 具有正面影响	0.26	支持假设
$H_{6\text{-}31}$：PEOU 对持续使用意图具有正面影响	0.23	支持假设
$H_{6\text{-}32}$：PU 对持续使用意图具有正面影响	0.46	支持假设

综上，技术接受影响因素结构模型检验的研究结果表明：

（1）使用意图共被解释了 78.9%的方差，显著地受到感知有用性（β=0.46，p<0.01）和感知易用性（β=0.23，p<0.01）的影响，分别支持假设 $H_{6\text{-}31}$ 和假设 $H_{6\text{-}32}$。由此可以看出，感知有用性对使用意图的影响很大，是感知易用性影响的 2 倍。

（2）感知有用性共被解释了 74.1%的方差，显著地受到感知易用性（β=0.26，p<0.01）以及外界因素服务质量（β=0.28，p<0.01）、相关性（β=0.31，p<0.01）和主观规范（β=0.17，p<0.01）的影响，分别支持了假设 $H_{6\text{-}27}$~假设 $H_{6\text{-}30}$。而这其中，感知有用性最受相关性的影响，这是由于用户在使用文献数据库系统时，主要目的是解决自己的问题，因此，相关性便成了用户衡量文献数据库系统是否有用的重要因素。服务质量也对感知有用性有较强的影响，当用户不知如何操作使用文献数据库时，当用户查找到文献却不知如何获取全文时，及时全面的服务对提高用户的感知有用性具有较强的影响。主观规范对感知有用性的影响较低。

（3）感知易用性共被解释了 72.5%的方差，受到界面设计（β=0.28，p<0.01）、感知娱乐性（β=0.38，p<0.01）、自我效能（β=0.16，p<0.01）及服务质量（β=0.15，p<0.01）的影响，分别支持假设 $H_{6\text{-}23}$~ 假设 $H_{6\text{-}26}$。感知易用性受到感知娱乐性的影响最大，这也是本书将感知娱乐性作为重点影响因素的原因之一。相比而言，自我效能对感知易用性的影响不大，服务质量对感知易用性的影

响不如对感知有用性的影响大，界面设计对感知易用性有较强的影响。

6.5　技术接受信念调整模型分析检验

本书选取从未使用过文献数据库系统的目标群体，即新手用户，追踪他们从接触文献数据库系统开始到对文献数据库系统的适应接受过程，获取在此过程中他们内心信念的调整更新变化情况。

6.5.1　信念调整用户实验

本书选取某理工类高校信息管理专业、通信工程专业的大一学生，以 45 天（约 6 个星期）为周期，总共调查了被试者在三个周期内使用文献数据库系统的动态信念以及使用意图，实验周期见表 6.24。这种数据收集策略与 Venkatesh 等（2008）的研究一致。实验地点选取在教学楼计算机网络机房，包括三次实验，实验任务与调查问卷参见附录 E。

表 6.24　用户信念动态追踪研究实验概况

实验对象	实验周期	实验时间	实验地点
信息管理及通信工程专业 168 名学生	第一周期	2011 年 9 月 10 日至 2011 年 10 月 25 日	高校教学楼计算机网络机房
	第二周期	2011 年 11 月 1 日至 2011 年 12 月 15 日	
	第三周期	2012 年 12 月 16 日至 2013 年 1 月 31 日	

（1）第一次实验流程：①让被试登录打开中国知网网站，给被试讲解中国知网的主要功能作用、主要的界面和初级检索、标准检索、高级检索方法等；②给被试充分的时间去熟悉了解文献数据库系统；③让被试根据自己的感受和心得进行问卷的调查。

（2）第二次实验流程：①给被试发放实验任务并讲解；②给被试充足的时间使用文献数据库系统，并布置一定的任务去保证用户对文献数据库的充分使用；③发放调查问卷，获取相应用户数据。

（3）第三次实验流程：①给被试发放实验任务并讲解；②给被试充足的时间并利用实验任务来督促用户完整并深入地使用文献数据库系统；③被试完成实验任务，并根据实验任务完成相应的问卷调查工作。

说明：①提醒被试填写学号、姓名等重要问项；②给被试充分物质奖励来鼓励用户去了解熟悉文献数据库系统。

总共有 168 人参加了这次研究，通过问项“你是否接触使用过文献数据库系统”来筛选问卷。在调查时，要求被试必须填写学号和姓名，通过填写比对，共有 125 人实际完成了这 3 次调研并且问卷有效。因此，此次调研最终的有效问卷为 125 份，问卷具体发放情况如表 6.25 所示。

表 6.25 问卷发放情况（单位：份）

调查次数	调查对象	发放问卷	回收问卷	无效问卷	有效问卷	问卷总数
第一次	信息管理系	50	50	3	47	138
	通信工程系	98	96	5	91	
第二次	信息管理系	57	56	2	54	148
	通信工程系	102	100	6	94	
第三次	信息管理系	53	52	4	48	133
	通信工程系	100	93	8	85	

6.5.2 信度和效度检验

多组验证性因子分析（multiple group confirmative fator analysis，MGCFA）是结构方程模型的众多应用之一，是分析多组数据最有效的方法之一，可以用来比较不同样本间潜变量的均值和方差。本书利用 LISREL8.7 来比较在不同的测量时间点上测量的等价性。

表 6.26 显示了 MGCFA 分析的结果，所有的测量结果都很好地落在了要测量的变量上，并且 t 检验显著性低于 0.05，效度分析的结果高于可接受的水平 0.70。本书选用拟合优度统计量 χ^2 与相关拟合优度指标，包括比较拟合指数（comparative-fit index，CFI）、非规范拟合指数（non-normed fit index，NNFI）、近似误差均方根（root mean square error of approximation，RMSEA）等来衡量变量的信度和效度。如表 6.26 所示，本模型 $\chi^2/\mathrm{df}=2.48$ 落在 2∶1 到 3∶1 的标准之内，RMSEA 接近于 0.1，CFI、NNFI 均超出了 0.90 的标准。

表 6.26 多组验证性因子分析的信度和效度（因子负荷系数）

调查次数	第一次				第二次				第三次			
变量条款	PEOU	PU	IU	SE	PEOU	PU	IU	SE	PEOU	PU	IU	SE
PEOU1	1.00				1.00				1.00			
PEOU2	1.02				0.93				1.12			
PEOU3	0.98				0.97				1.04			
PEOU4	1.11				1.04				0.92			
PU1		1.00				1.00				1.00		

续表

调查次数	第一次				第二次				第三次			
变量条款	PEOU	PU	IU	SE	PEOU	PU	IU	SE	PEOU	PU	IU	SE
PU2		0.94				0.94				1.08		
PU3		1.02				1.07				0.97		
IU1			1.00				1.00				1.00	
IU2			0.95				1.12				0.96	
IU3			1.06				0.95				1.04	
SE1				1.00				1.00				1.00
SE2				1.10				1.06				0.93
SE3				1.05				1.03				0.93
Cronbach α	0.83	0.84	0.85	0.76	0.86	0.87	0.85	0.81	0.80	0.85	0.88	0.83
拟合指数	$\chi^2/\text{df} = 2.48$　CFI=0.95　NNFI=0.93　RMSEA=0.11											

6.5.3　假设检验与结论

本小节运用平行处理潜变量增长曲线模型来对模型进行验证。首先，在潜变量增长模型中计算每一个信念变量及使用意图的斜率和截距，因为斜率和截距在平行处理潜变量增长曲线模型中是潜变量。其次，根据上一步计算出来的各个潜变量的斜率和截距来对假设进行检验。在这两步中，均用表 6.27 所计算的相关矩阵，处理工具为 LISREL 8.70 版。

表 6.27　相关矩阵平均值和标准差

变量条款	SE1	SE2	SE3	PEOU1	PEOU2	PEOU3	PEOU4	PU1	PU2	PU3	IU1	IU2	IU3
SE1	1.00												
SE2	0.85	1.00											
SE3	0.65	0.78	1.00										
PEOU1	0.43	0.36	0.52	1.00									
PEOU2	0.29	0.44	0.28	0.39	1.00								
PEOU3	0.22	0.46	0.66	0.51	0.45	1.00							
PEOU4	0.42	0.43	0.42	0.42	0.23	0.35	1.00						
PU1	0.35	0.52	0.25	0.21	0.32	0.24	0.71	1.00					
PU2	0.23	0.40	0.33	0.28	0.24	0.36	0.56	0.89	1.00				
PU3	0.36	0.37	0.29	0.36	0.33	0.24	0.38	0.21	0.02	1.00			
IU1	0.06	0.28	0.05	0.04	0.54	0.28	0.04	0.25	0.22	0.53	1.00		

续表

变量条款	SE1	SE2	SE3	PEOU1	PEOU2	PEOU3	PEOU4	PU1	PU2	PU3	IU1	IU2	IU3
IU2	0.25	0.51	0.45	0.24	0.13	0.43	0.47	0.45	0.58	0.05	0.26	1.00	
IU3	0.13	0.51	0.46	0.12	0.35	0.31	0.46	0.51	0.52	0.15	0.36	0.14	1.00
均值	5.51	4.87	4.90	5.21	6.12	5.80	5.01	5.25	5.13	5.74	5.18	6.01	5.77
标准差	1.47	0.98	1.39	1.21	1.21	1.24	1.53	1.42	1.42	1.11	1.24	1.14	1.19

注：SE 表示自我效能，PEOU 表示感知易用性，PU 表示感知有用性，IU 表示使用意图

表 6.28 列出了潜变量增长曲线模型分析的结果。所有的潜变量增长曲线模型都有很好的拟合性，RMSEA、CFI 等均超出了平均水平。自我效能的斜率和截距有显著变化，支持了假设 $H_{6\text{-}12}$。同理，对于感知有用性和使用意图均是如此。也就是说，随着对某一技术使用经验的增多，自我效能、感知有用性和使用意图均会增长。但是由于感知易用性的斜率并不显著，也就是说，感知易用性并没有从第一次实验到第三次实验均发生变化，因此，假设 $H_{6\text{-}11}$ 被部分支持。

表 6.28 潜变量增长曲线模型的参数估计与拟合指数

变量	截距	斜率	df	χ^2	P	RMSEA	CFI	NNFI	GFI	AGFI
自我效能	5.02**	0.25*	1	0.20	0.65	0.00	1.00	1.00	1.00	1.00
感知易用性	5.71**	0.29	1	0.71	0.36	0.00	1.00	1.00	1.00	1.00
感知有用性	5.16**	0.15**	1	1.23	0.27	0.05	0.98	0.97	1.00	1.00
使用意图	5.68**	0.21*	1	0.86	0.36	0.00	1.00	1.00	1.00	1.00

**、*分别表示在 1%、5%的水平上显著

拟合的个体增长曲线模型用来检验自我效能、感知易用性、感知有用性、使用意图的初级水平和变化速度之间的关系。由于感知易用性的斜率并不显著，因此，它并不能包含在模型之中。自我效能的斜率显著影响感知有用性（β=0.21，p<0.05），而感知有用性显著影响使用意图（β=0.41，p<0.05），因此，假设 $H_{6\text{-}16}$ 和假设 $H_{6\text{-}22}$ 得到了支持，由于感知易用性的斜率缺乏显著性，因此其并不能包含在检测模型之中，所以假设 $H_{6\text{-}14}$、假设 $H_{6\text{-}18}$ 和假设 10 并不能得到检验。除此之外，假设 3、假设 $H_{6\text{-}15}$、假设 $H_{6\text{-}17}$ 及假设 $H_{6\text{-}19}$ 在本次实验中也得到了良好的支持与验证。

综上，用户技术接受信念调整的实验分析结论主要有以下几方面。

（1）随着用户对学术资源数据库的使用，自我效能、感知有用性和使用意图均会发生动态变化。当用户对学术资源数据库使用增加时，他们会根据自己的使用经验来调整和更新自我效能和感知有用性，这和认知失调理论以及信念更新理论一致。同时，研究结果表明，当对学术资源数据库的使用增加时，用户也会更新对学术资源数据库的使用意图，这和社会认知理论一致。

（2）初始自我效能影响感知易用性和感知有用性。更重要的是，自我效能的更新速度正向影响感知有用性的更新速度，证明自我效能的改变是感知有用性改变的一个重要原因。

（3）TAM 可以用于动态纵向研究。以往的技术接受理论研究专注于结构变量之间的静态研究，属于“横断研究”。本书在此基础上分析了动态信念结构之间的关系，将 TAM 扩展到对用户之后使用的跟踪调查分析，研究视角定位于通过在不同时间点对结构变量进行测试来研究用户信念的动态变化。

（4）初始用户接受和强化用户使用共同决定用户的长期技术接受。尽管最初的用户接受是文献数据库系统实施成功的关键因素，但如果不能对用户的持续使用给予支持和强化，那么长期的实施效果并不会尽如人意。

第 7 章　图书馆网站系统用户技术接受影响因素研究

与 CNKI、维普、EBSCO、PQDT 等单体型文献数据库系统只提供某一方面的特定类型信息资源不同，图书馆网站系统是图书情报机构提供信息资源服务的门户系统，它综合集成了图书情报机构通过购置或自建的各种数据库资源并通过互联网 web 界面提供网络化、一站式信息资源服务，从而满足该机构各类服务对象的不同信息需求。因此，对图书馆网站系统的用户技术接受考察，需要考虑用户对图书馆网站系统使用后的总体感受，即用户在使用图书馆网站系统提供的各类资源服务后，是否达到期望、感到满意并愿意继续使用以满足其信息需求。

本章在 TAM 的基础上，整合满意度理论模型的相关要素，对图书馆网站系统的用户技术接受影响因素进行考察和分析。通过小规模调研进行图书馆网站系统用户技术接受影响因素的探索性研究，整合 TAM 和满意度模型要素构建图书馆网站系统用户技术接受结构模型并提出研究假设，通过学术图书馆用户调研和数据分析进行模型检验和模型修正，并对用户需求高低和上网环境差异这两个调节变量的影响机理进行了讨论和分析。

7.1　影响因素探索性研究

7.1.1　影响因素识别分析

由于用户使用图书馆网站系统的主要目的是进行信息搜寻，而用户的信息搜索活动在很大程度上将受到搜索主体——用户自身以及搜索客体——信息系统的制约，为此我们认为用户与系统交互行为影响因素分析的源头首先应该定位在这两大因素上。同时，鉴于图书馆网站信息服务系统的特殊性，即该系统是由信息服务机构作为实施主体提供给单位内用户使用，一般具有独占性和不可替代性，因此考虑增加了用户服务保障因素对用户使用系统的影响。服务因素在用户使用系统过程中起着重要作用，因为当用户碰到困难时，图书馆等机构主体提供的服务不仅会帮助用户解决困难，而且会让用户产生满意和积极使用的意图。

1）用户层面影响因素

用户在使用数字信息服务时往往具有一系列复杂的心理现象，直接影响着其吸收和利用信息的效果，从而影响数字信息服务效用的发挥。用户信息行为的产生和发展可描述为“需要—动机—态度—意图—行为”这样一个驱动模式（James et al.，2002）。人的动机往往取决于完成任务的愿望和需要，态度本质上是人们对行为的认知反映，使用意愿用来衡量用户实施特定行为意愿的强弱。人们自然而然地将他们的各种愿望和需要进行排序，在完成他们认为最为重要的、必须完成的任务时就更加严肃认真，完成的可能性和质量也相对较高。此外，最近越来越多的研究关注用户的情感，研究结果显示积极的情绪使人们更容易接受与使用系统（Djamasbi et al.，2010）。同时对系统的使用也会受到周围人的态度看法以及学习压力等因素的影响。

人们存在个体差异，如年龄、性别、学历等，导致人具有明显的特征因素，包括生理反应、心理反应、疲劳特性等，这些特征因素的变化会影响人的认知效率以及信息获取效率，从而影响用户对系统的使用（杨文彩等，2007）。

另外，用户与图书馆网站系统的交互主要是通过人的操作来完成的。在交互过程中，用户不断地获取来自系统的信息，并通过注意、感觉、知觉、决策等对信息进行处理，并做出反馈。个体能力对系统交互效率的影响具有重要影响，这些个体能力主要包括：用户的计算机能力、自我功效、革新能力，在使用图书馆网站系统检索过程中的检索知识、信息素养、英文能力、学习能力，对系统的认知和理解能力，等等。

2）系统层面影响因素

图书馆网站信息服务系统是用户完成信息任务的主要工具，网站系统的功能、质量和界面友好程度等直接影响到用户对系统有用性和易用性的感知，进而影响交互结果。对于系统因素，主要从系统资源质量、系统功能质量和系统界面质量三个方面来考虑。

系统资源质量指的是图书馆网站系统所提供的数据库内容是否丰富、是否及时更新以及能否提供全文下载，系统功能质量是指网站提供的检索途径是否丰富、功能是否新颖、方法是否先进。在开发信息软件时用户界面设计的质量是非常关键的要素。以用户为中心的设计是需要考虑的重要因素，设计良好的用户界面帮助用户更好地操作系统从而减少认知负担。

3）服务层面影响因素

服务因素在用户使用图书馆网站过程中起着核心作用。当用户碰到困难时，图书馆提供的服务不仅会帮助用户解决困难，而且会让用户感到满意并产生积极使用的意图。

综上，图书馆网站系统用户技术接受的探索性影响因素总结如表 7.1 所示。

表 7.1 技术接受探索性影响因素总结

层面	因素	主要内容
用户	生理因素	性别、年龄、生理疲劳
	心理因素	主管规范、学习压力、使用态度、使用意愿、心理压力、情绪、使用需求
	个体能力	认知结构、理解能力、检索知识、学习能力、学习积极性、英语能力、革新能力、计算机能力、自我效能、信息素养
系统	系统资源质量	资源权威性、资源及时性、全文获取、资源丰富性
	系统功能质量	运行速度、响应时间、检索途径丰富、检索查全率、检索查准率、提供新颖功能、多库检索
	系统界面质量	布局合理、用词容易理解、功能易学、色泽宜人、信息呈现方式、信息呈现量
服务	离线服务	数据库使用培训、组织用户交流、全文获取保障
	在线服务	新资源介绍、适用资源推荐、系统帮助、用户论坛、在线示例、意见咨询、反馈及时

7.1.2 影响因素探索性调查分析

本次调查的主要目的是通过问卷调查的形式，调查用户对图书馆网站系统技术接受的影响因素，筛选出主要影响因素以便为后续模型构建做准备。调查的对象主要是南京和武汉地区的相关高校图书馆网站用户，调查方式是让被调查者根据自己使用学校图书馆网站及数据库信息服务系统（如 CNKI、万方和维普等）的总体经历对问卷所给问题进行打分。共发放 150 份问卷，收回 115 份，剔除不完整的问卷，最后筛选出有效问卷 100 份，问卷有效率为 67%。然后利用 SPSS（statistical product and service solutions，即统计产品与服务解决方案）对其进行探索性分析，分析内容主要有信度、效度的检验及因子分析。

1）信度和效度的检验

通过效度和信度来确保测量工具质量，以便得出科学的结果。信度是指测验所得结果的前后一致性或稳定性。本书借助 SPSS16.0 来计算结构变量的内部一致性系数。检验结果显示，总体的信度为 0.928，说明本书中结构变量的设计是可靠的。

用户因素的信度为 0.767，信度较低，但是仍处于可以接受的范围之内。但是“性别”、“年龄”、“生理疲劳”和“主观规范”的问项总体（item-total）相关系数均低于 0.35，其中删除“性别”与“年龄”之后其信度将会增加，因此可以将其删除。系统的信度为0.880，对于测量问题“界面的色泽宜人性”，其问项总体相关系数为 0.338，因此可以将其删除。服务因素的信度为 0.833，其问项总体相关系数均大于 0.35。

效度是指调查问项对其所要调查的主题达到什么程度的一种估计。本书对各个变量的测量方案具有前人研究基础，是根据相关研究论文中的成熟量表修改后形成的，因此具有较高的内容效度。对于效度检验，可进一步结合因子分析进行。

2）因子分析

为了进一步分析和识别用户、系统和服务层面影响用户对系统接收的因素，采用因子分析方法。因子分析前，先对量表进行 KMO 样本充足度测度（Kaiser-Meyer-Olkin measure of sampling adequacy）和 Bartlett 球体检验。本书采用主成分分析法来提取公共因子，并采用方差最大化旋转法的正交旋转方法（Varian with Kaiser normalization）获得各因子的负载值，以此达到使每个因子上具有最高载荷的变量数最小的目的。

用户层面因素量表的因子分析结果显示：KMO 样本测度值为 0.646，基本适合做因子分析，同时 Bartlett 球体检验的 χ^2 统计值的显著性概率是 0.000，小于 1%，适合做因子分析。因子分析结果见表 7.2。从用户层面总共提取出 5 个因子，它们的特征根累积解释了总体方差变异的 61.035%。根据表 7.2 中的因子分析结果，用户层面影响因素可提炼的 5 个因子及其适用性如下所述。

表 7.2　用户层面因素量表旋转后的因子载荷矩阵

影响因素	1	2	3	4	5	平均值	方差
使用需求	0.760					5.465 3	1.584 70
使用意愿	0.701					5.060 0	1.686 67
使用态度	0.775					4.585 9	1.558 45
认知结构	0.776					5.009 9	1.526 40
理解能力	0.750					5.040 0	1.562 95
生理疲劳		0.629				3.616 2	1.782 61
主观规范		0.742				3.930 7	1.812 50
学习压力		0.831				4.009 9	1.791 62
心理压力		0.762				3.928 6	1.777 58
情绪		0.503				3.009 9	1.658 28
检索知识			0.521			5.090 9	1.573 13

续表

影响因素	1	2	3	4	5	平均值	方差
革新能力			0.836			4.919 2	1.468 56
自我效能			0.766			4.580 0	1.498 69
计算机能力			0.601			4.373 7	1.535 87
英语能力				0.719		4.700 0	1.629 39
信息素养				0.463		4.891 1	1.605 62
学习积极性				0.738		4.693 1	1.474 74
学习能力				0.558		4.742 6	1.446 74
性别					0.834	1.714 3	1.369 78
年龄					0.796	2.958 3	2.030 90
特征根	3.325	2.683	2.165	2.054	2.034		
累积方差贡献率/%	16.623	30.039	40.865	51.133	61.035		

因子一：主要包括使用需求、使用意愿、使用态度、认知结构和理解能力等，根据组织行为学的相关理论，需求、态度、意愿与行为之间紧密相关，这些因素将直接决定用户是否接受与使用系统，因此将其命名为用户使用导向心理因素。

因子二：主要包括生理疲劳、主观规范、学习压力、心理压力和情绪等。由于在本调查中发现，这些值的平均值较低，因此可以考虑将其舍弃。

因子三：包括检索知识、革新能力、自我效能和计算机能力，这些因素主要反映用户使用计算机的能力，因此将其命名为信息检索水平。

因子四：主要包括英语能力、信息素养、学习积极性和学习能力，这些因素反映了用户对检索出来结果的判断识别能力，因此将其命名为信息识别能力。

因子五：包括性别、年龄等，但是由于其平均值较低，所以可以考虑将其去掉。

系统层面因素量表的因子分析结果显示：KMO 样本测度值为 0.822，此外 Bartlett 球体检验 χ^2 统计值的显著性概率是 0.000，小于 1%，适合做因子分析。因子分析结果如表 7.3 所示。

表 7.3 系统层面因素量表旋转后的因子载荷矩阵

因子	1	2	3	平均值	方差
资源及时性	0.714			4.850 0	1.610 41
全文获取	0.512			5.373 7	1.562 22
系统响应时间	0.652			5.310 0	1.574 38
检索途径丰富	0.655			5.178 2	1.614 91

续表

因子	1	2	3	平均值	方差
检索查全率	0.840			5.455 4	1.493 48
检索查准率	0.582			5.475 2	1.565 85
多库检索	0.720			5.168 3	1.549 64
布局合理		0.667		4.009 9	1.676 28
用词容易理解		0.766		4.680 0	1.489 90
功能易学		0.753		4.600 0	1.483 92
色泽宜人		0.700		4.890 0	6.265 01
信息呈现方式		0.698		4.653 5	1.374 30
信息呈现量		0.718		4.860 0	1.400 00
资源权威性			0.745	5.247 5	1.538 87
资源丰富性			0.664	5.393 9	1.530 76
特征根	3.614	3.381	2.286		
累积方差贡献率/%	24.092	46.631	61.837		

因子一：包括资源及时性、全文获取、系统响应时间、检索途径丰富、检索查全率、检索查准率及多库检索等，显而易见，系统资源及时性并不适合进入这一因子，因此，将资源及时性放在因子三。这些因素主要涉及系统的检索功能，因此可以将其命名为系统检索性能。

因子二：包括布局合理、用词容易理解、功能易学、色泽宜人、信息呈现方式和信息呈现量，涉及信息组织呈现和界面构建方面，因此将其命名为系统界面质量。

因子三：包括资源权威性、资源丰富性及资源的及时性，这些都是有关数据库的资源，可以将其命名为系统资源质量。

由均值可以看出，信息服务系统特征对用户的接受使用影响很大。因此，将在后续研究中考察系统特征方面的因素。

服务层面因素量表因子分析结果显示，KMO 样本测度值为 0.783，此外 Bartlett 球体检验 χ^2 统计值的显著性概率是 0.000，小于 1%，适合做因子分析。因子分析结果见表 7.4。

表 7.4　服务层面因素量表旋转后的因子载荷矩阵

影响因素	1	2	3	均值	标准差
全文获取帮助	0.777			4.861 4	1.870 99
用户交流使用经验	0.439			3.880 0	1.695 39
新资源介绍	0.753			4.594 1	1.638 16

续表

影响因素	1	2	3	均值	标准差
适用资源推荐	0.686			4.920 0	1.587 07
帮助及时	0.486			5.623 8	6.757 00
在线示例	0.754			4.277 2	1.679 99
用户论坛		0.791		3.760 0	1.570 69
咨询平台		0.865		4.554 5	1.396 25
反馈及时		0.748		4.861 4	1.870 99
开展培训			0.853	3.870 0	1.812 72
参与培训			0.891	3.707 1	1.814 07
特征根	2.743	2.629	2.063		
累积方差贡献率/%	24.940	48.841	67.595		

因子一：主要包括全文获取帮助、用户交流使用经验、新资源介绍、适用资源推荐、帮助及时和在线示例等，这些因素主要对用户资源获取有帮助，因此将其命名为资源获取帮助。

因子二：主要包括用户论坛、咨询平台、反馈及时等，主要与帮助或辅助用户对系统的使用有关，因此将其命名为系统使用帮助。

因子三：主要包括开展培训、参与培训，因此可以将其命名为培训，与预期不同的是，培训得分偏低。这可能是由于之前的培训没有针对性，对用户的使用帮助并不大。

由均值可以看出，帮助及时得分最高。因此，当用户在遇到问题时积极的帮助是很重要的。而适用资源的推荐、反馈的及时也对用户有重要影响。另外，在信息社会，人们缺乏交流与合作，而他人的使用经验也能帮助用户改善心智模型。因此，后续研究中需考察服务要素对用户使用系统的影响研究。

通过以上分析可以看出，在后续模型构建和验证分析中需要研究考察的影响因素可总结为如表 7.5 所示。

表 7.5　技术接受探索性影响因素总结

层面	因素	主要内容
用户	使用导向心理	使用需求、使用意愿、使用态度、认知结构、理解能力
	信息检索水平	检索知识、革新能力、自我效能
	信息识别能力	信息素养、学习积极性、英语能力、学习能力
系统	界面质量	布局合理、用词容易理解、功能易学、色泽宜人、信息呈现方式、信息呈现量
	资源质量	资源权威性、资源丰富性、资源及时性
	检索性能	系统响应时间、检索途径丰富、检索查全率、检索查准率、多库检索、全文获取

续表

层面	因素	主要内容
服务	系统使用帮助	用户论坛、咨询平台、反馈及时
	资源获取帮助	全文获取帮助、新资源介绍、适用资源推荐、帮助及时等

7.2　模型构建与测量

7.2.1　模型构建

本书中所构建的图书馆网站系统用户技术接受影响因素概念模型主要借鉴了企业信息化领域内用户信息技术接受、国外关于数字图书馆系统的用户技术接受、用户满意度研究三个方面的相关理论模型。

用户对企业信息化系统的技术接受在国内外已经被广泛研究，图书馆网站同样也是基于信息系统的软件平台。因此，企业信息化领域的技术接受因素对图书馆网站系统接受具有一定适用性。用户使用图书馆网站，都是基于一定的任务需求而使用的，因此用户对图书馆网站的感知易用性和感知有用性尤其重要。

甘利人和许应楠（2009）在“企业信息系统用户接受行为影响因素研究——以 ERP 系统为例的实证研究”中提出的模型如图 7.1 所示。该模型基于 TAM 理论，从个人、组织、系统 3 个方面提出了影响用户接受企业信息系统的模型，通过实证分析得出：除了计算机自我效能和管理支持外，其余外部变量对用户的感知易用性和感知有用性均有正向作用，而且感知有用性、感知易用性、满意度与持续使用意图之间的正向关系也得到了证实。

Thong 等（2002）在 TAM 基础上从系统特征、组织环境、个体差异 3 个方面提出了影响用户接受数字图书馆系统的模型，如图 7.2 所示。

通过实证分析，Thong 在研究论文中指出：系统特征，即界面用词、界面设计、导航正向影响用户感知易用性；组织环境，即相关性和系统可见性正向影响用户感知有用性，而相关性与系统获取性正向影响用户的感知易用性；个体差异，即计算机自我功效、计算机使用经验、主题领域知识正向影响用户的感知易用性。

在满意度相关研究中，Thong 等（2006）对 IT 领域的期望证实模型进行扩展，在技术采纳的信念中加入感知有用性、感知易用性及感知快乐三个变量，并通过在线调查从 811 位移动互联网服务使用者那里获得数据，检验模型的有效

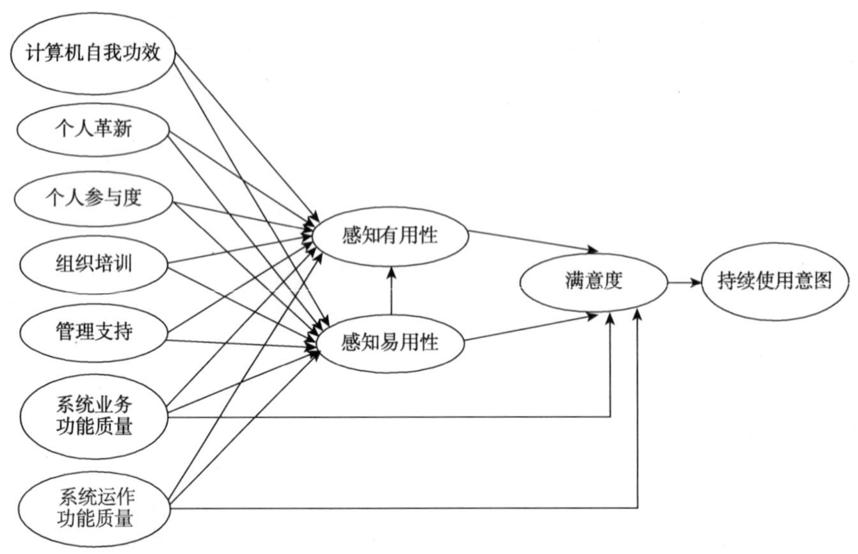

图 7.1 企业信息系统用户接受行为影响因素模型

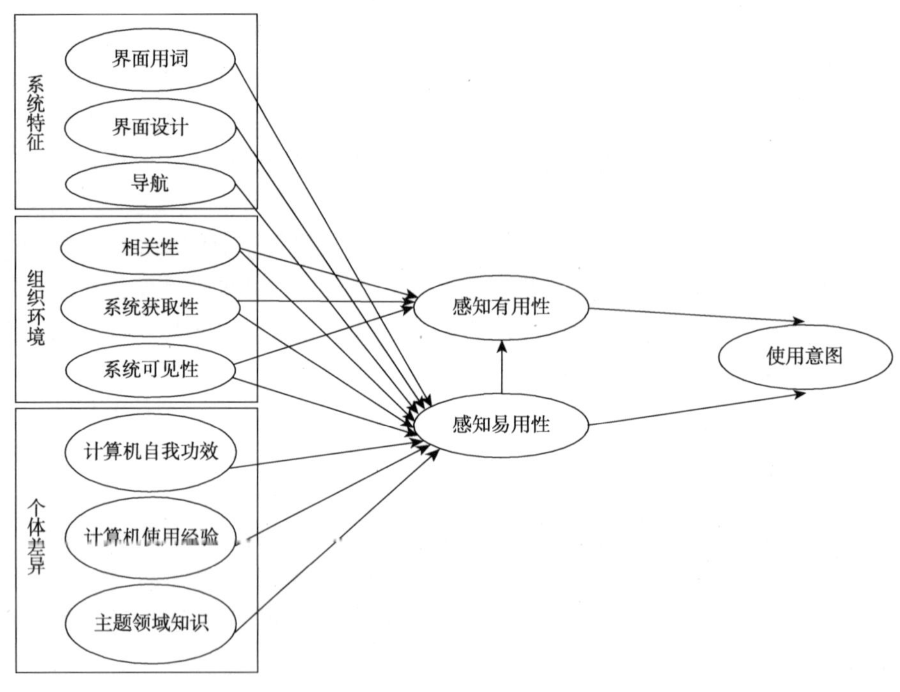

图 7.2 用户接受数字图书馆系统结构模型

性，如图 7.3 所示。研究结果发现，图 7.3 中的所有关系都被证实：感知有用性对

IT 满意度有正面影响；感知有用性对持续使用 IT 意图有正面影响；感知易用性对 IT 满意度有正面影响；感知易用性对持续使用 IT 意图有正面影响；感知易用性对感知有用性有正面影响；使用者满意度对持续使用 IT 意图有正面影响。

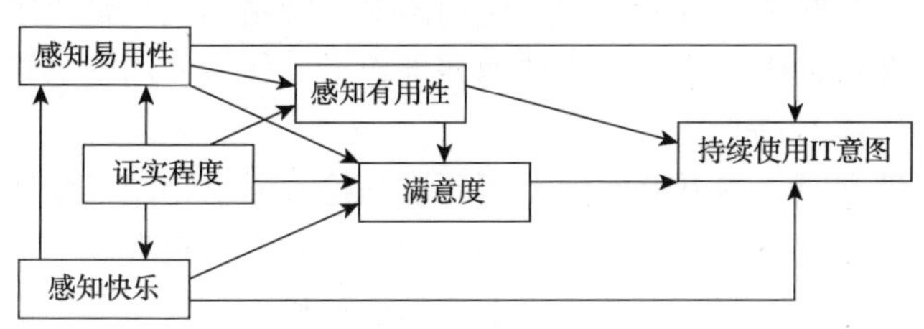

图 7.3　持续使用 IT 扩展的期望证实模型

与 IT 信息技术的使用和接受不同，图书馆网站系统使用中，用户除了接受图书馆网站所提供的内容及服务外，还需要接受检索知识的传递，这样才能使用户更有效地使用图书馆网站。同时，希望此次研究能够让用户由原先只是为了完成任务需求使用图书馆网站进一步发展转变为用户能够主动地、积极地去使用图书馆网站系统，用户对图书馆网站的使用行为应该是主动并愉悦地浏览网站、愿意参与各种活动、对网站建设提出相关建议并推荐给其他人使用的一种长期的忠诚的行为。这与网站用户满意度问题相关，因此本书借鉴了甘利人等（2010）提出的图书馆网站用户满意度模型，如图 7.4 所示。

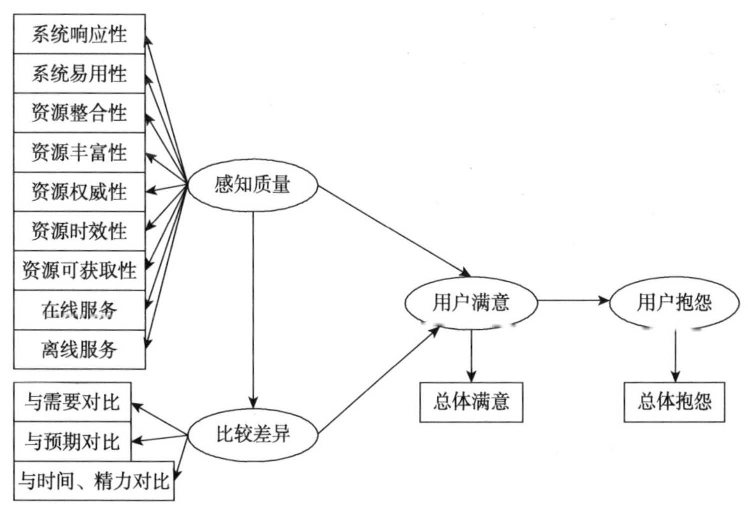

图 7.4　图书馆网站用户满意度模型

通过实证验证，该模型中感知质量对用户满意的正向关系全部得到证实，即图书馆网站内容质量、系统特征及在线离线服务是影响用户使用图书馆网站的重要因素。

本书尝试突破以往用户信息 TAM 中使用意图的限制，延续到用户愉快地、积极地使用图书馆网站的行为。用户使用图书馆网站不应只是为了完成任务，只有用户主动积极地、比以前更加关注地并推荐给其他人使用图书馆网站，图书馆网站才能发挥其真正的价值。

在调节变量方面，本书考虑到上网环境和检索需求是图书馆网站系统用户所处的基本环境，上网环境有好与差之分，用户的检索需求有高与低之分，它们会对模型的整体效果有影响。因此，将上网环境和检索需求作为外部调节变量。通过这两个调节变量及样本数据分析可以看出上网环境的好坏、检索需求的高低是否会影响用户对模型整体的评价。通过调查分析结果，图书馆可以从整体上了解外部环境的差异是否会对用户使用图书馆网站产生影响，并有针对性地采取相应措施。

基于上述的理论模型及分析结果，本书从个体差异、系统特征、组织服务三类外部变量，结合感知易用性、感知有用性、用户满意度及积极使用意图结构变量，初步构建了图书馆网站系统用户技术接受影响因素结构模型，如图 7.5 所示。

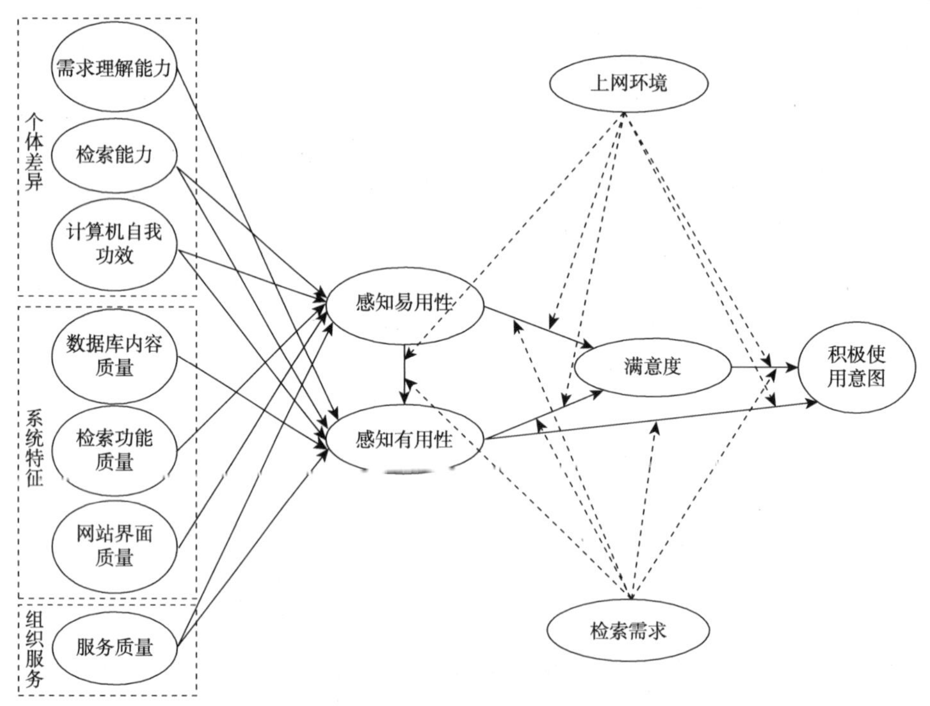

图 7.5 图书馆网站系统技术接受影响因素结构模型

7.2.2 研究假设

（1）需求理解能力。

需求理解能力指的是用户对其检索需求领域内的知识掌握程度。用户有了使用图书馆网站的需求，便会感觉到图书馆网站是有用的，但是这种感知程度的多少则与用户对需求的理解程度有关。例如，用户需要查找一些文献资料以解决其在科研中遇到的困难，如果他对检索需求了解不透彻、对科研中碰到的问题理解不深刻，那么将会影响他对检索结果是否有用的认知程度。

另外，即使图书馆网站给出了能够解决用户科研困难的文献资料，但由于用户对检索需求及科研理解程度不够，其可能认为网站没有给出与其需求匹配的内容，而把原因归咎为网站内容质量不高或操作太复杂，自己可能还没有完全掌握如何操作网站以便找到合适的内容。因此，本书提出以下假设：

$H_{7\text{-}1}$：需求理解能力对感知有用性有正向影响。

（2）检索能力。

检索能力指的是用户掌握检索知识的充分程度。绝大部分用户使用图书馆网站主要是使用网站所提供的中外文数据库检索信息资料，主要利用数据库自身提供的各种检索功能进行检索，如简单检索、高级检索、专业检索等。如果用户熟悉各种检索功能的使用方法，检索经历比较丰富，那么用户就会很快地找到与其需求相匹配的内容，会觉得图书馆网站既易用又有用。反之，用户则会觉得图书馆网站不方便使用，不能给其带来价值。因此，本书提出以下假设：

$H_{7\text{-}2}$：检索能力对感知易用性有正向影响。

$H_{7\text{-}3}$：检索能力对感知有用性有正向影响。

（3）计算机自我功效。

计算机自我功效是指个人对于自己运用计算机或信息技术完成一项特定任务的能力的判断。计算机自我功效对使用者信念具有正面影响，个人对其计算机相关能力及知识的信心，能够作为对使用这个新的系统难易程度判断的基础。由于研究所考察的图书馆网站系统是基于计算机和信息技术的应用系统，因此个人对于自己使用图书馆网站能力的认识来源于个人的计算机自我功效。因此，本书提出以下假设：

$H_{7\text{-}4}$：计算机自我功效对感知易用性有正向影响。

$H_{7\text{-}5}$：计算机自我功效对感知有用性有正向影响。

（4）数据库内容质量。

数据库内容质量指的是数据库内容是否丰富、是否及时更新及能否提供全文下载，主要包括数据库的种类是否满足用户的需求，以及数据库种类的覆盖范围能否满足各个学科的需求。如果数据库内容更新及时、数据库种类丰富、覆盖学科范围广泛、符合检索需求，而且对于检索内容提供全文下载，全方面满足用户的信息需求，那么用户就会觉得数字图书馆是非常有用的。因此，本书提出以下假设：

$H_{7\text{-}6}$：数据库内容质量对感知有用性有正向影响。

（5）检索功能质量。

检索功能质量是指网站提供的检索途径是否丰富、功能是否新颖、方法是否先进。用户在使用图书馆网站进行内容检索时，都希望以最小的成本（包括时间、精力和费用等）找到所需要的信息，而这些都需要借助于检索功能，如果检索途径丰富，不仅提供简单检索，还提供高级检索和专业检索等，将会极大地方便用户快速地找到所需要的内容。另外，图书馆网站内一般都会包含多个数据库，如果可以同时在多个数据库里检索内容，将会帮助用户节约很多时间并扩大检索范围。因此，检索途径丰富、方法先进将会极大程度地方便用户检索内容，让用户感觉到图书馆网站是非常方便使用的。因此，本书提出以下假设：

$H_{7\text{-}7}$：检索功能质量对感知易用性有正向影响。

（6）网站界面质量。

网站界面质量指的是网站界面内容是否容易发现、界面用词是否容易理解、界面功能是否容易操作。如果图书馆网站界面设计不合理、内容逻辑体系划分不清晰、网站界面上的用词用户不容易理解、功能操作起来也比较困难，这些都会让用户不容易发现所需要的内容，进而导致用户认为网站不容易使用。因此，本书提出以下假设：

$H_{7\text{-}8}$：网站界面质量对感知易用性有正向影响。

（7）服务质量。

服务质量指的是图书馆通过在线及离线服务帮助用户更好地使用图书馆网站，主要指资源推荐、系统使用帮助、全文获取保障。如果图书馆网站提供在线检索帮助、在线新资源介绍、各学科适用资源推荐，当用户不能下载全文的时候，图书馆帮助获取全文，那么将在很大程度上帮助用户更有效地使用图书馆网站。另外，图书馆的帮助服务也会让用户觉得图书馆网站使用起来更加容易。因此，本书提出以下假设：

$H_{7\text{-}9}$：服务质量对感知易用性有正向影响。

$H_{7\text{-}10}$：服务质量对感知有用性有正向影响。

（8）感知易用性、感知有用性、积极使用意图。

感知易用性、感知有用性及积极使用意图来自 TAM。由于本书所考察的图书馆网站属于信息技术系统范畴，所以模型构建保留了 TAM 中的感知有用性、感知易用性及使用意图三个变量。

感知易用性显著正向影响感知有用性已经得到了证实。当用户在学习或科研中碰到困难时，图书馆网站可以提供非常有用的资料来解决这些困难，那么即使图书馆网站使用起来不是很容易，但是由于它可以帮助用户解决困难，因此当用户有需求的时候也会再次使用图书馆网站，但是图书馆网站应该做到两方面都让用户满意，这样才能使用户使用起来比较轻松愉快。

另外，本书认为，图书馆网站使用不仅仅是让用户完成任务，还需要让用户能够主动积极地、比以前更加关注地并能够推荐给其他人使用图书馆网站，因此积极使用意图代替了使用意图变量。因此，本书提出以下假设：

$H_{7\text{-}11}$：感知易用性对感知有用性有正向影响。

$H_{7\text{-}12}$：感知有用性对积极使用意图有正向影响。

（9）用户满意度。

态度是个体对从事某项行为的正面或负面的情感，通常具体表现为“对组织的忠诚度”或“对工作的满意度”。目前，比较有代表性的是 Oliver 提出的满意度定义，他认为顾客满意度是顾客需要得到满足后的一种心理反应，是顾客对产品和服务的特征或产品和服务本身满足自身需要程度的一种判断。

在这里的满意度是指用户对图书馆网站提供的内容及服务满足其学习或工作任务需求程度的一种判断。这种判断的来源之一是图书馆网站的内容和服务与用户任务之间相匹配的程度，即感知有用性。用户对图书馆网站的有用性感知和操作过程中的易用性感知影响用户使用网站系统的满意程度，进而影响用户积极使用意图。因此，本书提出以下假设：

$H_{7\text{-}13}$：感知有用性对满意度有正向影响。

$H_{7\text{-}14}$：感知易用性对满意度有正向影响。

$H_{7\text{-}15}$：满意度对积极使用意图具有正向影响。

7.2.3　模型测量方案

基于上文所提出的需求理解能力、检索能力、计算机自我功效、数据库内容质量、检索功能质量、网站界面质量、服务质量、感知有用性、感知易用性、用户满意度及积极使用意图这 11 个结构变量，本节针对这 11 个结构变量和 2 个调节变量分别设计观测变量，总共包括 42 个观测变量，最终形成了如表 7.6 所示的测量模型。

表 7.6 观测变量表

	结构变量	观测变量	对应问项
调节变量	上网环境	上网方便	Q1：当有需求时，可以随时方便地登录图书馆网站
		手续方便	Q2：校园网使用手续办理比较简单
		费用合理	Q3：校园网使用费用比较合理
		网站运行	Q4：图书馆网站运行速度快、稳定性好
	需求环境	课题撰写	Q5：您经常有课题撰写任务
		课题研究	Q6：您经常有课题研究任务
		新知识了解	Q7：您有了解新知识的兴趣，如课外知识
个体差异	需求理解能力	需求理解能力	Q8：当您对研究问题比较熟悉时，对检索需求会理解透彻
	计算机自我功效	不需指导	Q9：当使用一个新系统、新网站时，您不需任何指导便可学会使用
		需要帮助	Q10：当使用一个新系统、新网站时，您遇到困难时经常需要别人的帮助
	检索能力	检索知识丰富	Q11：您对检索知识掌握比较好，如熟悉简单检索、高级检索等检索方式的使用
		检索经历丰富	Q12：您经常上网搜索信息、检索资料
		英语阅读水平	Q13：您有较好的英语阅读能力，能够帮助您阅读外文资料
系统特征	数据库内容质量	内容丰富	Q14：图书馆网站提供的数据库种类多，能够满足各种检索需求
			Q15：图书馆网站提供的数据库覆盖学科范围广，能够满足各种学科的检索需求
			Q16：图书馆网站提供的数据库内容载体种类多，如期刊、会议报告、学位课题等
			Q17：图书馆网站提供的数据库内容时间跨度大，既有历史资源，也有最新资源
		内容更新及时	Q18：图书馆网站提供的数据库内容及时更新，能够及时提供最新信息
		内容可获取	Q19：图书馆网站提供的数据库内容可以全文下载
	检索功能质量	检索途径丰富	Q20：图书馆网站提供的数据库有多种检索方式，能够满足各种检索需求，如简单检索、高级检索、专业检索等
		检索功能新颖	Q21：图书馆网站提供的数据库经常推出新的功能，能够满足各种特殊需求，如 CNKI 的数字检索、学术趋势检索等
		检索方法先进	Q22：图书馆网站提供的数据库中的检索方式技术先进，能够提高检索效率，如可以跨多个数据库同时检索等
	网站界面质量	界面内容易发现	Q23：图书馆网站界面内容逻辑体系划分清晰，能够容易发现所需要内容
		界面用词易理解	Q24：图书馆网站界面用词容易理解，能够方便选择所需要内容
		界面功能易操作	Q25：图书馆网站界面提供的各类检索方法易于操作使用

续表

结构变量		观测变量	对应问项
组织服务	服务质量	资源推荐服务多样	Q26：图书馆通过在线、离线及时介绍并推荐各学科适用资源，如数据库新产品介绍、个性化推荐学科动态等
		系统使用帮助多样	Q27：图书馆通过在线、离线服务，帮助学习使用检索知识等，如检索方法使用的文字说明、视频示范、用户论坛、在线离线培训与咨询等
		全文获取保障	Q28：图书馆提供全文获取保障服务，当不能全文下载时，可通过馆际互借、供应商联系等途径获取全文
感知有用性		问题解决有效	Q29：图书馆网站文献查询能够很好地帮助您解决学习和科研中碰到的问题
		知识动态了解及时	Q30：图书馆网站文献查询能够很好地帮助您了解课外知识、研究动态等
		发现有用	Q31：总的来说，图书馆网站对您来说是有用的
感知易用性		功能易理解易操作	Q32：界面上的各种功能容易理解，操作过程简单
		界面友好	Q33：界面设计友好，使用时感觉非常轻松、愉悦
		发现易用	Q34：总体来说，图书馆网站对您来说是易于使用的
用户满意度		内容满意	Q35：您对图书馆网站提供的内容能够满足需求感到满意
		检索过程满意	Q36：您对图书馆网站使用过程轻松愉快感到满意
		服务满意	Q37：您对图书馆网站提供的服务可以帮助您更好地使用网站感到满意
		总体满意	Q38：总的来说，您对图书馆网站感到满意
积极使用意图		积极主动	Q39：当您有需求时，您会更积极更主动地使用图书馆网站
		关注并参与	Q40：您会更积极关注图书馆网站建设，如积极提出建设性意见，乐意接受图书馆提供的相关服务，如数据库使用培训等
		推荐使用	Q41：您会积极地推荐及指导身边的同学使用图书馆网站
		容忍问题	Q42：即使图书馆网站在使用过程中出现问题，您也会给予理解

7.3　用户调研与模型检验

本次研究的调查问卷主要采用两种发放渠道：一方面，利用专业的在线调查平台问卷星制作网络答卷（网址：http://www.sojump.com/report/1050529.aspx），方便被调查者上网进行填答；另一方面，采用纸质版的问卷，走访了南京和武汉地区的多所高校进行访谈和问卷调查。

本次问卷调研与第 6 章中的用户调研同步进行，因此样本描述统计与第 6 章相同，此处不再一一赘述。

7.3.1 数据分析与模型检验

1）变量描述性统计

本书运用 SPSS 16.0 软件对概念模型中涉及的变量进行描述性统计分析，包括平均值和标准差的计算，统计结果如表 7.7 所示。

表 7.7 变量描述性统计表

结构变量		观测变量	对应问项	平均值	标准差
个体差异	需求理解能力	需求理解能力	Q8	5.967 0	0.971 26
	计算机自我功效	不需指导	Q9	4.560 4	1.507 09
		需要帮助	Q10	4.142 9	1.663 81
	检索能力	检索知识丰富	Q11	5.670 3	1.229 77
		检索经历丰富	Q12	6.296 7	0.960 26
		英语阅读水平	Q13	5.395 6	1.200 73
系统特征	数据库内容质量	内容丰富	Q14	4.758 2	1.580 02
			Q15	4.868 1	1.507 09
			Q16	5.494 5	1.214 48
			Q17	5.318 7	1.348 90
		内容更新及时	Q18	5.153 8	1.290 33
		内容可获取	Q19	5.351 6	1.486 04
	检索功能质量	检索途径丰富	Q20	6.011 0	0.971 76
		检索功能新颖	Q21	5.285 7	1.077 92
		检索方法先进	Q22	5.373 6	1.347 00
	网站界面质量	界面内容易发现	Q23	5.362 6	1.159 66
		界面用词易理解	Q24	5.483 5	1.109 18
		界面功能易操作	Q25	5.527 5	1.098 89
组织服务	服务质量	资源推荐服务多样	Q26	4.692 3	1.217 40
		系统使用帮助多样	Q27	4.472 5	1.223 30
		全文获取保障	Q28	4.285 7	1.614 42

续表

结构变量	观测变量	对应问项	平均值	标准差
感知有用性	问题解决有效	Q29	5.593 4	1.043 26
	知识动态了解及时	Q30	5.527 5	1.098 89
	发现有用	Q31	6.362 6	0.888 40
感知易用性	功能易理解易操作	Q32	5.824 2	1.006 57
	界面友好	Q33	5.406 6	1.074 74
	发现易用	Q34	6.109 9	0.862 17
用户满意度	内容满意	Q35	5.285 7	1.352 25
	检索过程满意	Q36	5.395 6	1.104 33
	服务满意	Q37	5.450 5	1.077 69
	总体满意	Q38	5.582 4	1.054 79
积极使用意图	积极主动	Q39	6.384 6	0.799 57
	关注并参与	Q40	5.527 5	1.177 01
	推荐使用	Q41	5.703 3	1.159 45
	容忍问题	Q42	5.626 4	1.270 59

表 7.7 中有一些问项的调查数据需要引起注意。

（1）“检索能力”中的 Q11：Q11 的平均值只有 5.670 3，而 Q12 的平均值为 6.296 7，在 6 以上，标准差为 0.96026。这说明大多数用户经常使用搜索引擎，如百度、谷歌等，搜索经历比较丰富，但用户更多的是使用简单搜索框，对于数据库提供的各种检索方法如高级检索等并不熟悉，这将会影响到用户使用图书馆网站检索内容的效率。

（2）“数据库内容质量”中的 Q14、Q15：Q14、Q15 的平均值分别是 4.758 2、4.868 1，标准差分别为 1.580 02、1.507 09，而 Q16~Q19 的平均值分别为 5.494 5、5.318 7、5.153 8、5.351 6，都在 5 以上。可以看出，用户普遍认为图书馆网站中的数据库种类比较少，个体感觉差异比较大。虽然数据库内容及时更新、时间跨度比较大、提供各种载体供用户下载文献资料，但是用户普遍认为数据库的种类较少且数据库覆盖范围小，说明图书馆网站提供的数据库在各学科之间有些偏重，不能有效满足各类用户的需求。

（3）“检索功能质量”中的 Q21、Q22：Q21、Q22 的平均值分别高达 5.285 7、5.373 6，而 Q20 的平均值是 6.011 0，标准差为 0.971 76。说明用户普遍只知道图书馆网站中的数据库提供了各种检索方法，但是对数据库提供的其他有用功能及检索过程并不了解，而其他功能对用户的学习和工作也是有效的，图书馆需要对用户进一步宣传。

（4）“服务质量”中的 Q26~Q28：Q26~Q28 的平均值分别是 4.692 3、4.472 5、4.285 7，标准差分别是 1.217 40、1.223 30、1.614 42。可以看出，用户普遍对图书馆提供的在线及离线服务感知不高，图书馆在资源推荐及系统帮助方面服务还有待提高，需要进一步对数据库进行宣传以及注重从多个角度对用户进行网站及数据库使用的宣传和帮助。另外“全文获取保障”分值最低，标准差也比较大，这主要是因为只有部分用户使用过全文获取保障服务，绝大部分用户并没有使用过甚至不知道这项服务，因此图书馆需要进一步加强宣传力度。

（5）“积极使用意图”中的 Q39：Q39 的平均值为 6.384 6，标准差为 0.799 57，而 Q40~Q42 平均值分别是 5.527 5、5.703 3、5.626 4，标准差也比较大。从中可以看出用户一旦感知到图书馆网站有用和易用，就会积极地去使用网站，但是对于推荐给其他人、给图书馆提建议以及容忍出现的问题，用户对此感觉差异较大，只有部分用户愿意这样做。因此，还是需要图书馆进行更多的宣传，激发用户主动积极推荐图书馆网站的意图。

2）信度与效度分析

信度分析又称为可靠性分析，用来考查问卷测量的可靠性，是一种度量评价体系是否具有一定稳定性和可靠性的有效分析方法。信度是指测验所得到结果的前后一致性或稳定性，而非测验或量表本身。信度系数会因时间不同、被测者不同而出现不同的结果，但一个好的量表的结果应该是可靠的，经过反复测量的结果应该是保持一致的。

根据被测试者的测试时间和测试内容，信度可分为内在信度和外在信度。内在信度验证一组问题是否测量同一概念，量表题项的内在一致性程度如何，即检验模型指标设置是否合理和可靠，常用的检验方法是 Cronbach α 系数；外在信度检验在不同时间测量的结果是否一致，最常用的检验方法是再测信度。信度系数越大，表明测量的可信程度越大。

一般认为，一份信度好的量表或问卷其信度系数最好在 0.8 以上，0.7~0.8 可以接受；分量表最好在 0.7 以上，0.6~0.7 可以接受。若分量表的内部一致性系数在 0.6 以下或者总量表的信度系数在 0.7 以下，应该考虑重新修订量表或增删题项。

由于调研采用的是调查问卷的方式，因此测评结果的精确性、可靠性就非常重要。在对问卷数据进行验证性因子分析之前，必须考察问卷的信度，以确保测量的质量。本书使用 SPSS 16.0 软件以及 ViualPLS 1.04 软件来计算结构变量的内部一致性系数及复合信度。内部一致性系数计算结果如表 7.8 所示。

表 7.8　结构变量 Cronbach　α 值

结构变量	Cronbach　α 值	结构变量	Cronbach　α 值
需求理解能力	0.000 000	服务质量	0.708 468
检索能力	0.633 540	感知有用性	0.806 662
计算机自我功效	0.000 000	感知易用性	0.791 057
数据库内容质量	0.882 560	用户满意度	0.867 358
检索功能质量	0.668 778	积极使用意图	0.746 293
网站界面质量	0.841 337		

当 Cronbach　α 值大于 0.7，可以认为数据可靠性较高，结构变量中的项目数小于 6 个时，Cronbach　α 值大于 0.6，表明数据可靠，但一般在探索性研究中，Cronbach　α 值可以小于 0.7，但是应大于 0.6。计算发现，由于个人需求理解能力和个人计算机自我功效仅有一个问项，因此 Cronbach　α 为 0，其他所有结构变量的 Cronbach　α 值均高出 0.6，说明本书中结构变量的设计是可靠的。

效度是指调研题目对其所要调研的主题达到什么程度的一种估计，通常以测验项目分数与其所欲测量的特质之间的相关系数来表示，可以分为内容效度和结构效度。

内容效度反映测量工具本身内容广度的符合程度，强调测量内容的广度、涵盖性与丰富性，即问卷中的各个题目是否有效地测量了调研主题，一般可以通过专家来判定。本书在设计调研问卷的过程中，阅读了大量的文献资料，基于已有的研究成果，并经过专家讨论后形成本问卷，保证了内容效度。

结构效度是指测量工具能测得一个抽象概念或特质的程度，一般可从聚敛效度与区分效度两个方面来进行衡量。聚敛效度通过每个结构变量的平均提取变差 AVE 值来反映，AVE 是指由于测量误差所引起结构变量从其观测变量处获取解释时的方差。当具有标准化的观测变量与结构变量估计时，AVE 可以通过式（7.1）估计：

$$\mathrm{AVE}=\frac{\sum \lambda_i^2}{\sum \lambda_i^2+\sum_i \mathrm{var}\left(\varepsilon_i\right)^2} \tag{7.1}$$

其中，λ_i 为观测变量的成份系数；$\mathrm{var}(\varepsilon_i)=1-\lambda_i^2$；AVE 值大于 0.5，表示 50%以上观测变量的方差被说明，表示结构变量具有较好的聚敛效度。本次调研的结构变量对应的 AVE 值如表 7.9 所示。

表 7.9　结构变量对应的 AVE 值

结构变量	AVE 值	结构变量	AVE 值
需求理解能力	1.000 000	服务质量	0.655 636
检索能力	0.734 145	感知有用性	0.722 868
计算机自我功效	1.000 000	感知易用性	0.713 598
数据库内容质量	0.639 512	用户满意度	0.726 732
检索功能质量	0.757 219	积极使用意图	0.563 080
网站界面质量	0.760 352		

如表 7.9 所示，由于需求理解能力和计算机自我功效仅有一个问项，因此 AVE 值为 1，其他结构变量的 AVE 值均超过了 0.5，说明结构变量具有较强的聚敛效度。

3）验证性因子分析

进行验证性因子分析，是为了考察各个结构变量间的关系，检验所设计的结构变量间的因果关系假设，以确定最终的结构模型。

由于本书中对图书馆网站系统用户技术接受的考察是先建立概念模型，然后检验调研数据是否符合所构建的概念模型，因此，结构方程分析便成了验证性因子分析。对结构方程模型进行参数估计时，基于极大似然估计的 LISREL 方法与基于 PLS 的方差分析方法，是目前较为常用的两种方法。

本书采用基于 PLS 的方差分析方法，使用 ViualPLS 1.04 软件对结构方程模型进行参数估计及路径分析。

（1）因子负荷系数。一般可以通过检验各观测变量对应于结构变量的因子负荷系数，来反映观测变量与结构变量之间的关系，同时也可以对观测变量的聚敛效度进行检验，计算结果如表 7.10 所示。

表 7.10　因子负荷系数

结构变量	问项	因子负荷系数	结构变量	问项	因子负荷系数
需求理解能力	Q8	1.000 000	数据库内容质量	Q17	0.850 700
计算机自我功效	Q9	0.876 600		Q18	0.745 400
	Q10	1.000 000	检索功能质量	Q19	0.657 600
检索能力	Q11	0.899 400		Q21	0.859 300
	Q12	0.812 000		Q22	0.881 000
数据库内容质量	Q14	0.822 200	网站界面质量	Q23	0.820 200
	Q15	0.848 500		Q24	0.913 200
	Q16	0.854 100		Q25	0.880 100

续表

结构变量	问项	因子负荷系数	结构变量	问项	因子负荷系数
服务质量	Q26	0.856 500	用户满意度	Q35	0.764 500
	Q27	0.900 100		Q36	0.892 400
	Q28	0.650 500		Q37	0.864 500
感知有用性	Q29	0.892 800		Q38	0.882 500
	Q30	0.853 700	积极使用意图	Q39	0.771 900
	Q31	0.801 700		Q40	0.682 000
感知易用性	Q32	0.865 900		Q41	0.767 200
	Q33	0.798 700		Q42	0.776 400
	Q34	0.867 800			

一般认为，因子负荷系数超过 0.55，观测变量就具有较好的聚敛效度。结果表明，各观测变量因子负荷系数均高于 0.6，说明各观测变量具有很强的聚敛效度。

（2）R^2 值。内生潜变量的 R^2 值反映了内生潜变量被解释的程度，说明了模型的预测能力，结果如表 7.11 所示。

表 7.11　内生潜变量对应的 R^2 值

检测值	感知有用性	感知易用性	满意度	持续使用意图
R^2 值	0.516	0.454	0.584	0.310

结果显示：感知有用性、感知易用性、满意度及持续使用意图这 4 个内生潜变量的 R^2 值分别是 0.516、0.454、0.584 及 0.310，对感知易用性的解释程度达到 45.4%，对感知有用性及满意度的解释程度都达到 50%以上，对持续使用意图的解释程度稍微偏低些，只有 31%。

（3）路径系数及显著性检验。

结构变量之间的路径系数可以反映各结构变量间因果关系作用的直接效应大小，一般来说，路径系数越大，原因变量到结果变量的直接效应就越大，路径系数及显著性检验情况如表 7.12 所示。

表 7.12　路径系数及显著性检验表

因果关系假设	路径系数	T 值	显著性水平
$H_{7\text{-}1}$：需求理解能力对 PU 具有正面影响	−0.067	−1.337 7	不显著
$H_{7\text{-}2}$：检索能力对 PEOU 具有正面影响	−0.010	1.198 3	不显著
$H_{7\text{-}3}$：检索能力对 PU 具有正面影响	0.096	−0.197 0	不显著
$H_{7\text{-}4}$：计算机自我功效对 PEOU 具有正面影响	0.062	0.987 8	不显著

续表

因果关系假设	路径系数	T值	显著性水平
$H_{7\text{-}5}$：计算机自我功效对 PU 具有正面影响	−0.002	−0.039 9	不显著
$H_{7\text{-}6}$：数据库内容质量对 PU 具有正面影响	0.418	4.235 6	显著
$H_{7\text{-}7}$：检索功能质量对 PEOU 具有正面影响	−0.093	−1.218 9	不显著
$H_{7\text{-}8}$：网站界面质量对 PEOU 具有正面影响	0.640	6.240 6	显著
$H_{7\text{-}9}$：服务质量对 PEOU 具有正面影响	0.115	1.280 9	不显著
$H_{7\text{-}10}$：服务质量对 PU 具有正面影响	0.041	0.579 7	不显著
$H_{7\text{-}11}$：PEOU 对 PU 具有正面影响	0.425	4.259 0	显著
$H_{7\text{-}12}$：PU 对积极使用意图具有正面影响	0.308	2.135 2	显著
$H_{7\text{-}13}$：PU 对满意度具有正面影响	0.350	3.016 9	显著
$H_{7\text{-}14}$：PEOU 对满意度具有正面影响	0.502	2.279 7	显著
$H_{7\text{-}15}$：满意度对积极使用意图具有正面影响	0.304	2.168 8	显著

从表 7.12 中可以看出，模型中多条路径不显著，需要对模型进行修正。

7.3.2 模型修正与研究结论

1）对影响因素结构模型的修正

结合甘利人等（2010）对企业信息系统用户接受行为影响因素的研究发现，计算机自我功效对感知易用性和感知有用性影响并不显著，因此本书中对模型修正考虑去除计算机自我功效结构变量，另外，对于需求理解能力这个认知变量，本书的提出主要验证用户对其研究问题的理解程度是否会影响到他对有用性和易用性的感知。针对“当您对研究问题比较熟悉时对检索需求会理解透彻”的提问，由于大部分被调查者目前并没有参与到课题研究，本问项所需前提并没有得到满足，因此考虑去除“个人需求理解能力”变量。通过分析决定保留以下结构变量，如表 7.13 所示。

表 7.13　修正后的结构变量表

结构变量	结构变量展开
个体差异	检索能力
系统特征	数据库内容质量
	检索功能质量
	网站界面质量

续表

结构变量	结构变量展开
组织服务	服务质量
感知有用性	感知有用性
感知易用性	感知易用性
用户满意度	用户满意度
积极使用意图	积极使用意图

修正后的影响因素结构模型如图 7.6 所示。

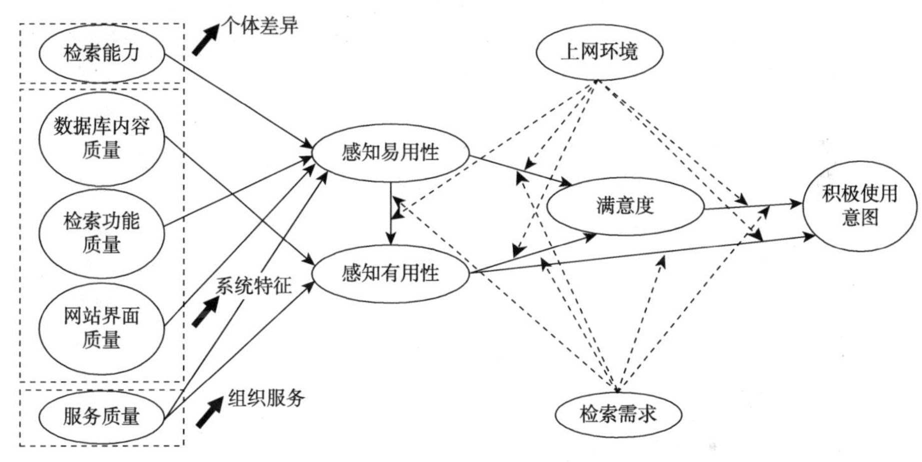

图 7.6　修正后的影响因素结构模型

修正后的模型各结构变量的 Cronbach α 值、AVE 值分别如表 7.14、表 7.15 所示。所有结构变量的 Cronbach α 值均达到 0.6，说明本书中结构变量设计是可靠的。所有结构变量的 AVE 值均达到了 0.5，说明结构变量具有较强的聚敛效度。

表 7.14　结构变量 Cronbach α 值

结构变量	Cronbach α 值	结构变量	Cronbach α 值
检索能力	0.60	感知有用性	0.81
数据库内容质量	0.88	感知易用性	0.79
检索功能质量	0.67	满意度	0.87
网站界面质量	0.84	积极使用意图	0.75
服务质量	0.71		

表 7.15　结构变量对应的 AVE 值

结构变量	AVE 值	结构变量	AVE 值
检索能力	0.55	感知有用性	0.72
数据库内容质量	0.64	感知易用性	0.71
检索功能质量	0.76	满意度	0.73
网站界面质量	0.76	积极使用意图	0.56
服务质量	0.66		

路径系数及显著性检验情况如表 7.16 所示。

表 7.16　路径系数及显著性检验表

因果关系假设	路径系数	*T* 值	显著性水平
$H_{7\text{-}2}$：检索能力对 PEOU 具有正面影响	0.152	1.732 6	显著
$H_{7\text{-}6}$：数据库内容质量对 PU 具有正面影响	0.429	4.434 9	显著
$H_{7\text{-}7}$：检索功能质量对 PEOU 具有正面影响	−0.083	−1.280 2	不显著
$H_{7\text{-}8}$：网站界面质量对 PEOU 具有正面影响	0.584	6.721 0	显著
$H_{7\text{-}9}$：服务质量对 PEOU 具有正面影响	0.104	1.864 3	显著
$H_{7\text{-}10}$：服务质量对 PU 具有正面影响	0.045	0.635 5	不显著
$H_{7\text{-}11}$：PEOU 对 PU 具有正面影响	0.421	4.337 5	显著
$H_{7\text{-}12}$：PU 对积极使用意图具有正面影响	0.309	2.175 4	显著
$H_{7\text{-}13}$：PU 对满意度具有正面影响	0.350	3.255 0	显著
$H_{7\text{-}14}$：PEOU 对满意度具有正面影响	0.501	5.701 5	显著
$H_{7\text{-}15}$：满意度对积极使用意图具有正面影响	0.304	2.073 7	显著

通过以上的分析，我们可以得到影响效应显著的结构变量路径图，如图 7.7 所示。

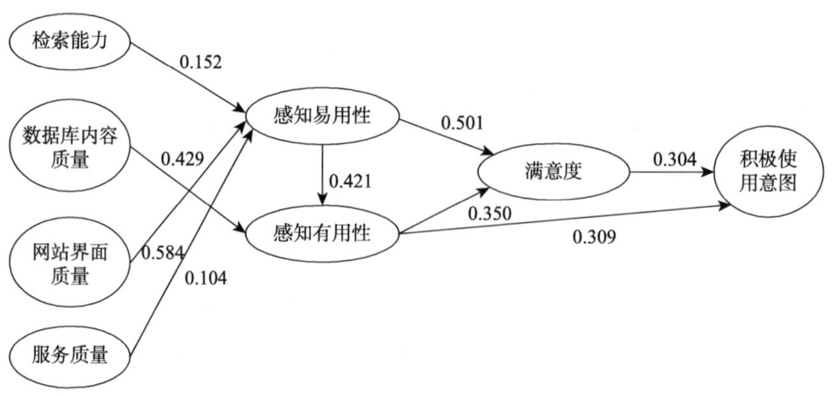

图 7.7　结构变量显著效应路径

2）结构变量之间的影响效应分析

结构变量之间的直接效应，即因果结构变量之间的路径系数，如表7.17所示。

表 7.17　结构变量之间的直接效应

结构变量	感知有用性	感知易用性	用户满意度	积极使用意图
检索能力		0.152		
数据库内容质量	0.429			
网站界面质量		0.584		
服务质量		0.104		
感知有用性			0.350	0.309
感知易用性	0.421		0.501	
用户满意度				0.304

结构变量之间的间接效应，即所有从因变量出发，通过一个或多个中介变量后结束于结果变量的“箭头链”上的路径系数乘积之和，如表 7.18 所示。

表 7.18　结构变量之间的间接效应

结构变量	感知有用性	用户满意度	积极使用意图
检索能力	0.064	0.099	0.050
数据库内容质量		0.150	0.178
网站界面质量	0.246	0.379	0.191
服务质量	0.044	0.067	0.034
感知有用性			0.106
感知易用性		0.147	0.175

结构变量之间的总效应，也就是结构变量之间的直接效应与结构变量之间的间接效应之和，如表 7.19 所示。

表 7.19　结构变量之间的总效应

结构变量	感知有用性	感知易用性	用户满意度	积极使用意图
检索能力	0.064	0.152	0.099	0.050
数据库内容质量	0.429		0.150	0.178
网站界面质量	0.246	0.584	0.379	0.191
服务质量	0.044	0.104	0.067	0.034
感知有用性			0.350	0.415
感知易用性	0.421		0.648	0.175
用户满意度				0.304

根据结构变量之间的效应和统计数据结果，对影响图书馆网站用户接受行为

的 4 个内生潜变量逐一进行分析。

第一，对积极使用意图的影响效应分析。

感知有用性对积极使用意图的直接效应为 0.309，满意度对积极使用意图的直接效应为 0.304。这证明了对积极使用意图的直接作用关系，与模型的关系假设完全相同。

感知有用性对积极使用意图的直接效应大于满意度对积极使用意图的直接效应，感知有用性对积极使用意图的总效应达到 0.415，仅略小于感知易用性和满意度对积极使用意图的总效应之和 0.479，突出证明了感知有用性的重要作用。

满意度对积极使用意图的直接效应虽然没有感知有用性大，但也达到 0.304。这说明满意度是仅次于感知有用性的对积极使用意图具有直接影响作用的重要因素，对图书馆网站满意程度的大小将直接影响用户会不会积极使用图书馆网站。

另外，数据库内容质量和网站界面质量对积极使用意图的总效应分别达到 0.178、0.191，说明了如果图书馆网站系统容易使用并且有用将会激发用户积极使用的意图，图书馆需要重点关注网站内容质量及网站系统是否方便用户使用。

第二，对满意度的影响效应分析。

感知有用性对满意度的直接效应为 0.350，感知易用性对满意度的直接效应为 0.501。这证明了对满意度的直接作用关系，与模型的关系假设完全相同。

感知易用性对满意度的直接效应大于感知有用性对满意度的直接效应，说明图书馆网站容易使用与否，与用户对网站满意与否具有很大的直接作用。网站系统越容易使用，用户的满意程度越高，而网站容易使用与否，对用户的积极使用意图没有特别大的直接作用。这是可以理解的，因为再容易使用的网站，如果对于用户来说不具备有用性，那么用户肯定是不会具有积极使用的意图的。而加上感知易用性对感知有用性产生影响，感知有用性又会对满意度产生影响这条间接影响作用后，感知易用性对满意度的总效应也达到 0.648。这说明，要想让用户提高对网站的满意程度，系统容易使用是一个重要的决定因素。

另外，数据库内容质量及网站界面质量对满意度的总效应分别达到 0.150、0.379，网站界面质量对满意度的效应远远大于数据库内容质量对满意度的效应，说明要想让用户对网站感到满意，首先要让用户对网站的整体设计及操作留下好的印象，即图书馆需要重点关注如何改进网站的易用性。

第三，对感知有用性影响效应分析。

感知易用性对感知有用性的直接效应为 0.421，数据库内容质量对感知有用性的直接效应为 0.429。这些都与模型的关系假设相同，它们的作用关系得到了验证。

数据库内容质量对感知有用性的直接效应达到了 0.429，说明数据库内容质量是影响用户对网站有用性感知的一个重要因素，这是由于使用图书馆网站的用户都是出于学习或科研的需要，因此他们对于所要查找的文献内容质量要求比较高，如果数据库里的内容不能给用户解决问题，没有任何的效用，那么即使网站容易使用，也不会激发用户再次使用的意图。

另外，检索能力、网站界面质量、服务质量对感知有用性的间接效应分别是 0.064、0.246、0.044，可以看出检索能力及服务质量对网站的感知有用性影响并不大，网站界面质量对感知有用性的效应达到 0.246。这是因为如果一个网站容易使用，那么用户就能够比较高效地找到所需要的内容，如果网站界面质量不高，用户很难找到所需要的内容，那么即使网站包含用户所需要的内容，但是由于网站界面不方便使用，用户也会产生网站内容没有用的想法。

第四，对感知易用性影响效应分析。

检索能力对感知易用性的直接效应为 0.152，网站界面质量对感知易用性的直接效应为 0.584，服务质量对感知易用性的直接效应为 0.104，这三个关系都与模型的关系假设相同，它们之间的作用关系得到了验证。

另外，本书中验证服务质量对感知有用性的假设没有通过，其间接效应仅为 0.044，但服务质量与感知易用性有显著关系。这可能是因为目前图书馆在服务方面与用户接触比较多的是数据库使用讲座等培训类服务，而这些服务仅有一小部分用户参与。因此，图书馆需要在服务方面加强投入，不仅需要从多个角度去帮助用户更方便地使用网站，还要增大用户服务和培训的覆盖范围，增加服务的针对性，如开展专题或学科服务，为用户推荐合适的资源，以便让用户感知到服务的有用性。

7.4 调节变量对模型的影响分析

7.4.1 基于调节变量的样本分组

根据上网环境的好差以及检索需求的高低差异对调查样本进行交叉分组，其中根据上网环境水平将样本分为上网环境好、上网环境中、上网环境差三类。为增加样本在上网环境水平上的区分程度，特选择上网环境好与上网环境差两个类别，在此基础上进一步根据检索需求高低进行分组，得到“上网环境好、高检索需求”、“上网环境好、低检索需求”、“上网环境差，高检索需求”和“上网环境差、低检索需求”四组，分别分析这四组用户对模型的影响差异，如表 7.20 所示。

表 7.20 按上网环境和检索需求分组

检索需求 \ 上网环境	好 上网环境平均 5.75 分（总分 7 分）	差 上网环境平均 3.75 分（总分 7 分）
高 检索需求平均 6 分（总分 7 分）	样本 N=39	样本 N=43
低 检索需求平均 3.67 分（总分 7 分）	样本 N=35	样本 N=39

针对以上四个交叉分组，分别运用偏最小二乘方法对各组变量之间相互影响关系进行了分析，结果如表 7.21 所示。

表 7.21 上网环境、检索需求对路径关系的调节作用

假设关系 \ 分组	上网环境好、高检索需求		上网环境差、高检索需求		上网环境好、低检索需求		上网环境差、低检索需求	
原路径假设关系	路径系数	T 值	路径系数	T 值	路径系数	T 值	路径系数	T 值
检索能力→感知易用性	0.078	0.547 8	0.163	1.339 5	− 0.518	− 2.307 2	0.639	5.074 1
数据库内容质量→感知有用性	0.398	1.680 4	0.591	4.156 3	0.342	2.370 9	0.159	1.256 5
网站界面质量→感知易用性	0.585	3.800 7	0.669	4.904 0	− 0.159	− 0.801 8	0.259	1.988 3
服务质量→感知易用性	0.207	1.148 2	0.169	1.536 3	0.779	3.029 7	0.026	0.172 3
感知易用性→感知有用性	0.340	1.616 3	0.286	1.976 4	0.669	3.996 3	0.713	4.444 0
感知易用性→用户满意度	0.320	2.343 6	0.770	6.618 1	0.221	1.253 8	0.675	1.996 1
感知有用性→用户满意度	0.408	3.582 5	0.159	1.161 5	0.590	2.830 3	0.506	1.098 4
感知有用性→积极使用意图	0.294	1.032 5	0.317	1.436 1	0.620	2.062 0	0.496	2.053 1
用户满意度→积极使用意图	0.417	1.266 1	0.394	1.915 4	0.156	0.251 5	0.097	0.348 8
内生变量	拟合优度（R^2）		拟合优度（R^2）		拟合优度（R^2）		拟合优度（R^2）	
感知易用性	0.538		0.630		0.507		0.571	
感知有用性	0.430		0.522		0.618		0.579	
用户满意度	0.508		0.726		0.582		0.507	
积极使用意图	0.423		0.381		0.554		0.316	

模型针对具有上网环境好但低检索需求用户的数据模拟最好，拟合优度达到 0.50 以上，模型非常适用于这一类型的用户群体。

对于具有高检索需求、不管上网环境好与差的用户而言，检索能力和服务质量已经不是影响用户满意度的因素，数据库内容质量及网站界面质量是影响用户满意度的主要因素。另外，对于上网环境好的用户，网站易用和有用会让用户感到满意，但是不会激发用户积极使用网站的意图。

对于具有低检索需求、上网环境好的用户来说，检索能力、数据库内容质量、网站界面质量是影响用户满意的主要因素，但这类用户不管上网环境好还是差，一旦感知到网站的有用性，都会积极地去使用图书馆网站。

表 7.22 是针对四组数据进行的各题项描述性统计分析。从表 7.22 中可以看出，具有高检索需求及上网环境好的用户的各题项评价高于低检索需求及上网环境差的用户 1 分左右，差异较明显。这说明用户自身的检索需求与感知到的上网环境对用户的最终满意度及是否会积极使用网站有着显著的影响。

另外，在检索需求高的情况下，上网环境好的用户对绝大部分问题的评价都高于上网环境差的用户，由此可知上网环境的好与差极大地影响了用户对网站使用的感知、满意度及积极使用意图。因此，硬件环境的建设需要得到图书馆的重视。

表 7.22　分组数据各题项描述性统计

题项	上网环境好、高检索需求		上网环境差、高检索需求		上网环境好、低检索需求		上网环境差、低检索需求	
影响因素	均值	标准差	均值	标准差	均值	标准差	均值	标准差
检索知识丰富	6.052 6	0.848 11	5.869 6	1.057 63	5.133 3	1.597 62	5.473 7	1.263 52
检索经历丰富	6.684 2	0.477 57	6.565 2	0.662 37	5.733 3	0.961 15	5.842 1	1.344 25
英语阅读水平	5.526 3	1.123 90	6.130 4	0.919 70	4.600 0	1.242 12	4.947 4	1.078 77
数据库种类	5.263 2	1.367 97	3.956 5	1.551 49	4.866 7	1.726 54	4.526 3	1.611 36
数据库种类范围	5.157 9	1.384 97	4.130 4	1.455 53	5.000 0	1.690 31	4.578 9	1.426 57
数据库内容丰富	5.578 9	1.169 80	5.130 4	1.423 96	5.666 7	1.234 43	5.210 5	0.976 33
内容时间跨度	5.789 5	0.787 33	4.826 1	1.641 84	5.666 7	1.290 99	4.736 8	1.240 17
内容更新及时	5.578 9	1.070 61	4.869 6	1.604 10	5.466 7	0.915 48	4.368 4	1.211 54
内容可获取性	5.842 1	1.118 69	5.217 4	1.594 21	6.066 7	1.032 80	4.421 1	1.643 70
界面内容易发现	5.578 9	1.121 30	5.130 4	1.358 62	5.733 3	0.883 72	4.842 1	1.014 51
界面用词易理解	5.578 9	0.692 48	5.304 3	1.258 96	5.933 3	0.961 15	5.000 0	1.154 70
界面功能易操作	5.789 5	0.976 33	5.304 3	1.145 54	6.000 0	0.755 93	4.947 4	1.025 98
资源推荐服务多样	5.210 5	1.031 66	4.434 8	1.308 23	5.066 7	0.961 15	3.842 1	0.958 19
系统使用帮助多样	4.789 5	1.031 66	4.217 4	1.475 76	4.933 3	0.883 72	3.894 7	1.196 97
全文获取保障	4.947 4	1.614 99	4.087 0	1.649 05	4.600 0	1.454 06	3.578 9	1.464 99
问题解决有效	5.842 1	1.067 87	5.087 0	1.202 76	5.933 3	1.032 80	5.473 7	0.772 33
知识动态了解及时	5.789 5	1.031 66	5.043 5	1.223 94	5.933 3	0.961 15	5.000 0	0.745 36
发现有用	6.473 7	0.696 69	6.043 5	1.223 94	6.733 3	0.457 74	6.157 9	0.898 34
功能易理解易操作	5.842 1	0.958 19	5.695 7	1.145 54	6.466 7	0.516 40	5.421 1	1.017 39
界面友好	5.736 8	0.991 19	5.434 8	1.079 82	5.666 7	1.112 70	4.736 8	1.045 74
发现易用	6.315 8	0.671 04	5.826 1	1.029 22	6.533 3	0.516 40	5.789 5	0.976 33
内容满意	6.000 0	0.745 36	4.739 1	1.629 76	5.200 0	1.424 28	5.000 0	1.374 37
检索过程满意	5.736 8	1.194 53	5.130 4	1.289 97	5.733 3	0.961 15	4.894 7	0.875 26
服务满意	5.736 8	0.871 91	4.956 5	1.147 26	5.933 3	0.883 72	5.105 3	1.100 24

续表

题项	上网环境好、高检索需求		上网环境差、高检索需求		上网环境好、低检索需求		上网环境差、低检索需求	
影响因素	均值	标准差	均值	标准差	均值	标准差	均值	标准差
总体满意	5.789 5	0.917 66	5.217 4	1.475 76	6.133 3	0.743 22	5.210 5	0.854 98
积极主动	6.684 2	0.477 57	6.130 4	1.013 74	6.800 0	0.414 04	6.052 6	0.848 11
关注并参与	5.631 6	1.011 63	5.869 6	1.099 77	5.466 7	1.187 23	4.789 5	1.228 32
推荐使用	6.052 6	0.970 32	6.043 5	1.106 93	5.600 0	0.985 61	5.052 6	1.311 22
容忍问题	5.947 4	0.970 32	5.478 3	1.533 55	5.933 3	1.032 80	5.157 9	1.462 99

7.4.2 对信息服务工作改进的启示

对于上网环境好、高检索需求的用户来说，虽然图书馆网站的易用性和有用性会让用户感觉到满意，但是并没有因此激发用户积极使用网站的意图，因此有必要对其质量因素进行分析，希望通过质量因素的改进能进一步提高用户的满意度，进而提高用户积极使用网站的意图。具体提升战略如图 7.8 所示，分析如下。

如图 7.8 所示，处于象限Ⅲ的因素是用户综合评价较低，而且用户的评价观点较为一致的区域，属于图书馆急需改进的方面；处于象限Ⅱ的因素是用户综合评价较低，而且差异较大的区域，属于图书馆需要重点改进的方面。具体项目如

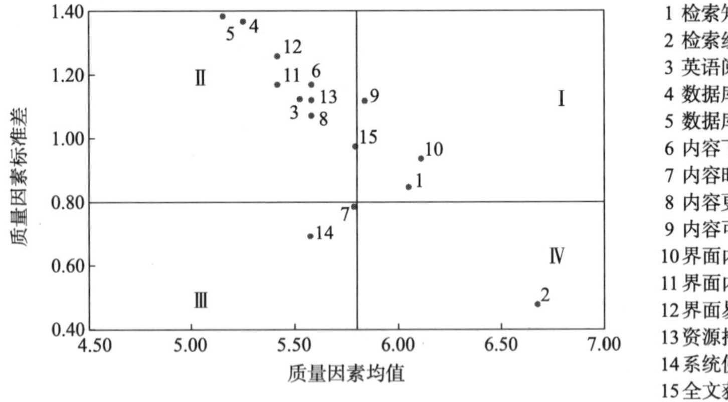

图 7.8 具有高检索需求及上网环境好的用户满意提升战略矩阵

下：英语阅读水平、数据库种类、数据库覆盖范围、内容下载载体种类、内容时间跨度、内容更新频率、界面内容易理解性、界面易操作性、资源推荐服务多样性、系统使用帮助多样性、全文获取保障程度。

对于高检索需求、上网环境差的用户来说，网站的有用性并没有使用户感到

满意，更没有激发用户积极使用网站的意图，而网站的易用性将会大大提高用户对其满意程度，用户满意提升战略如图 7.9 所示。

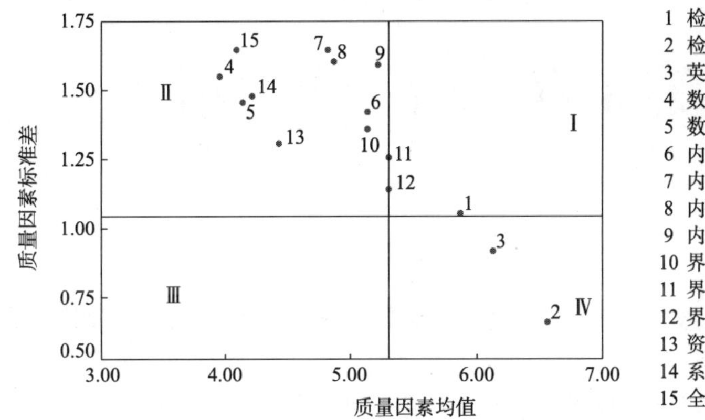

图 7.9　具有高检索需求及上网环境差的用户满意提升战略矩阵

如图 7.9 所示，处于第Ⅱ象限的因素是用户综合评价较低，而且差异较大的区域，属于图书馆需要重点改进的方面。具体项目如下：数据库种类、数据库覆盖范围、内容下载载体种类、内容时间跨度、内容更新频率、内容可获取性、界面内容易发现性、界面内容易理解性、界面易操作性、资源推荐服务多样性、系统使用帮助多样性、全文获取保障程度。

相应的服务改进提升策略包括：网站尽可能通过多种途径加强网站的使用说明，利用多种形式向用户介绍相关功能及服务的说明，如在线视频等；图书馆有针对性地推荐各学科适用的资源，这将大大提高用户对网站的满意程度，使用户更加有效地使用图书馆网站。

第8章 结 束 语

本书是对信息服务活动中用户技术接受的影响因素、影响机理的探索性研究。研究思路是在相关学科领域理论、方法的支持下，总结国内外研究成果，通过调查访谈、用户实验和数据收集，运用德尔菲法以及信度效度检验、结构方程模型等研究分析方法，动态、全面而深入地分析用户信息技术接受过程和接受行为的影响因素及其之间的关系。在此基础上，通过将用户信息技术接受与信息服务工作中的信息系统实施和服务开展对应起来，给出信息服务活动中信息技术应用、评价和科学管理的相关启示与建议。

8.1 主要工作和研究结论

8.1.1 主要工作

本书围绕“信息服务活动中用户技术接受的影响因素研究”这一主题，依据研究目标和研究设计，从理论方法基础、过程与因素分析、心智模型与用户行为实验、影响因素机理与因果关系实验、研究总结与展望五个方面展开了比较广泛和深入的研究工作。所开展的主要工作包括以下几方面。

（1）信息服务用户技术接受的相关理论方法基础及研究综述。

本书研究突破了单纯的影响因素因果关系研究的思路，从因果关系研究和行为分析研究两个视角出发，对本书研究涉及的主要理论基础和研究分析方法及其国内外研究进展等进行了比较全面和完整的总结归纳。基于因果关系视角，从用户个体和组织结构两个层面对技术接受的产生背景及理论基础进行了深入研究和分析，重点对个体层面上的 TRA、计划行为理论、TAM 等理论模型进行了分析，并对个体层面上各个理论模型的优缺点进行了归纳和总结，重点对 TAM 和 UTAUT 进行了深入的探讨；基于行为分析视角，重点对心智模型的产生背景、心智模型理论、心智模型测量方法、用户搜索行为模型等方面的国内外典型研究工作进行了总结，对心智模型与用户认知活动的关系等进行了深入分析和讨论。

（2）信息服务用户技术接受的一般过程及关键因素分析。

信息技术的接受和使用并不是一个单一的行为活动，而是由一系列行为活动构成的动态过程。结合过程模型分析来构建信息服务活动中用户技术接受的影响因素模型，可以更为完整地描述和理解用户信息技术接受的过程和本质。本书在 Rogers 个体创新接纳过程模型，以及 Wilson、Kuhlthau、Choo 等的用户信息搜索过程行为等研究成果基础之上，结合高校图书馆用户使用网站资源服务及其认知情况的现状调研和访谈，将信息服务中用户技术接受的一般过程划分为接触、领会、评估及适应接受 4 个阶段，深入讨论了用户技术接受过程中 4 个阶段所涉及的关键影响因素，以及这些影响因素的含义和所起的作用。

（3）信息服务用户搜索功能学习的心智模型改变及观测实验分析。

从心智模型和用户行为实验的视角对信息服务用户搜索功能学习的心智模型改变进行了观测实验分析。搜索功能的学习和决策问题是研究和分析信息服务用户，尤其是新手用户接触和使用信息服务系统的基本问题，可以理解和分析用户认知和信念形成的驱动因素。本书针对新手用户学术搜索功能的学习和决策行为，结合心智模型理论和测量方法，分析理解用户在搜索界面功能学习过程中认知信念的形成机制，选择 CNKI 学术搜索平台界面中的初级检索、高级检索、专业检索三类检索途径以及相关界面检索操作功能作为搜索学习的基本内容，通过完成多轮搜索任务进行了用户搜索功能学习中心智模型改变的观测实验。重点进行了观测点 1——不同外部干预下三种搜索方法学习的心智模型改变分析，以及观测点 2——高级搜索界面操作学习中的心智模型改变模式分析这两种观测点下的实验结果分析，可为用户高效使用学术数据库界面提供帮助，为界面改善或在线帮助的形式设计提供依据。

（4）信息服务用户技术接受的影响因素模型构建及验证分析。

基于影响因素影响机理的因果关系分析视角，以结构方程模型、潜变量增长曲线模型为方法论指导，对信息服务活动中最为典型的文献信息数据库系统、图书馆网站系统这两类信息服务系统的用户技术接受问题进行了研究考察。在文献信息数据库系统用户技术接受影响因素研究中，构建影响因素结构模型和用户信念动态调整模型，通过用户调查和数据采集对研究假设进行验证分析，对用户成长过程中的信念调整因素进行了描述和解释。在图书馆网站系统用户技术接受影响因素研究中，以 TAM 理论结合满意度理论，通过影响因素探索性研究分析和模型构建，进行用户调查和模型验证，分析了上网环境和检索需求这两个调节变量在模型中的影响机理。

8.1.2 研究结论

首先，从心智模型和用户行为实验的视角对信息服务用户搜索功能学习的心智模型改变进行了观测实验分析。主要研究结论如下所述。

（1）用户的心智模型状态会在学习过程中动态改变。

无论是观测点 1 中三种搜索方法学习的心智模型转变状态分析，还是观测点 2 中高级界面上的心智模型理性程度动态改变模式分析，都证明了新手用户在学术搜索功能学习中的心智模型状态在动态改变。

（2）心智模型的理性程度与行为和绩效并无太大相关关系。

从新手在高级检索界面功能学习的心智模型理性程度及其动态改变模式分析上得出：心智模型的理性程度与实际搜索行为和搜索绩效并无太大相关关系，甚至在某些方面还对行为和绩效产生了负面的作用。反之，惯性启发式思维导致了更好的学习效果。用户认知的理性程度或者说认知负荷的大小未必是在学术搜索界面学习中获得成功的必然因素，减少用户对界面功能学习的认知负荷，使惯性启发式思维更好地发挥作用应该是界面设计改进的目标之一。

（3）界面干预提示的辅助效果显著。

三种搜索方法的强干预提示，有效促进了新手用户对多种搜索方法的全面尝试学习，并提升了相关学习绩效。由此看出界面上相关的干预帮助作用显著，因此针对界面重要搜索功能以及代表性搜索任务的帮助模块设计十分必要。

（4）不同的认知风格个体未反映出关于心智模型理性程度的显著性差异。

这说明新手用户尽管存在着认知独立风格、认知依存风格，但随着用户使用和熟悉学术数据库系统的深入，用户使用信息服务系统的心智模型理性程度具有一致性。当然，造成这种现象的原因也有可能是由于本实验任务情境并不能让认知风格差异显著体现，未来的研究可以选取其他个体差异自变量或改变实验任务设置继续探索。

其次，基于技术接受影响因素和影响机理的因果关系分析视角，进行了文献数据库系统用户技术接受的影响因素模型构建及验证分析。主要研究结论如下所述。

（1）感知娱乐性积极影响感知易用性，相关性对感知有用性具有重要影响。

信息服务用户在系统使用过程中的信念会受到一些外界因素的影响，本书通过对信息数据库系统的研究发现界面设计、感知娱乐、自我效能及服务质量会影响到感知易用性，而服务质量、相关性及主观规范对感知有用性具有重要影响。

这也与之前的研究结论一致，说明了这些外界因素对用户技术接受的普遍影响。而这其中，感知娱乐性对感知易用性的影响作用最大。如果用户发现查找过程本身能够给自己带来身心上的愉悦性，那么用户就会觉得信息数据库是好用的，并且会重复相同的行为，希望能够再次体验到这种愉悦的心情。用户利用信息数据库系统主要是为了科研工作以及学习需求，具有强烈的任务导向，系统的感知娱乐性无疑为用户在工作之中带来了心情的愉悦享受，增添了乐趣。信息数据库系统的主要功能是满足用户的信息需求，因此相关性就成为用户衡量它是否有用的标准。如果用户发现在自己的学习工作中，使用信息数据库系统是必需的，而且信息数据库系统提供的资源及时、丰富，能够解决自己的需求，那么用户就会认定它是有用的。

（2）感知有用性和感知易用性是影响用户技术接受的关键认知信念因素。

在 TAM 中，感知有用性和感知易用性是关键的认知因素，本书仍将它们作为影响用户对信息数据库系统接受的重要因素。通过研究发现，感知有用性对使用意图的影响高达 0.46，感知易用性对使用意图的影响为 0.23，感知有用性和感知易用性对使用意图的影响在本书中得到了支持与证明。

（3）自我效能、感知有用性及使用意图会随着用户对数据库的使用动态变化。

本书结果显示随着用户对信息数据库系统的使用增加，自我效能、感知有用性和使用意图是动态变化的。当用户对信息数据库系统的使用增加时，他们会根据自己的使用经验来调整和更新信念结构，感知有用性会发生动态变化，这和认知失调理论及信念更新理论一致。除此之外，研究结果显示，用户也会更新对信息数据库系统的使用意图，这和自我感知理论一致。和之前的研究结论一致的是，初期的自我效能影响感知易用性和感知有用性，更重要的是，自我效能的改变速度积极影响感知有用性的改变速度，说明了自我效能的改变也是感知有用性改变的一个重要原因。

（4）TAM 可以用于动态研究。

本书研究的理论贡献之一在于将 TAM 运用于动态的理论研究。也就是说，与以往的理论研究专注于结构变量之间的静态研究不同的是，本书研究同时也分析了动态信念结构之间的关系。研究结果显示 TAM 可以应用于动态研究，尽管之前的绝大多数研究已经研究了基于 TAM 的各个结构变量之间的关系，本书将 TAM 扩展到对用户一段时间使用行为的跟踪调查分析。研究结果分析发现，尽管最初的用户接受可能是信息数据库系统实施成功的关键因素，但如果没有对信息数据库系统的持续使用，他可能并不是成功的，因此本书将研究视角定位于通过在不同时间点对结构变量进行测试来研究用户信念和使用意图的动态变化。

最后，基于 TAM 结合满意度理论，研究考察了图书馆网站系统用户技术接受的影响因素和影响机理。主要研究结论如下所述。

（1）感知有用性、满意度对积极使用意图有正向效应。

感知有用性对积极使用意图的直接效应大于满意度对积极使用意图的直接效应证明了感知有用性的重要作用；满意度是仅次于感知有用性的对积极使用意图具有直接影响作用的重要因素；数据库内容质量和网站界面质量对积极使用意图的总效应显著，说明图书馆需要重点关注网站内容质量及网站是否方便用户使用。

（2）感知有用性、感知易用性对满意度有正向效应。

感知易用性对满意度的直接效应大于感知有用性对满意度的直接效应，说明图书馆网站容易使用与否，与用户对网站满意与否具有很大的直接作用；数据库内容质量及网站界面质量对满意度的总效应显著，网站界面质量对满意度的效应远远大于数据库内容质量对满意度的效应。

（3）感知易用性、数据库内容质量对感知有用性有正向效应。

感知易用性对感知有用性具有直接影响，再次证明了 TAM 中的作用关系。有西方学者称，TAM 不一定适合非西方的文化环境，而从本书的实证结果来看，TAM 的核心结构——感知有用性、感知易用性和积极使用意图，是能够在非西方文化环境中得到证实的。

数据库内容质量对感知有用性的直接效应达到 0.429，说明数据库内容质量是影响用户对网站有用性感知的一个重要因素。用户使用图书馆网站都是出于学习或科研的需要，因此对所要查找的文献内容质量要求比较高，如果数据库内容不能给用户解决问题、没有任何的效用，那么即使网站容易使用，也不会激发用户再次使用的意图。

（4）检索能力、界面质量和服务质量对感知易用性有正向效应。

网站界面质量对感知易用性具有非常大的直接影响作用。网站界面质量包括内容逻辑体系划分是否清晰、界面用词是否容易理解、界面检索操作是否方便，这些都与用户感知到的网站是否容易使用具有直接联系。检索能力是指熟悉检索工具的程度及英语水平。用户如果对检索工具不熟悉、对检索策略不清楚，将严重影响查找内容的准确度和效度。对于外文数据库而言，如果英语水平不高，将会严重影响用户对查找内容的认识程度。因此，个人检索能力的提高将会提高用户对网站易用性的认识。

另外，服务质量对感知易用性有正向影响，但对感知有用性的假设没有通过。图书馆需要在服务方面加强投入，不仅需要从多个角度去帮助用户更方便地使用网站，还要增大用户服务和培训的覆盖范围，增加服务的针对性，如开展专题或学科服务，给用户推荐合适的资源，以便让用户感知到服务的有用性。

8.2 对搜索功能界面的建议

在信息服务用户搜索功能学习的心智模型改变研究中，我们得到的具有启示意义的结论包括：①新手在学术搜索功能学习中的心智模型随着与系统的不断交互在发生着变化；②在本实验情境中心智模型理性分析程度越高，并不会导致更高的搜索功能的学习效果，反倒是启发式思维更适合这样的学习情境；③适当的界面引导干预的确有效提高了新手对于界面提供的各种搜索方法的全面尝试学习，并取得了更优的学习绩效。

这些研究结论启示我们针对新手用户，学术搜索界面改进的主要方向应该是：通过界面布局设计改进或帮助功能的完善，使其能够促进新手用户基于任务情境下界面功能匹配学习中的认知图式的构建，减少界面无关认知负荷的干扰，让他们能更迅速地启用惯性启发式思维对界面进行认知学习。

具体来看，有关问题情境构建的理论也告诉我们，好的问题情境应该具有生动直观的特质，这样才有利于激发联想、唤醒以往相关的认知图式。同时为了使有限的认知资源能够有效地被集中分配在针对任务本身的图式构建上，帮助新手用户快速构建认知图式，任务模块化设计、范例设计等都是不错的建议。

对应到本书中的学术搜索界面，尤其是被重点研究的高级搜索方法界面，具体改进建议如下。

（1）加强对界面三个搜索方法位置及作用的提示干预。

为了达到生动直观的效果，可以根据不同层次的搜索功能界面，分别赋予实际的搜索任务及操作过程的示范例，可对一些重要的搜索匹配任务规则进行简要的说明、示例等。

（2）傻瓜化、模块化设计高级搜索方法界面的搜索条件功能。

在高级搜索界面上实际使用中比较重要的搜索条件之一为检索项的选择，以该搜索条件为例阐述傻瓜化设计的含义。用户在目前的界面中选择检索项时，必须先点击其下拉框，这本身就是一个学习的内容，然后还要对各个不同检索项的表达进行理解，这对于学术数据库新手用户来说还是比较困难的。因此如果将选择检索项的功能按钮设置得更加醒目，如鼠标划过就会出现下拉框，鼠标划过下拉框中的各个具体检索项就能出现其对应的简单解释，可能就可以使新手用户花费更少的认知负荷来执行这方面的操作，且可能会使场依存类型的用户少受到其他干扰因素的影响，更快地学会高级界面放词的本质。

模块化设计改进思路就是将界面功能更加有逻辑性关联地进行组配安排，将最常用的功能、最可能组合应用的功能放在一起。例如，在高级界面上推出如“最新搜索”“全面搜索”等模块，组合其中最主要的搜索条件，并且一般情况下用户不用自己改动其中的条件。例如，“最新搜索”在默认情况下将时间框定为近两年，“全面搜索”检索项的默认条件为“主题”，等等。

8.3　对系统应用实施的建议

在技术接受过程中，用户经历不同阶段和一系列活动，最终做出接受和使用技术的决策。本书在现有技术接受行为研究成果基础之上，通过对技术接受含义的分析，将技术接受过程分为接触、领会、评估和适应接受四个阶段，深入剖析在技术接受过程的不同阶段中，用户对信息数据库系统接受信念的演化规律，构建了基于过程理论的用户对信息数据库系统接受影响因素模型。

通过分析，本书提出了用户对信息数据库系统接受不同阶段的影响因素：①接触阶段来自于社会的主观规范和对系统的自我效能影响；②领会阶段主要受到系统的界面设计以及感知易用性的影响；③评估阶段主要受到信息数据库系统与自己学习、工作相关性的影响以及用户感觉到的感知有用性的影响；④适应接受阶段主要受到感知娱乐性以及在使用过程中服务质量因素的影响。所有这些因素都对技术接受行为意向产生影响。本书建立了用户对信息数据库系统的影响因素模型并且使其得到了验证，此外，还通过跟踪实验证实了用户技术接受过程中的信念是动态变化、不断更新的。下面就根据分析和验证结果，提出促进用户对信息服务系统接受的建议。

1）接触阶段

在用户接受过程中的接触阶段，主观规范和自我效能为影响用户对信息服务系统接受的因素。因此，在接触阶段，提高用户对信息服务系统接受使用的措施建议主要有以下几方面。

（1）对于提供信息服务工作的服务机构来说，持续的培训显得非常重要。适当的培训可以让用户了解到系统的功能作用以及系统的操作使用，以此来消除用户内心的焦躁与不安，使用户打消消极的念头。特别的，对于新的信息服务系统，持续的培训是非常必要的。当引入信息服务系统时，用户会受到介绍性的培训。但是，在接触阶段的介绍性培训并不能增加用户的自我效能，随着用户对信息服务系统使用的加深，持续的培训和支持能够持续提升自我效能并能改善用户对系统的信念结构，从而达到最终持续使用的目的。特别是在最初的培训阶段，如果给用户过多的应用功能，他们会感到压力大并降低自我效能，这将影响用户对信息服务系统的初期接受。在不同的使用阶段，将系统的功能逐步地介绍给用户，这样就会保持自我效能的持续增长，进而增加用户对信息服务系统的信念，提高用户接受。

（2）对于信息系统的引入机构来说，管理者需要采取一些措施（如培训计划、说明书等）来阐述和传播信息服务系统的潜在优越之处，使用户懂得信息服务系统能够提高个人的生产率、提升工作效果以及改善业绩。并采取一定的制度措施，鼓励用户使用信息服务系统来完成学习、工作任务。外界的鼓励有利于用户加快对系统的接受使用步伐。

2）领会阶段

在用户接受过程中的领会阶段，感知易用性为影响用户对信息数据库系统接受的因素。因此，在领会阶段，提高用户对信息数据库系统接受使用的措施建议主要有以下几方面。

对于信息服务系统的开发者来说，重视系统的易用性是一个重要的方面。信息技术无论怎样发展，它始终是为人类服务的。因此如何使开发出的信息服务系统更加贴近用户的操作认知习惯是信息服务系统设计者值得考虑的问题。诺曼在《设计心理学》一书中，提出了信息系统涉及的三类模型：心智模型、系统模型及实现模型（Straub et al.，1997）。心智模型中的概念和行为完全属于用户的问题领域或任务领域，而实现模型则位于技术解决方案领域。心智模型位于问题或任务领域，是信息服务系统设计人员无法轻易改变的，而实现模型则依赖于当时的技术水平，在一定时期内也很难有大的变化，唯有系统模型具有极大的可塑性，是信息服务系统设计人员可以通过努力来改变的。系统模型总是分布于心智模型和实现模型这两者之间的某一点。系统模型越是接近心智模型，用户需要学习和记忆信息服务系统如何使用的地方就越少，这是因为实际的信息服务系统和用户期望的很接近，这样的信息服务系统就很容易使用。

3）评估阶段

在用户技术接受过程中的评估阶段，感知有用性是影响用户对信息数据库系统接受的关键因素，特别是当用户发现系统的功能作用和自己的工作需求相关时，能极大地提高用户对系统的感知有用性。因此，在评估阶段，提高用户对信息数据库系统接受使用的措施建议主要有以下几方面。

（1）对于信息服务机构来说，可以根据本机构的专业设置、学科重点来购买数据库资源，力求做到重点专业全部购买，其他专业兼顾，努力满足用户的需求。在此基础之上，根据用户的兴趣特点，向用户推荐其感兴趣的信息，原理是根据用户模型（即用户兴趣和特点的可计算描述）寻找与其匹配的信息，或者寻找具有相近兴趣的用户群后相互推荐使用浏览过的信息。以用户为中心，灵活处理信息，从而满足用户的信息需求问题。

（2）对于信息服务系统提供者来说，要持续重视系统的有用性。信息服务系统的有用性对用户接受行为有至关重要的影响，信息服务系统的开发者应该重点确保信息系统能提供准确、有效、及时和充足的文献资源来满足用户的需求，以良好的形式呈现，从而提升信息服务系统被接受的可能性。在用户查找信息的过程中，如果信息服务系统能够主动地理解用户的信息需求，减少用户认知负荷，大大提高用户查找信息的效率，将增加用户对信息服务系统有用性的感知。Twidale 等（2008）介绍了一种基于数字图书馆的在线写作系统，可以通过用户写作草稿获取相关信息，以此对用户搜索信息进行聚类，形成四类具有不同相关程度的搜索结果并推荐在系统界面上以供用户选用。Maanen 等（2010）讨论了科学家怎样查找相关的出版物，并如何利用这些出版物完成信息查找任务。通过个人出版助理，可考察哪些词语已经在研究者的文摘中出现过以及何时已经被用过。隐藏在个人出版助理下的用户模型是对记忆的分析，随着认知结构的发展，形成了说明性的记忆模型。研究者的实验表明个人出版助理能够成功地从大量的科学文献中对相关文章进行初步的选择。

此外，如果在设计系统时，把用户的个性、生活方式和系统结合起来进行信息推荐，就能大大提高系统的推荐的准确率。Porcel 等（2009）揭示了怎样通过有限的可得数据，把生活方式和推荐过程结合起来改善预测的准确性。并提出了两种方法，一种仅仅依靠生活方式，另一种把生活方式和邻近方法结合起来。这两种方法都在个性化的电视广告推荐中证实了在多数情况下其比那些现存的邻近方法表现得突出。

4）适应接受阶段

长时间的人机对话会使用户感到枯燥与无趣，用户的持续使用意图直接关系到用户是否使用信息服务系统。持续的使用意图是用户在接受服务过程中表现出来的一种直觉行为，受到用户感情的影响和支配。信息服务机构要做好信息资源的建设及完善咨询系统平台的设计，营造一种和谐欢愉的氛围，激发和满足用户的情感体验，从而给用户留下良好的印象，促使用户积极使用馆内的各种信息服务系统，成为稳定和忠实的用户（Venkatesh and Bala，2008）。这些“当前用户”还可以扩大对其他“潜在用户”的影响，使“潜在用户”尝试使用图书馆内各种各样的信息系统，提高图书馆信息服务系统被接受的程度。

（1）加强用户的参与。个性化会让图书馆信息技术与服务更加适合用户，满足用户的信息需求，但是这些都不能保证情感上的依恋。在图书馆信息服务系统设计的整个过程中，让用户参与进来。在开发初期，充分采集广大用户的意见。在系统界面形成模型后，可以让用户进行初步的体验，根据用户的反馈结果进行补充与修正。让用户参与设计过程，可以建立用户与信息服务系统之间的情感。这样在以后的使用过程中，会让用户更有积极主动的情绪，提高信息技术与服务系统的使用效率。只有在参与创造的过程中，人们那种出于本能的天然兴趣和自然需求才能得到充分的满足，个性才能得到充分的展示，思想才能自由，获得情趣，感受到极大满足。

对于交互界面的个人化设计，就是让用户有充分的空间选择自己喜欢的方式。例如，选择自己喜欢的界面颜色，自己决定控件的摆放位置以及如何使用。正如诺曼在《情感化设计》一书中所说：最好的设计不一定是一个物品、空间或者结构，它是一个过程—— 动态的可以修改的过程。最好的设计是那些为自己创作的东西，这种设计与我们个人的生活风格相协调。

（2）给用户充分表达自我的空间。例如，提供个人网站，为人们表达他们自己、与其他人进行交流、找到重视他们文献的人提供了一个强大工具。充分利用互联网技术—— 如新闻邮件、邮件列表和聊天室—— 使人们可以集体分享思想、意见和经验，进行学术交流。这些都是强大的个人经验，可以建立强烈的情绪情感。

（3）加强用户之间的交流与合作。在信息社会，人们缺乏交流。他人的使用经验也能帮助用户改善心智模型。因此，在信息环境下，图书馆必须发展新的服务来把人们集结起来。Lekakos 和 Giaglis（2006）提出了仿真语言学系统来帮助大学数字图书馆用户存取他们的研究资源。这个系统通过给用户推荐专业而又互补的信息资源来发现合作的可能性并形成多学科团队。用这种方式，该系统增加了在大学范围内用户合作的可能性，并且改善了大学数字图书馆的服务水平。无论信息技术怎么发展，都不能代替人的位置。因此，在与信息系统交互的过程中，始终要保持人的主导地位。

8.4 对服务工作提升的建议

图书馆网站系统是提供信息资源服务的典型门户系统，它综合集成了图书情报机构通过购置或自建的各种类数据库资源并通过互联网 web 界面提供网络化、一站式信息资源服务，从而满足该机构各类服务对象的不同信息需求。本书对图书馆网站系统的用户技术接受行为进行了调查研究和数据分析。研究表明：随着信息服务工作的开展和信息资源的增强，注重资源与服务的利用效率，创新服务方式、优化服务功能，不断提高信息服务质量，寻求有效的评价模式和管理方式是提升信息服务工作的重点。具体建议和措施包括以下五个方面。

（1）统筹有序、突出重点，多举措推进信息服务机构信息资源建设。

根据图书馆网站系统用户技术接受调研结论，感知有用性对用户满意度、积极使用意图具有显著效应，而数据库资源内容对感知有用性有显著影响。因此，信息服务机构的信息资源建设的针对性和有用性对服务使用和需求满足具有积极意义。

信息服务机构开展信息资源建设工作，应学习和借鉴国内外信息资源建设的经验和教训，结合自身的实际情况和具体条件，制定信息资源建设发展规划。既要从实际出发，体现本单位信息资源计划的内容侧重点，又要考虑全盘，避免盲目建设。具体来说，可考虑以下信息资源建设策略：①统筹规划、有序推进。信息资源建设应充分考虑馆藏与服务用户的需要，从整体出发，统筹考虑、有序推进。②突出重点，注重信息资源的实用性和针对性。在信息资源建设过程中，遵循系统性、专业性和实用性相结合的原则，以满足科研、生产的需要为出发点，将有限的经费优先用于保证重点学科的信息资源建设上。在信息载体类型选择上，合理配置纸质文献与数字信息资源的馆藏比例与资金投入比例，形成优良的馆藏资源体系。③自建与购进并举，边建设边服务。对具有本单位特色的信息资源，可以采取自建或外协合作开发方式。对市场已有的质量较高、影响较好的信息资源，可针对性地进行采购。所有自建信息资源库，应根据其各自特点，及时根据新建资源情况提供服务，在服务中不断完善和提高。

（2）共建共享、有效整合，不断优化和提升信息资源管理水平。

信息技术的发展、信息资源数量和规模的激增，带来了商业信息资源和数据库产品百花齐放的局面。信息服务机构应根据自身需要有计划、有选择地购买信息资源产品、合理安排经费、扩大自身馆藏。开展信息服务机构联盟，切实推进信息资源共建共享，是在有限经费条件下提高信息内容质量和可用性的有效方式。信息资源的共享性决定了信息服务机构可以联合起来共建共享数字化信息资源，弥补各自馆藏资源的不足。特别是对于外文信息资源产品而言，可积极组织或参与信息服务机构联盟组织，通过共享模式，降低资源使用成本，提高利用效益。

在信息服务系统功能方面，着重推进信息资源整合、一站式检索和信息获取服务。信息资源整合就是将各种分布、异构和多样化信息资源或数据库产品进行有序组织，提供统一检索途径并能方便集成各种数字信息资源服务。信息资源整合可以让用户快速找到所需资源，对重复结果可自动筛选，降低对用户干扰、节约用户时间、提高信息资源获取利用效率和信息服务水平。实现信息资源整合的方式主要有：通过在信息资源数据库之间建立关联使其能相互调用；通过联合检索达到一定程度的整合；建立统一的元数据库，以达到更高层次的信息资源整合。此外，在资源组织方面，应采用符合用户思维方式的、便捷合理的、丰富直观的方法来组织、揭示和呈现信息，这样才能更好地对信息进行查询、检索和利用，满足用户的信息需求。

（3）加强人才队伍建设，构建高质量信息服务保障体系。

人力资源是第一资源，在信息服务活动中，信息服务人员具有重要和核心作用，于信息服务机构是最重要的资源和财富。信息服务机构应把握信息资源建设的大好形势，持续不断加强人才队伍建设、提高服务质量，以构建高质量信息服务保障体系。

信息服务人才队伍建设是推进信息资源建设、提升信息服务水平的重要保证。信息服务机构应结合人力资源现状，借鉴国外馆员专业化制度，切实推进“学科馆员”制度。通过信息服务工作管理创新，构建信息服务人力资源动态开放系统，实现信息服务人员与科研学术和生产研制一线的无缝衔接；建立行之有效的人员选拔、流通和培训制度，促进“学科馆员”制度的顺利实施和推进；加强人才队伍建设和在岗培训，切实推进对外交流学习和标杆机构考察，在加强在岗人员培训的同时，以不同方式引进专业人才；建立科学灵活的人才激励和竞争机制，人才队伍建设既要体现信息服务工作发展的需要，又要兼顾信息服务人员的个人发展，使人才队伍与信息服务工作协调良性发展。

（4）实施面向用户满意的信息服务需求、使用情况调查和评价。

用户满意度对其信息服务系统的积极使用意图具有正向效应。以用户满意为视角，就是要将服务变成面向用户满意的服务，不断改善信息资源获取和利用条件，采用先进管理手段，努力提供优质服务，为科研、教学、生产等提供切实有效的支撑和保障。因此，信息服务工作需要面向用户满意，定期实施用户满意度调查和测评，根据调查结果进行分析，从而发现信息服务活动中的薄弱之处，并及时做出反馈，弥补、改善服务不足之处，提升用户满意度。

没有调查，就没有发言权。信息服务机构应高度重视对用户服务效果的调查，通过发放问卷等形式收集数据，分析用户对信息资源和服务的使用情况、配置合理程度、信息资源利用率等。可定期对用户满意度进行调查和评价，调查信息资源内容、质量及检索功能等能否满足用户需要，评价系统界面和检索功能是否友好、使用是否便利、检索入口是否多样、检索结果是否准确等。保持用户投诉、提供建议的渠道畅通，便于收集用户反馈和建议。根据用户调查结果，有针对性地强化和提升信息服务工作。信息服务机构可成立信息资源和服务使用情况调查与评价小组，通过全方位收集用户使用信息资源和服务的反馈评价信息，最大限度地改进用户服务，满足用户对信息服务的需求。

（5）持续宣传、深入开展用户培训，不断改善服务环境。

为使用户能够利用好信息资源，信息服务机构应持续针对性宣传，通过印制和发放免费小册子对信息资源数据库产品及其使用方法进行说明，充分利用图书馆网站、BBS 以及微博、微信、QQ 群等网络途径为读者开展信息服务工作宣传，搭建与用户之间信息沟通的桥梁。

随着信息服务工作深化以及信息资源迅猛发展，用户培训工作的重要性日益凸显。用户培训工作是指结合馆藏信息资源，根据用户特点和需求提供针对性、多层次的培训推广工作，帮助用户掌握检索和利用馆藏信息资源，尤其是数字资源的常用技能。信息服务机构可利用专题讲座、增设信息资源使用指南等栏目、制作数字资源使用教学课件等方式，全面深入介绍数字资源收录范围、类型特点和检索方法等，帮助用户尽快掌握信息资源涵盖范围和使用方法，提高利用率。

信息服务机构在宣传和培训过程中，可以与用户调查评价工作结合起来，接受用户反馈意见、了解宣传和培训效果、分析用户使用习惯和趋向，为用户提供针对性、个性化服务。加强信息服务基础设施建设、提升网络基础设施软硬件水平、提高服务器性能和网络速度，以提升用户使用的积极性和信息资源利用效率。

8.5 问题不足和研究展望

本书围绕研究目标，对信息服务活动中用户技术接受的一般过程、心智模型变化、影响因素和影响机理等方面进行了比较深入的理论和实证研究。但由于时间、精力以及客观上本书作者知识能力的局限，本书尚存在一些不足之处。

（1）追踪调查的用户目标样本方面。

本书研究采用了网上问卷调查和网下问卷调查、跟踪调查相结合的手段，以求获得尽量大的调查目标样本和调研数据。但在对用户接受过程中信念动态调整的探索性研究中，由于受到目标用户获取和跟踪调查可行性等客观因素的制约，因此主要以高校大学生作为追踪调查样本，样本种类不够丰富，追踪实验的时间也仅持续了新生入学的第一个学期，这对信念动态调整的验证分析结果可能存在一定影响。

（2）调查验证的目标系统方面。

信息服务活动实际上包含了极为丰富的内容，其技术系统也在不断发展之中。本书研究中，选取了最具典型代表性的文献信息数据库系统、图书馆网站系统作为目标对象进行影响因素模型构建和调查实验分析，其相关研究模型和研究结论对信息服务工作开展、信息服务系统建设推广等具有参考和借鉴作用。但由于研究精力有限，本书对其他类型信息服务系统如参考咨询系统等并未涉及，对移动互联网环境下的移动阅读、移动图书馆等新型信息服务系统也未能涉及。

（3）影响因素变量选取和观测方面。

信息用户对信息服务系统的技术接受是一个较为复杂的过程，涉及的影响因素变量也很广泛。本书在归纳总结国内外相关研究成果的基础上，力图进行较为完整的探索性和验证性研究分析。在因果关系研究方面，着重考察用户信念形成以及信念与使用意图之间的关系，但对使用意图如何决定使用行为以及相关外生变量方面未做进一步的研究。

从用户行为、用户认知理论及信息服务技术系统的发展变化来看，后续的研究可以从以下方面展开。

（1）关于模型构建和变量选择的问题。

信息服务用户行为及其认知机理的研究包含了丰富的内容，其研究模型的构建和变量选择可以从不同的研究视角、理论基础出发。在本书研究中，主要是基于经典 TAM 理论进行扩展或改造，进行信息服务用户技术接受的理论和实证研究，用户信念要素选取的是感知有用性和感知易用性。后续研究可以进一步考虑感知收益、感知成本（风险）等要素视角，并结合不同类型的调节变量进行用户技术接受影响机理考察。

（2）新型信息服务技术系统的用户接受问题。

近年来，网络信息服务技术发展迅速，以博客、推特、微信等为代表的 web 2.0 技术，以移动阅读、移动信息系统为代表的移动互联网技术，使信息交流、信息获取更加方便，网络信息服务的社会化媒体特征和移动互联网特征更加明显。因此，结合新型信息服务技术系统的特点和用户行为研究其技术接受、认知学习等问题值得关注。

参 考 文 献

艾森克 M W，基恩 M T. 2004. 认知心理学. 第四版. 高定国，肖晓云译. 上海：华东师范大学出版社.

白新文，王二平. 2004. 共享心智模型研究现状. 心理科学进展，12（5）：791-799.

陈荣虎. 2006. 心智模型及其管理学意义. 现代管理科学，6：36-37.

董景荣. 2009. 技术创新扩散的理论、方法与实践. 北京：科学出版社.

甘利人，许应楠. 2009. 企业信息系统用户接受行为影响因素研究——以ERP系统为例. 现代图书情报技术，3（2）：71-77.

甘利人，李莉，谢兆霞. 2010. 图书馆网站用户满意度模型的构建与应用. 情报学报，29（1）：159-168.

关海霞. 2009. 论知识类型与案例教学法. 黑龙江高教研究，2：190-192.

何自力，戈黎华. 2008. 论心智模式和企业知识创造. 天津师范大学学报（社会科学版），1：27-32.

侯杰泰，温忠麟，成子娟. 2004. 结构方程模型及其应用. 北京：教育科学出版社.

胡玲. 2007. B2C电子商务环境下表征缺陷对购买意愿的影响分析. 哈尔滨工业大学硕士学位论文.

吉戈伦尔 G，托德 P M. 2002. 简捷启发式：让我们更精明. 刘永芳译. 上海：华东师范大学出版社.

金海卫. 2006. 信息管理的理论与实践. 北京：高等教育出版社.

康诚，周爱保. 2010. 信息呈现方式与认知风格对多媒体环境下学习效果的影响. 心理科学，33（6）：1397-1400.

李怀祖. 2004. 管理研究方法论. 西安：西安交通大学出版社.

李金波，许百华. 2009. 人机交互过程中认知负荷的综合测评方法. 心理学报，41（1）：35-43.

李静海. 2013. 构建适应21世纪科研需要的新型文献情报服务模式//图书情报工作杂志社. 知识服务的现状与未来. 北京：海洋出版社：3-15.

李其维. 2008. “认知革命”与“第二代认知科学”刍议. 心理学报，40（12）：1306-1327.

李霆，张朋柱，王刊良. 2005. 影响用户接受信息技术的关键因素分析. 预测，24（4）：38-43.

李志刚，李兴旺. 2006. 蒙牛公司快速成长模式及其影响因素研究——扎根理论方法的运用. 管理科学，19（3）：2-7.

刘国晓，颜端武，许应楠. 2012. 用户技术接受影响因素的探索性研究. 情报理论与实践，35（1）：20-24.

刘红云，张雷. 2005. 追踪数据分析方法及其应用. 北京：教育科学出版社.

刘永芳. 2003. 快速节俭启发式——基于有限理性和生态理性的简单决策规则. 心理科学，26（1）：56-59.

刘永芳. 2009. 快速节俭启发式——相关争议与简短评论. 心理科学进展，17（5）：885-892.

鲁耀斌，徐红梅. 2005. 技术接受模型及其相关理论的比较研究. 科技进步与对策，10：176-178.

罗杰斯 E M. 2002. 创新的扩散. 第四版. 辛欣译. 北京：中央编译出版社.

吕晓俊. 2002. 组织中员工心智模式的理论与实证研究. 华东师范大学博士学位论文.

诺曼 D A. 2003. 设计心理学. 梅琼译. 北京：中信出版社.

诺思 D C，张立波，邢荣. 2004. 经济学和认知科学. 北京大学学报（哲学社会科学版），11：18-23.

潘洪建，李尚卫，王洲林. 2005. 知识类型学与学习方式选择. 西华师范大学学报（哲学社会科学版），（1）：127-130.

潘威. 2010. 扎根理论与解释现象学分析的比较研究. 西华大学学报（哲学社会科学版），29（3）：112-116.

彭贺. 2009. 基于认知负荷理论的知识工作设计. 科学学与科学技术管理，（5）：95-98，104.

皮连生. 2004. 教育心理学. 上海：上海教育出版社.

史慧颖，张凤华，邱江，等. 2006. 人类非逻辑思维辨析. 心理科学，29（6）：1409-1411.

孙彦，李纾，殷晓莉. 2007. 决策与推理的双系统——启发式系统和分析系统. 心理科学进展，15（5）：721-845.

唐京，冯明. 2000. 知识类型与知识管理. 外国经济与管理，22（2）：18-22，26.

王海宁. 2008. 心理学理论建构的新方法——扎根理论. 吉林大学硕士学位论文.

王红，秦长江. 2008. 信息技术革命中传统图书情报机构的未来. 现代情报，（9）：53-54.

王知津，孙立立. 2006. 信息服务评测体系研究//中国国防科学技术信息学会. 情报学进展 2004-2005 年度评论第六卷. 北京：国防工业出版社：184-227.

王知津，徐芳. 2009. 论信息服务十大走向. 中国图书馆学报，35（1）：52-58.

吴国来，沃建中，白学军，等. 2006. 不同认知风格 11 岁儿童内隐序列学习的差异. 心理发展与教育，22（1）：39-42.

吴明隆. 2009. 结构方程模型——AMOS 的操作与应用. 重庆：重庆大学出版社.

吴月芹，仲建国. 2002. 行为主义与认知派两种学习理论概观. 南京航空航天大学学报（社会科学版），4（1）：84-86.

西蒙 H A. 1988. 管理行为. 杨砾，韩春立，徐立译. 北京：北京经济学院出版社.
邢强，黄伟东. 2008. 认知负荷对顿悟问题解决的影响. 心理科学，31（4）：981-983.
杨群. 2010. 因果信念调整中反例信息的解释机制. 西南大学博士学位论文.
杨文彩，易树平，丁婧，等. 2007. 制造业信息化环境下人-信息系统交互效率影响因素的因子分析. 科研管理，28（6）：159-165.
杨心德，王小康. 2007. 认知心理学视野中的认知负荷理论. 宁波大学学报（教育科学版），29（3）：11-15.
易丹辉. 2008. 结构方程模型：方法与应用. 北京：中国人民大学出版社.
于丹，董大海，刘瑞明，等. 2008. 理性行为理论及其拓展研究的现状与展望. 心理学进展，16（5）：796-802.
张春莉. 2010. 图式知识在促进问题加工中的作用. 教育学报，6（3）：50-56.
张登兵. 2006. 传统决策与博弈论的比较. 统计与决策，13：146-147.
张楠，郭迅华，陈国青. 2009. 行为建模角度信息技术采纳研究综述. 科学管理研究，27（4）：13-29.
张少刚. 2011. 基于 MCMC 方法的非平稳随机信号分析的探索. 自动化与仪器仪表，3：115-116.
张鑫. 2006. 不同认知风格儿童对图形的外显、内隐记忆的跨文化研究. 云南师范大学硕士学位论文.
赵琪. 2007. MCMC 方法研究. 山东大学硕士学位论文.
庄锦英. 2005. 情绪影响认知加工策略内隐机制的实验研究. 心理科学，28（4）：852-854.
Adams D A，Nelson R R，Todd P A. 1992. Perceived usefulness，ease of use，and usage of information technology：a replication. MIS Quarterly，16（2）：227-247.
Agarwal R，Prasad J. 1999. Are individual differences germane to the acceptance of new information technologies. Decision Sciences，30（2）：361-391.
Agarwal R，Sambamurthy V，Stair R M. 2000. Research report：the evolving relationship between general and specific computer self-efficacy—an empirical assessment. Information Systems Research，11（4）：418-430.
Ajzen I. 1991. The theory of planned behavior. Organizational Behavior and Human Decision Processes，50（2）：179-211.
Bandura A. 1977. Self-efficacy：toward a unifying theory of behavioural change. Psychological Review，84：191-215.
Barki H，Jon H. 1994. Measuring user participation，user involvement，and user attitude. MIS Quarterly，18（1）：59-82.
Bhattacherjee A，Sanford C. 2006. Influence processes for information technology acceptance：an elaboration likelihood model. MIS Quarterly，30（4）：805-825.

Bilal D，Kirby J. 2002. Differences and similarities in information seeking：children and adults as web users. Information Processing and Management，38（5）：649-670.

Bilal D，Wang P. 2005. Children's conceptual structures of science categories and the design of web directories. Journal of the American Society for Information Science and Technology，56（12）：1303-1313.

Bolton R N. 1998. A dynamic model of the duration of the customer's relationship with a continuous service provider：the role of satisfaction. Marketing Science，17（1）：45-65.

Brenner T. 2006. Chapter 18 agent learning representation：advice in modeling economic learning. Handbook of Computational Economics，2：895-947.

Bruner G C，Kumar A. 2005. Explaining consumer acceptance of handheld internet devices. Journal of Business Research，58（5）：553-558.

Burton-Jones A，Straub D W. 2006. Reconceptualizing system usage：an approach and empirical test. Information Systems Research，17（3）：228-246.

Chakraborty I，Hu P J，Cui D. 2008. Examining the effects of cognitive style in individuals' technology use decision making. Decision Support Systems，45（2）：228-241.

Chin W W，Gopal A. 1995. Adoption intention in GSS：relative importance of beliefs. ACM Sigmis Database，26（2~3）：42-64.

Chin W W，Todd P A. 1995. On the use，usefulness，and ease of use of structural equation modeling in mis research：a note of caution. MIS Quarterly，19（2）：237-246.

Chiou C K，Hwang G J，Tseng J C R. 2009. An auto-scoring mechanism for evaluating problem-solving ability in a web-based learning environment. Computers & Education，53（2）：261-272.

Chircu A M，Kauffman R J，Wang B. 2007. Beyond the "eBay of blank"：next stage digital intermediation in electronic commerce. E-Commerce and V-Business （Second Edition），84（7）：43-78.

Choi Y，Rasmussen E M. 2002. Users'relevance criteria in image retrieval in American history. Information Processing and Management，38（5）：695-726.

Choo C W. 1999-03-22. Closing the cognitive gaps：how people process information. Financial Times of London.

Choo C W，Deltor B. 2000. Information seeking on the web：an integrated model of browsing and searching. First Monday，5（2）：290-302.

Cole C，Lin Y，Leide J，et al. 2007. A classification of mental models of undergraduates seeking information for a course essay in history and psychology：preliminary investigations into aligning their mental models with online thesauri. Journal of the American Society for Information Science and Technology，58（13）：2092-2104.

Compeau D R，Higgins C A. 1995a. Application of social cognitive theory to training for computer skills. Information Systems Research，6（2）：118-143.

Compeau D R，Higgins C A. 1995b. Computer self-efficacy：development of a measure and initial test. MIS Quarterly，19（2）：189-211.

Cooper R B，Zmud R W. 1990. Information technology implementation research：a technology diffusion approach. Management Science，36（2）：123-139.

Craik K W. 1943. The Nature of Explanation. Cambridge：Cambridge University Press.

Csikszentmihalyi M. 1998. Finding Flow：The Psychology of Engagement with Everyday Life. New York：Basic Books.

Darabi A A，Nelson D W，Seel N M. 2009. Progression of mental models throughout the phases of a computer-based instructional simulation：supportive information，practice，and performance. Computers in Human Behavior，25：723-730.

Davis F D. 1989. Perceiced usefulness，perceived ease of use，and user acceptance of information technology. MIS Quarterly，13（3）：319-340.

Davis F D. 1993. User acceptance of information technology：system characteristics，user perceptions and behavioral impacts. International Journal of Man-Machine Studies，38（3）：475-487.

Davis F D，Venkatesh V. 1996. A critical assessment of potential measurement biases in the technology acceptance model：three experiments. International Journal of Human-Computer Studies，45（1）：19-45.

Davis F D，Bagozzi R P，Warshaw P R. 1989. User acceptance of computer technology：a comparison of two theoretical models. Management Science，35（8）：982-1003.

Davis F D，Bagozzi R P，Warshaw P R. 1992. Extrinsic and intrinsic motivation to use computers in the workplace. Journal of Applied Social Psychology，22（14）：1111-1132.

Devaraj S，Kohli R. 2003. Performance impacts of information technology：is actual usage the missing link? Management Science，49（3）：273-289.

Djamasbi S，Strong D M，Dishaw M. 2010. Affect and acceptance：examining the effects of positive mood on the technology acceptance model. Decision Support Systems，48（2）：383-394.

Doyle J K，Radzicki M J，Trees W S. 2008. Measuring change in mental of complex dynamic systems//Ullan H Q，Spector J M，Davidsen P I. Complex Decision Making. Heidelberg：Springer：269-294.

Dwivedi Y K，Williams M D，Lal B，et al. 2010. An analysis of literature on consumer adoption and diffusion of information system/information technology/information and communication technology. International Journal of Electronic Government Research（IJEGR），6（4）：58-73.

Efthimiadis E N，Hendry D G. 2005. Search engines and how students think they work. SIGIR Conference：595-596.

Fornell C，Larcker D F. 1981. Evaluating structural equation models with unobservable variables and measurement error. Journal of Marketing Research，18（1）：39-50.

Gallego M D，Luna P，Bueno S. 2008. User acceptance model of open source software. Computers in Human Behavior，24（5）：2199-2216.

Gefen D，Karahanna E，Straub D W. 2003. Trust and TAM in online shopping：an integrated model. MIS Quarterly，27（1）：51-90.

Gerjets P，Hellenthal-Schorr T. 2008. Competent information search in the world wide web：development and evaluation of a web training for pupils. Computers in Human Behavior，24（3）：693-715.

Goodhue D，Littlefield R，Straub D W. 1997. The measurement of the impacts of the IIC on the end-users：the survey. Journal of the American Society for Information Science，48（5）：454-465.

Graham J，Zheng L，Gonzalez C. 2006. A cognitive approach to game usability and design：mental model development in novice real-time strategy gamers. Cyber Psychology & Behavior，9（3）：361-367.

Greene J A，Azevedo R. 2009. A macro-level analysis of SRL processes and their relations to the acquisition of a sophisticated mental model of a complex system. Contemporary Educational Psychology，34（1）：18-29.

Halttunen K，Järvelin K. 2005. Assessing learning outcomes in two information retrieval learning environments. Information Processing and Management：An International Journal，41（4）：949-972.

Hardgrave B C，Davis F D，Riemenschneider C K. 2003. Investigating determinants of software developers' intentions to follow methodologies. Journal of Management Information Systems，20（1）：123-151.

Hartwick J，Barki H. 1994. Hypothesis testing and hypothesis generating research：an example from the user participation literature. Information Systems Research，5（4）：446-449.

Hasan B，Ahmed M U. 2007. Effects of interface style on user perceptions and behavioral intention to use computer systems. Computers in Human Behavior，23（6）：3025-3037.

He W，Erdelez S，Wang F K，et al. 2008. The effects of conceptual description and search practice on users' mental models and information seeking in a case-based reasoning retrieval system. Information Processing and Management，44（1）：294-309.

Heijden H. 2004. User acceptance of hedonic information systems. MIS Quarterly，28（4）：695-704.

Hill L L，Dolin R，Frew J，et al. 1997. User evaluation：summary of the methodologies and results for the Alexandria digital library，University of California at Santa Barbara. Proceedings of the American Society for Information Science Annual Meeting：225-243.

Hong S J，Tam K Y. 2006. Understanding the adoption of multipurpose information appliances：the case of mobile data services. Information Systems Research，17（2）：162-179.

Hong W Y，Thong J Y L，Wong W M，et al. 2002. Determinants of user acceptance of digital libraries：an empirical examination of individual differences and system characteristics. Journal of Management Information System，18（3）：97-124.

Hsiao C H，Yang C. 2011. The intellectual development of the technology acceptance model：a co-citation analysis. International Journal of Information Management，31（2）：128-136.

Hsieh P-A，Rai A，Keil M. 2008. Understanding digital inequality：comparing continued use behavioral models of the socio-economically advantaged and disadvantaged. MIS Quarterly，32（1）：97-126.

Hsieh-Yee I. 2001. Research on web search behavior. Library & Information Science Research，23（2）：167-185.

Hsu C L，Lu H P. 2004. Why do people play on-line games? An extended TAM with social influences and flow experience. Information & Management，41（7）：853-868.

Hsu M K，Wang S W，Chiu K K. 2009. Computer attitude，statistics anxiety and self-efficacy on statistical software adoption behavior：an empirical study of online MBA learners. Computers in Human Behavior，25（2）：412-420.

Hsu Y C. 2006. The effects of metaphors on novice and expert learners' performance and mental-model development. Interacting with Computers，18（4）：770-792.

Hu J H，Clark T H K，Ma W W. 2003. Examining technology acceptance by school teachers：a longitudinal study. Information & Management，41（2）：227-241.

Huang L J，Lu M T，Wong B K. 2003. The impact of power distance on email acceptance：evidence from the PRC. Journal of Computer Information Systems，44（1）：93-101.

Igbaria M. 1990. End-user computing effectiveness：a structural equation model. Omega International Journal of Management Science，18（6）：637-652.

Ilie V，Slyke C V，Parikh M A，et al. 2009. Paper versus electronic medical records：the effects of access on physicians' decisions to use complex information technologies. Decision Sciences，40（2）：213-241.

Jackson C M，Chow S，Leitch R A. 1997. Toward an understanding of the behavioral intention to use an information system. Decision Sciences，28（2）：357-389.

Jansen B J，Booth D，Smith B. 2009. Using the taxonomy of cognitive learning to model online searching. Information Processing and Management，45（6）：643-663.

Karahanna E，Straub D W. 1999. The psychological origins of perceived usefulness and ease-of-use. Information & Management，35（4）：237-250.

Kerr S T. 1990. Wayfinding in an electronic database：the relative importance of navigational cues vs. mental models. Information Processing and Management，26（4）：511-523.

Kim K S. 2001. Information-seeking on the web: effects of user and task variables. Library & Information Science Research, 23 (3) : 233-255.

Kim S, Malhotra N K. 2005. A longitudinal model of continued is use: an integrative view of four mechanisms underlying post adoption phenomena. Management Science, 51 (5) : 741-755.

King W R, He J. 2006. A meta-analysis of the technology acceptance model. Information & Management, 43 (6) : 740-755.

Kling R, Elliott M. 1994. Digital library design for organizational usability. ACM SIGOIS Bulletin, 15 (2) : 59-69.

Kudikyala U K, Vaughn R B. 2005. Software requirement understanding using pathfinder networks: discovering and evaluating mental models. Journal of Systems and Software, 74 (1) : 101-108.

Kuhlthau C C. 1991. Inside the search process: information seeking from the user's perspective. Journal of the American Society for Information Science, 42 (5) : 361-371.

Lam J C Y, Lee M K O. 2006. Digital inclusiveness-longitudinal study of internet adoption by older adults. Journal of Management Information Systems, 22 (4) : 177-206.

Large A, Beheshti J, Breuleux A. 1998. Information seeking in a multimedia environment by primary school students. Library & Information Science Research, 20 (4) : 343-376.

Lee K, Yan A, Joshi K. 2011. Understanding the dynamics of users' belief in software application adoption. International Journal of Information Management, 31 (2) : 160-170.

Lee M K O, Cheung C M K, Chen Z. 2005. Acceptance of internet-based learning medium: the role of extrinsic and intrinsic motivation. Information & Management, 42 (8) : 1095-1104.

Lee Y, Kozar K A, Larsen K R T. 2003. The technology acceptance model: past, present, and future. Communications of the Association for Information Systems, 12 (50) : 752-780.

Lekakos G, Giaglis G M. 2006. Improving the prediction accuracy of recommendation algorithms: approaches anchored on human factors. Interacting with Computers, 18 (3) : 410-431.

Lewis W, Agarwal R, Sambamurthy V. 2003. Sources of influence on beliefs about information technology use: an empirical study of knowledge workers. MIS Quarterly, 27 (4) : 657-678.

Liao C, Palvia P, Chen J L. 2009. Information technology adoption behavior life cycle: toward a technology continuance theory (TCT). International Journal of Information Management, 29: 309-320.

Lindgaard G. 1994. Usability Testing and System Evaluation: A Guide for Designing Useful Computer Systems. London, New York: Chapman & Hall.

Liu L P, Ma Q X. 2005. The impact of service level on the acceptance of application service oriented medical records. Information & Management, 42 (8) : 1121-1135.

Ma Q, Liu L. 2004. The technology acceptance model: a meta-analysis of empirical findings. Journal of Organizational and End User Computing, 16 (1) : 59-72.

Maanen L V, Rijn H V, Grootel M V, et al. 2010. Personal publication assistant: abstract recommendations by a cognitive model. Cognitive Systems Research, 11（1）: 120-129.

Mathieson K. 1991. Predicting user intentions: comparing the technology acceptance model with the theory of planned behavior. Information Systems Research, 2（3）: 173-191.

Mathieu J E, Martineau J W, Tannenbaum S I. 1993. Individual and situational influences on the development of self-efficacy: implication for training effectiveness. Personnel Psychology, 46（1）: 125-147.

McNeil S. 2015. Visualizing mental models: understanding cognitive change to support teaching and learning of multimedia design and development. Educational Technology Research and Development, 63（1）: 73-96.

Moon J W, Kim Y G. 2001. Extending the TAM for a world-wide-web context. Information & Management, 38（4）: 217-230.

Morgan R M, Hunt S D. 1994. The commitment-trust theory of relationship marketing. Journal of Marketing, 58（3）: 20-38.

Morris M, Venkatesh V, Aekerman P. 2005. Gender and age differences in employee decisions about new technology: an extension to the theory of planned behavior. IEEE Transactions on Engineering Management, 52（1）: 69-84.

Novak J D. 1984. Learning How to Learn. Cambridge: Cambridge University Press.

Ong C S, Lai J Y, Wang Y S. 2004. Factor's affecting engineers' acceptance of asynchronous e-learning systems in high-tech companies. Information & Management, 41（6）: 795-804.

Park N, Roman R, Lee S, et al. 2009. User acceptance of a digital library system in developing countries: an application of the technology acceptance model. International Journal of Information Management, 29（3）: 196-209.

Porcel C, Moreno J M, Herrera-Viedma E. 2009. A multi-disciplinar recommender system to advice research resources in university digital libraries. Expert Systems with Applications, 36（10）: 12520-12528.

Purao S, Storey V C. 2008. Evaluating the adoption potential of design science efforts: the case of APSARA. Decision Support Systems, 44（2）: 369-381.

Reber A S, Walkenfield F F, Hernstadt R. 1991. Implicit and explicit learning: individual differences and IQ. Journal of Experiment Psychology Learning, Memory, and Cognition, 17（5）: 888-896.

Roca J C, Chiu C M, Martínez F J. 2006. Understanding e-learning continuance intention: an extension of the technology acceptance model. International Journal of Human-Computer Studies, 64（8）: 683-696.

Rouse W B, Morris N M. 1986. On looking into the black box: prospects and limits in the search of mental models. Psychological Bulletin，100（3）：349-363.

Sage A P. 1981. Behavioral and organizational considerations in the design of information systems and processes for planning and support. IEEE Transaction on Systems，Man，and Cybernetics，11（9）：640.

Saitoa H，Miwa K. 2007. Construction of a learning environment supporting learners' reflection：a case of information seeking on the web. Computers & Education，49（2）：214-229.

Sanborn A N，Griffiths T L，Shiffrin R M. 2010. Uncovering mental representations with Markov chain Monte Carlo. Cognitive Psychology，60：63-106.

Sánchez R A，Hueros A D. 2010. Motivational factors that influence the acceptance of Moodle using TAM. Computers in Human Behavior，26（6）：1632-1640.

Schamber L，Eisenberg M B，Nilan M S. 1990. A re-examination of relevance：toward a dynamic，situational definition. Information Processing and Management，26（6）：755-776.

Schwarz A. 2003. Defining information technology acceptance：a human-centered，managent-oriented perspective. PhD. Dissertation of University of Houston- University Park.

Segars A，Grover V. 1993. Re-examining perceived ease of use and usefulness：a confirmatory factor analysis. MIS Quarterly，17（4）：517-525.

Serenko A. 2008. A model of user adoption of interface agents for email notification. Interacting with Computers，20（4~5）：461-472.

Shih H P. 2004. Extended technology acceptance model of internet utilization behavior. Information & Management，41（6）：719-729.

Sia C L，Teo H H，Tan B C Y，et al. 1998. Examining environmental influences on organizational perceptions and predisposition toward distributed work arrangements：a path model. International Conference on Information Systems：88-102.

Song J，Zahedi F M. 2005. A theoretical approach to web design in e-commerce：a belief reinforcement model. Management Science，51（8）：1219-1235.

Spinka A，Park M，Koshman S. 2006. Factors affecting assigned information problem ordering during web search：an exploratory study. Information Processing and Management，42（5）：1366-1378.

Stahl D O. 1998. Is step-j thinking an arbitrary modeling restriction or a fact of human nature? Journal of Economic Behavior and Organization，37（1）：33-51.

Straub D，Keil M，Brenner W. 1997. Testing the technology acceptance model across cultures：a three country study. Information & Management，33（1）：1-11.

Subramanian G H. 1994. A replication of perceived usefulness and perceived ease of use measurement. Decision Sciences，25（5~6）：863-874.

Szajna B. 1994. Software evaluation and choice：predictive validation of the technology acceptance instrument. MIS Quarterly，18（3）：319-324.

Tabatabai D，Shore B M. 2005. How experts and novices search the web. Library & Information Science Research，27（2）：222-248.

Taylor S，Todd P A. 1995a. Assessing IT usage：the role of prior experience. MIS Quarterly，19（4）：561-570.

Taylor S，Todd P A. 1995b. Understanding information technology usage：a test of competing models. Information Systems Research，6（2）：144-176.

Thatcher A. 2008. Web search strategies：the influence of web experience and task type. Information Processing and Management，44（3）：1308-1329.

Thompson R L，Higgins C A，Howell J M. 1994. Influence of experience on personal computer utilization：testing a conceptual model. Journal of Management Information Systems，11（1）：167-187.

Thong J Y L，Hong W Y，Tam K Y. 2002. Understanding user acceptance of digital libraries：what are the roles of inter face characteristics，organizational context，and individual differences? International Journal of Human-Computer Studies，57（3）：215-242.

Thong J Y L，Hong S J，Tam K Y. 2006. The effects of post-adoption beliefs on the expectation-confirmation model for information technology continuance. International Journal of Human-Computer Studies，4（9）：779-810.

Tsai M J. 2009. Online information searching strategy inventory（OISSI）：a quick version and a complete version. Computers & Education，53（2）：473-483.

Twidale M B，Gruzd A A，Nichols D M. 2008. Writing in the library：exploring tighter integration of digital library use with the writing process. Information Processing and Management，44（2）：558-580.

van Raaij E M，Schepers J J L. 2008. The acceptance and use of a virtual learning environment in China. Computers & Education，50（3）：838-852.

Venkatesh V，Davis F D. 2000. A theoretical extension of the technology acceptance model：four longitudinal field study. Management Science，45（2）：186-204.

Venkatesh V，Morris M G. 2000. Why don't men ever stop to ask for directions? Gender，social influence，and their role in technology acceptance and usage behavior. MIS Quarterly，24（1）：115-139.

Venkatesh V，Bala H. 2008. Technology acceptance model 3 and a research agenda on interventions. Decision Sciences，39（2）：273-315.

Venkatesh V，Morris M G，Ackerman P L. 2000. A longitudinal field investigation of gender differences in individual technology adoption decision-making processes. Organizational Behavior and Human Decision Processes，83（1）：33-60.

Venkatesh V，Morris M G，Gordon B D，et al. 2003. User acceptance of information technology：toward a unified view. MIS Quarterly，27（3）：425-478.

Walczuch R，Lemmink J，Streukens S. 2007. The effect of service employees' technology readiness on technology acceptance. Information & Management，44（2）：206-215.

Walraven A，Brand-Gruwel S，Boshuizen H P A. 2008. Information-problem solving：a review of problems students encounter and instructional solutions. Computers in Human Behavior，24（3）：623-648.

Walraven A，Brand-Gruwel S，Boshuizen H P A. 2009. How students evaluate information and sources when searching the world wide web for information. Computers & Education，52（1）：234-246.

Wilson T D. 1999. Models of information behavior research. Journal of Documentation，55（3）：249-270.

Wilson T D. 2000. Human information behavior. Journal of Informing Science，3（2）：49-56.

Yi M Y，Hwang Y. 2003. Predicting the use of web-based information systems：self-efficacy，enjoyment，learning goal orientation，and the technology acceptance model. Internation Journal of Human-Computer Studies，59（4）：431-449.

Yi M Y，Jackson J D，Park J S，et al. 2006. Understanding information technology acceptance by individual professionals：toward an integrative view. Information & Management，43（3）：350-363.

Youngberg E，Olsen D，Hauser K. 2009. Determinants of professionally autonomous end user acceptance in an enterprise resource planning system environment. International Journal of Information Management，29（2）：138-144.

附录A　高校图书馆用户对网站服务的使用以及认知状况调查

尊敬的同学：

您好！感谢您在百忙中抽出时间填写本问卷。本问卷旨在调查您使用本校图书馆网站的情况。调查结果将直接影响到该项研究的结论和质量，恳请您细心、如实地回答。对于您的支持与合作，我们表示衷心的感谢！

"信息服务用户技术接受研究"课题组

●性别：□ 男　□ 女　院系：　　　　　　　　专业：

●年级：□ 大一、大二　□ 大三、大四　□ 硕士一年级　□ 硕士二年级

□ 博士研究生　□ 教师或科研人员

●您一般访问图书馆网站的原因是（请在下面选项中打"√"，可多选）：

□ 借书　□ 论文需要　□ 科研需要　□ 完成作业　□ 了解活动信息　其他__

●您访问图书馆网站的频率是：

□ 每月少于一次　□ 每月若干次　□ 每周若干次　□ 每天都会访问

●您是怎么学习使用图书馆网站检索方法的？（请在下面选项中打"√"，可多选）

□ 参加图书馆培训　□ 与同学、同事交流　□ 学习检索界面提供的帮助

□ 自己摸索　其他_________

1. 您目前经常使用高校图书馆网站提供的哪些信息资源及服务？（请在下面选项中打"√"，可多选）

□ 书目查询　□ 本校学位论文数据库　□ 多媒体资源数据库　□ 馆办刊物

□ 高校联合体　□ 在线咨询　□ 代检代查　□ 馆际互借

□ 科技查新　□ 中文数据库　□ 外文数据库　其他______

2. 请您选择经常使用的中文数据库并给出选择原因。

数据库	选择原因
○维普	
○万方	
○CNKI	
○超星数字图书馆	
其他：	

3. 请您选择经常使用的外文数据库并给出选择原因。

数据库	选择原因
○ACM	
○EBSCOhost Research	
○Elsevier ScienceDirect	
○SpringerLink	
○UMI ProQuest 博士论文全文数据库	
○EI 数据库	
○ISTP 数据库	
其他：	

4. 您平时较多使用数据库提供的哪类文献类型？（请在下面选项中打“√”，可多选）

□ 电子书 □ 期刊论文 □ 会议论文 □ 科技报告 □ 学位论文 □ 其他

5. 您平时较多使用数据库提供的哪种检索方法？（请根据您的使用频率由高到低依次写出各检索方法前的序号）

①简单检索（只有一个检索框） ②高级检索（可以同时在多个检索框中输入检索词） ③专业检索（自己可以自由组合检索字段，如篇名=认知行为 and 篇名=信息用户） ④分类检索（如依据所属学科检索） ⑤二次检索（在检索结果中再次检索） ⑥精确/模糊检索（精确：要求输入的词组必须完整出现在检索字段中，如“知识转移”不可分割；模糊：输入的词组可以被拆分出现在检索字段中，如“知识转移”可以只出现“知识”） ⑦其他 ______

序号排序：______

6. 您平时检索时较多使用哪类检索项（即要求计算机检索的字段）？（请在下面选项中打“√”，可多选）

□ 默认界面 □ 关键词（在论文关键词中检索） □ 题名（在论文篇名中检索）

□ 文摘（在论文文摘中检索） □ 作者 □ 机构

其他 ______

7. 下列哪些情况会让您觉得图书馆网站提供的信息资源及服务对您的学习和科研是有用的？（请在下面选项中打“√”，可多选）

□ 可以快速地检索到学习或科研中需要的图书期刊等文献信息

□ 可以获取到图书期刊等全文资料

□ 通过图书馆网站可以很好地了解所在学科的最新动态及前沿信息

□ 通过图书馆网站可以了解到课外知识或自己感兴趣的知识

□ 通过在线或离线服务，学会使用数据库的各种方法

其他：______________________________

您认为影响图书馆网站有用性的主要原因有哪些？

____

____

8. 下列哪些情况会让您觉得图书馆网站上的功能及服务使用起来比较容易？（请在下面选项中打“√”，可多选）

□ 网站界面友好，内容逻辑体系划分清晰，容易发现识别所需资源

□ 网站功能容易理解，便于操作

□ 网站导航设计良好，使用过程中不会迷失方向

□ 网站提供各种在线咨询帮助功能，在使用过程中遇到困难能及时得到解决

□ 网站具有较强的容错能力，当您操作失误时网站会及时报错

其他：______________________________

您认为影响图书馆网站易用性的主要原因有哪些？

____

9. 您期待或赞赏图书馆的哪些服务？（请在下面选项中打“√”，可多选）

□ 利用各种途径在线介绍数据库使用方法

例如，提供：□ 文字帮助 □ 示范例子帮助 □ 动画展示帮助 □ 视频培训

□ 按照不同的主题提供用户交流区域，如 BBS 论坛

□ 当电子全文不能获取时，图书馆能够利用各种途径解决原文传递问题

□ 适时推荐各学科的重要资源（如期刊、图书、会议录、学位论文等）

□ 图书馆定期举办各种数据库使用方法培训活动

其他：______________________________

10. 您在使用图书馆网站过程中经常在哪些方面感到不满意？

____

____

____

____

附录 B　用户搜索功能学习的心智模型实验问卷任务样例

请查找篇名中含有信息、大学生、认知的学术论文。

（标准答案：满足上述要求的文献有 5 篇；如果检索结果多于或少于该篇数都不算正确）

请按下列步骤操作。

步骤 1　请您切换至 CNKI 数据库默认检索界面进行菜单选择操作，注意在点击检索按钮前，返回本问卷界面，执行步骤 2。

步骤 2　请回答如下问题。

1. 您为什么选择这个检索方法？

____

2. 您为什么在这个检索框中这样放置检索词？

____

3. 您对选择上述操作找到符合要求的文献把握度有多少？（用红色标注）

（5 表示非常有把握，1 表示非常没有把握）　□5　□4　□3　□2　□1

步骤 3　请返回刚才选择的检索界面，点击“检索”按钮，并查看结果列表，是否为标准答案。然后返回本问卷界面。

步骤 4　请回答如下问题。

4. 您的检索结果与正确答案是否一致？□是　□否

5. 您对本次检索结果满意度是多少？（用红色标注）

（5 表示非常满意，1 表示非常不满意）　□5　□4　□3　□2　□1

6. 您打分的主要依据有（　　）（可多选）

A. 与标准答案是否吻合

B. 得分是否高

C. 与您之前所想的结果是否吻合（您的预期是什么？请告诉主试）

D. 与您检索过程是否顺畅有关

E. 其他____________________

附录C　用户搜索功能学习的心智模型实验数据预处理样例表

以某被试的数据预处理记录表为例，该表包括以下几大项内容。

1）被试基本个人信息

主试姓名		主试联系方式	
被试编号	如：学习实验-20101031-管理 1-01	姓名	
性别		院系及专业	
年级		被试联系方式	
是否在数据库查找资料（问卷）	如：否	是否经常在搜索引擎上查找资料（问卷）	如：经常

2）被试行为记录项

任务轮数	界面选择	检索项选择	检索词放置	……
1	初级	篇名	一框多词（加空格）	……
2	高级	关键词	一框一词	……
……	……	……	……	……

3）被试心智模型记录项

任务轮数	题目理解	界面选择原因	检索词放置原因	把握度（预期）	……
1	篇名 A 或 B	觉得好用	词要同时出现	5	……
2	篇名 A+B	方便	尝试	7	……
……	……	……	……	……	……

附录D　用户对文献数据库系统接受影响因素的调查问卷

尊敬的老师及同学：

您好！感谢您在百忙中抽出时间填写本问卷。本问卷是“信息服务用户技术接受研究”课题组开展的学术研究，旨在调查影响用户使用文献数据库系统的因素，希望了解您在工作、学习中使用文献数据库系统的一些看法，答案没有对错之分，请根据您的使用体会作答，在合适的选项上打“√”。

填写说明：①请您根据以往访问文献数据库系统（如中国知网、万方、维普、ACM、ACS、AIAA、AIP、Science Direct等，但不局限于此）的经历回答下面的问题，并在选定的数字上打“√”。②整个调研过程为3~6分钟，请尽力填答完整，如果有难以回答的问题，请说明。③问卷采用匿名调查方式，所有调查问卷直接由课题组内部回收处理，我们为您填写的资料保密。衷心感谢您的大力支持，祝您身体健康、工作学习愉快！

“信息服务用户技术接受研究”课题组

第一部分：用户基本情况调查

1. 请问您的职业是？　□ 学生　□ 高校教师　□ 研究所科研人员　□ 其他
请问您所在专业领域是？ ________________________________

2. 请问您的性别是？　□ 男　□ 女

3. 请问您的学历是？□ 专科　□ 本科　□ 硕士研究生　□ 博士研究生

4. 请问您使用文献数据库系统获取信息资源多长时间了？
□ 未使用　□ 1年以下　□ 1~2年　□ 2~3年　□ 3年以上

5. 您使用文献数据库系统的频率是？
□ 每月少于一次　□ 每月若干次　□ 每周若干次　□ 每天都会访问

第二部分：选择题

说明：下面问项中的1代表强烈不同意；2代表不同意；3代表有点不同意；4代表不确定；5代表有点同意；6代表同意；7代表强烈同意。其中，“强烈不同意”表示该问项所述状况与实际完全不符，“强烈同意”表示该问项所述状况与实际完全相符，“不确定”表示中立。请在对应的数字上打“√”。

序号	问项描述	强烈不同意↔强烈同意						
SE1	当使用文献数据库系统时，我有能力独立来完成查找所需文献的任务	1	2	3	4	5	6	7
SE2	当使用文献数据库系统时，我不需要别人来帮助我解决问题	1	2	3	4	5	6	7
SE3	当使用文献数据库系统时，我非常需要有人为我先操作示范，否则难以完成查找所需文献的任务	1	2	3	4	5	6	7
SJ1	我选择使用文献数据库系统是因为能够影响我行为的人（如上级领导、导师等）建议我选择使用文献数据库系统	1	2	3	4	5	6	7
SJ2	我使用文献数据库系统是因为对我重要的人（如同学、朋友）认为它是有用和好用的	1	2	3	4	5	6	7
JB1	我使用的文献数据库系统内的资源足够丰富	1	2	3	4	5	6	7
JB2	我使用的文献数据库系统能够提供给我所关注领域的最新信息	1	2	3	4	5	6	7
JB3	我使用的文献数据库系统内的资源能够满足我的工作与科研需求	1	2	3	4	5	6	7
JB4	我使用的文献数据库系统内的信息与我所需信息非常相关	1	2	3	4	5	6	7
ID1	我使用的文献数据库系统界面上的按钮和符号能够准确地诠释它要表达的命令与意义	1	2	3	4	5	6	7
ID2	我使用的文献数据库系统版面布局风格一致，容易学习操作	1	2	3	4	5	6	7
ID3	我使用的文献数据库系统文字图片的色彩搭配宜人，感觉舒适	1	2	3	4	5	6	7
TS1	我使用的文献数据库系统能够及时向我介绍、推荐新资源	1	2	3	4	5	6	7
TS2	我使用的文献数据库系统能够推荐相关适用的资源	1	2	3	4	5	6	7
TS3	文献数据库系统能够提供操作使用的示范（如通过例子讲解如何使用高级检索方法等）	1	2	3	4	5	6	7
TS4	文献数据库系统能够提供检索匹配机制的说明（如说明精确检索与模糊检索的区别）	1	2	3	4	5	6	7
TS5	文献数据库系统很好地提供用户论坛以及用户咨询平台（如用户能够提出建议、问题等）	1	2	3	4	5	6	7
PE1	我预期使用该文献数据库系统是令人愉悦的	1	2	3	4	5	6	7
PE2	该文献数据库系统的实际使用过程的确令人高兴开心	1	2	3	4	5	6	7
PE3	我在使用该文献数据库系统的过程中找到了乐趣	1	2	3	4	5	6	7
PU1	在我的学习、工作中使用文献数据库系统能够极大地提高我的业绩（如学习成绩以及发论文的数量等）	1	2	3	4	5	6	7
PU2	在我的学习、工作中使用文献数据库系统能够让我快速地完成任务，提高我的学习、工作效率	1	2	3	4	5	6	7
PU3	在我的学习、工作中发现文献数据库系统是有用的	1	2	3	4	5	6	7
PEOU1	我发现很容易利用文献数据库系统完成我的任务，达到我的使用目的	1	2	3	4	5	6	7

续表

序号	问项描述	强烈不同意↔强烈同意						
PEOU2	我所使用的文献数据库系统的交互过程是清晰易懂的，不会产生混淆歧义及语义不明等现象	1	2	3	4	5	6	7
PEOU3	我所使用的文献数据库系统的人机交互不需要太多的脑力以及出现认知负荷过重等现象	1	2	3	4	5	6	7
PEOU4	我发现该文献数据库系统是容易使用的	1	2	3	4	5	6	7
IU1	我打算以后继续使用该文献数据库系统	1	2	3	4	5	6	7
IU2	我打算以后增加对文献数据库系统的使用	1	2	3	4	5	6	7
IU3	我很乐意将该文献数据库系统推荐给其他人（同学、朋友、同事等）使用	1	2	3	4	5	6	7

您在填写问卷过程中遇到的问题以及对问卷的建议：

____

附录 E　用户信念因素动态调整追踪研究实验

1. 用户信念动态追踪研究的第一次调查问卷

尊敬的同学：

您好！本问卷旨在了解您对中国知网的学习情况，相关内容将用于改进后续课程教学，请在每个问题后面的数字上，选择最符合您想法的选项划“√”。所有调查问卷直接由课题组内部回收处理，我们为您填写的资料保密。衷心感谢您的大力支持，祝您身体健康、学习愉快！

“信息服务用户技术接受研究”课题组

第一部分：选择题

1. 请问您的姓名是：____________________您的学号是：________________
2. 请问您的性别是？　男（ ）　女（ ）
3. 请问您之前是否使用过中国知网？是（ ）　否（ ）

第二部分：填表题

说明：“强烈不同意”表示该问项所述状况与实际完全不符，“强烈同意”表示该问项所述状况与实际完全相符，“不确定”表示中立。请您根据自己对中国知网的了解程度回答下面的问题，答案没有对错之分，请您在对应的位置打“√”。

问题描述	强烈不同意	不同意	有点不同意	不确定	有点同意	同意	强烈同意
1. 如果使用中国知网，我将有能力独立来完成查找所需文献的任务							
2. 如果使用中国知网，我非常需要有别人来帮助我解决问题，否则难以完成查找所需文献的任务							
3. 如果要使用中国知网，我非常需要有人为我先操作示范，否则难以完成查找所需文献的任务							
4. 我相信中国知网能够提供给我感兴趣的相关文献							
5. 我相信使用中国知网能够让我更快地查找到所需文献							
6. 我相信在我今后的学习中中国知网是有用的							
7. 我相信利用中国知网完成查找文献的任务将是件很容易的事情							
8. 我相信在今后使用中国知网的过程中，它的表达是清晰易懂的，不会产生混淆歧义及语意不明现象							
9. 我相信在使用中国知网的过程中将不需要过多的脑力和思考							
10. 总之，我觉得中国知网是容易使用的							
11. 我希望立刻使用中国知网							
12. 我打算在以后的学习中使用中国知网							
13. 我很乐意将中国知网推荐给其他人（朋友、同学）使用							

您在填写问卷过程中遇到的问题以及对问卷的建议：

____

调查问卷至此结束，非常感谢您的参与！

2. 第二次用户实验和问卷调查：

2.1 第二周期实验任务

（1）进入中国知网的网站，打开方法有以下几种：①直接输入网址 www.cnki.net；②在百度或者谷歌里输入“中国知网首页”，进行搜索；③图书馆网站中的馆藏资源→数据库导航→中国知网。任选其一即可。

（2）选取自己感兴趣的某一领域（如程序设计方法、信息系统、操作系统、竞争情报、神经网络、电子商务、云计算、物联网……也可自拟），利用中国知网来查找相关文献，熟悉中国知网的使用方法和加深对某一领域知识的了解。

第一，在简单检索中，利用自己感兴趣的关键词来查找，写出检索文章的总数量。

答案：你所利用的关键词是________________________

你所查找的文献总数量是______________________________

第二，在高级检索中，在“关键词”下用自己感兴趣的关键词查找，写出检索的总数量，并列举2~5篇文献章题目、作者、关键词等信息。

答案：选取的关键词是___________　　　检索的总数目是___________

文章题目_________________　　　作者_____________________

第三，在标准检索中，选取我校信息管理系的任一老师，查找出此老师2005年1月1日至2011年11月24日发表的文章总数量，并列出其中一篇的题目、文献来源。

选取的教师：____________________　检索到的记录数目是：____________

并列举出其中某一篇的题目：____

文献来源：____（会议或者期刊名称）

将检索结果按照“发表时间”排序，写出作者最新发表的一篇文章题目：

____

将检索结果按照“下载频次”排序，写出作者被下载次数最多的一篇文章题目：

____

2.2 用户信念动态追踪研究的第二次调查问卷

尊敬的同学：

您好！本问卷旨在了解您对中国知网的学习情况，相关内容将用于改进后续课程教学，请在每个问题后面的数字上，选择最符合您想法的选项划“√”。所有调查问卷直接由课题组内部回收处理，我们为您填写的资料保密。衷心感谢您的大力支持，祝您身体健康、学习愉快！

“信息用户技术接受行为研究”课题组

请问您的姓名是：________________________　您的学号是：_____________

说明：“强烈不同意”表示该问项所述状况与实际完全不符，“强烈同意”表示该问项所述状况与实际完全相符，“不确定”表示中立。请您根据自己对中国知网的了解和使用情况回答下面的问题，答案没有对错之分，请您在对应的位置上打“√”。

问项描述	强烈不同意	不同意	有点不同意	不确定	有点同意	同意	强烈同意
1. 当使用中国知网时，我有能力独立来完成查找任务							
2. 在使用中国知网的过程中，我非常需要有别人来帮助我解决问题，否则难以完成查找任务							
3. 当使用中国知网时，我非常需要有人为我先操作示范，否则难以完成查找任务							
4. 使用中国知网能够极大地帮助我查找到所需相关论文							
5. 在我的学习中使用中国知网能够让我更快地完成任务							
6. 我发现中国知网是有用的							
7. 我发现很容易利用中国知网完成我的查找任务							
8. 在使用中国知网的过程中，发现它的表达是清晰易懂的，不会产生混淆歧义及语意不明现象							
9. 我在使用中国知网的过程中不需要过多的脑力和思考							
10. 我发现中国知网是容易使用的							
11. 我希望以后继续使用中国知网							
12. 我打算以后增加对中国知网的使用							
13. 我很乐意将中国知网推荐给其他人（朋友、同学）使用							

您在填写问卷过程中遇到的问题以及对问卷的建议：

____

调查问卷至此结束，非常感谢您的参与！

3. 第三次用户实验和问卷调查：

3.1 第三周期实验任务

（1）进入中国知网的网站，打开方法有以下几种：①直接输入网址 www.cnki.net；②在百度或者谷歌等搜索引擎里输入“中国知网首页”，进行搜索。任选其一即可。

（2）在中国知网首页点击“学术文献总库”，进入检索页面。

第一，在专业检索中，自己选取篇名、关键词及作者等关键信息来写检索表达式，写出你检索的表达式：________________，并写出你的检索结果：________

第二，挑选自己感兴趣的两个关键词，在高级检索中，利用逻辑关系检索包含一个关键词却不包含另一个关键词的检索条件，在模糊匹配机制下进行检索。

写出你选取的两个关键词：________________，共检索到__________条记录。

第三，在引文检索中，查找出被引次数大于等于 10 的文献，共查找到____条记录，写出其中 2 篇的题名：____________________

3.2 用户信念动态追踪研究的第三次调查问卷

尊敬的同学：

您好！本问卷旨在了解您对中国知网的学习情况，相关内容将用于改进后续课程教学，请在每个问题后面的数字上，选择最符合您想法的选项划“√”。所有调查问卷直接由课题组内部回收处理，我们为您填写的资料保密。衷心感谢您的大力支持，祝您身体健康、学习愉快！

“信息用户技术接受行为研究”课题组

请问您的姓名是：______________________　您的学号是：_____________

说明：“强烈不同意”表示该问项所述状况与实际完全不符，“强烈同意”表示该问项所述状况与实际完全相符，“不确定”表示中立。请您根据自己对中国知网的了解和使用情况回答下面的问题，答案没有对错之分，根据自己的真实想法，在对应的位置上打“√”。

问项描述	强烈不同意	不同意	有点不同意	不确定	有点同意	同意	强烈同意
1. 当使用中国知网时，我有能力独立来完成查找任务							
2. 在使用中国知网的过程中，我非常需要有别人来帮助我解决问题，否则难以完成查找任务							
3. 当使用中国知网时，我非常需要有人为我先操作示范，否则难以完成查找任务							
4. 使用中国知网能够极大地帮助我查找到所需相关论文							
5. 在我的学习中使用中国知网能够让我更快地完成任务							
6. 我发现中国知网是有用的							
7. 我发现很容易利用中国知网完成我的查找任务							
8. 在使用中国知网的过程中，发现它的表达清晰易懂，不会产生混淆歧义及语意不明现象							
9. 在使用中国知网的过程中不需要过多的脑力和思考							
10. 我发现中国知网是容易使用的							
11. 我希望以后继续使用中国知网							
12. 我打算以后增加对中国知网的使用							
13. 我很乐意将中国知网推荐给其他人（朋友、同学）使用							

您在填写问卷过程中遇到的问题以及对问卷的建议：

____

调查问卷至此结束，非常感谢您的参与！

附录F　图书馆网站系统用户技术接受的探索性研究调查问卷

尊敬的用户：

您好！感谢您在百忙中抽出时间填写本问卷。请您根据以往访问本校图书馆网站的经历回答下面的问题，在选定的数字上打“√”。调查结果将直接影响到该项研究的结论和质量，恳请您细心、如实地回答。

问卷采用匿名调查方式，所有调查问卷直接由课题组内部回收处理，我们为您填写的资料保密。对于您的支持与合作，我们表示衷心的感谢！

“信息服务用户技术接受研究”课题组

第一部分：选择题

请您在合适的选项上打“√”；如果您认为还有其他因素，请在问题后的横线上填写。

1. 请问您所在院系是？ ____________

   请问您所在专业是？ ____________

2. 请问您的性别是？　　□ 男　□ 女
3. 请问您属于哪个年龄段？

   □ 20 岁以下　□ 20~25 岁　□ 26~30 岁　□ 31~35 岁　□ 36~40 岁　□ 40 岁以上

4. 请问您所在的年级是？

   □本科一年级　□本科二年级　□本科三年级　□本科四年级

   □硕士一年级　□硕士二年级　□硕士三年级　□博士研究生

5. 请问您使用学校图书馆网站多长时间了？

   □未使用　□1 年以下　□1~2 年　□2~3 年　□3~4 年　□4 年以上

6. 请问您参与过图书馆举办的各种培训或讲座吗？　□ 参与过　□ 没参与过

   如果参与过，主要有哪些培训？ ______________________________________

7. 请问您主要使用图书馆网站完成哪些任务？（可多选）
   □ 借阅图书　□ 完成作业　□ 论文需要　□ 科研需要
   □ 查找自己感兴趣的课外资料　□ 查找本专业相关资料以便了解前沿信息
   □ 其他______
8. 您使用图书馆网站的频率是？
   □ 每月少于一次　□ 每月若干次　□ 每周若干次　□ 每天都会访问
9. 请问您主要使用图书馆网站的哪些功能？（请列举 1~3 个）

____

第二部分：填表题

您在使用图书馆网站时，下列因素对您使用网站的效率影响程度如何？影响程度分 7 个标准，影响最小得 1 分，影响最大得 7 分。请在您认为合适的数字上打“√”。

影响因素	完全不影响↔影响很大						
性别	1	2	3	4	5	6	7
年龄	1	2	3	4	5	6	7
长时间操作计算机引起的视觉、肌肉、肩酸等生理疲劳	1	2	3	4	5	6	7
我认为比较重要的人对我是否会使用图书馆网站的看法（如老师、朋友等）	1	2	3	4	5	6	7
学习任务重而导致的压力	1	2	3	4	5	6	7
周围同学遇到学习或生活问题时是否使用图书馆网站查找资料	1	2	3	4	5	6	7
周围同学是否会熟练操作图书馆网站	1	2	3	4	5	6	7
同学关系、朋友关系、学习压力等引发的情绪问题	1	2	3	4	5	6	7
是否有使用图书馆网站的需求（如学习、写论文需要等）	1	2	3	4	5	6	7
是否愿意使用图书馆网站解决学习或生活中所遇到的问题（使用意愿）	1	2	3	4	5	6	7
使用图书馆网站解决问题的态度	1	2	3	4	5	6	7
对要查找的资料所处领域的知识掌握程度（即对该领域知识了解多少）	1	2	3	4	5	6	7
能否很好地理解所要解决问题的本质（即是否知道要查找哪些内容）	1	2	3	4	5	6	7
数据库检索知识的掌握程度（如是否了解简单检索、高级检索等方法）	1	2	3	4	5	6	7
能否很好地接受、识别、理解所检索到的信息（信息素养）	1	2	3	4	5	6	7
是否会积极主动地学习图书馆网站的相关操作知识（学习积极性）	1	2	3	4	5	6	7
是否会很快学会图书馆网站的相关操作知识（学习能力）	1	2	3	4	5	6	7
英语能力（如是否理解外文资料所表达的意思等）	1	2	3	4	5	6	7
我接受新事物的态度（革新性，如是否接受传统图书馆服务向电子化发展）	1	2	3	4	5	6	7
是否有信心使用图书馆网站解决问题或完成任务（自我效能）	1	2	3	4	5	6	7
计算机操作熟练程度	1	2	3	4	5	6	7

续表

影响因素	完全不影响↔影响很大						
是否能预计使用图书馆网站得到的结果	1	2	3	4	5	6	7
图书馆网站提供内容的权威性（如数据库内的文献资料是否值得信任）	1	2	3	4	5	6	7
图书馆网站提供内容的丰富性（如数据库内的资料覆盖面是否广）	1	2	3	4	5	6	7
图书馆网站能否及时更新页面上的内容	1	2	3	4	5	6	7
数据库内的文献资料能否提供全文下载	1	2	3	4	5	6	7
图书馆网站的响应时间的长短（如点击鼠标后等待网站的反应时间等）	1	2	3	4	5	6	7
图书馆网站的运行速度或者响应速度	1	2	3	4	5	6	7
网站内数据库提供的检索途径是否丰富（如是否提供简单检索、高级检索等）	1	2	3	4	5	6	7
数据库提供的检索结果是否全面（如时间跨度等）	1	2	3	4	5	6	7
数据库提供的检索结果是否正确（如跟检索主题是否相关等）	1	2	3	4	5	6	7
能否提供多个数据库共同检索（跨库检索）	1	2	3	4	5	6	7
界面布局是否合理	1	2	3	4	5	6	7
网站界面用词是否容易理解	1	2	3	4	5	6	7
功能操作步骤是否符合操作习惯，即操作步骤是否容易学会	1	2	3	4	5	6	7
界面色泽搭配是否容易使人感到眼部疲劳（色泽宜人性）	1	2	3	4	5	6	7
界面上信息显示方式和数量是否适宜，不易阅读疲劳	1	2	3	4	5	6	7
界面上信息是否便于捕捉（信息呈现方式符合人的认知）	1	2	3	4	5	6	7
使用图书馆网站的任务是否明确	1	2	3	4	5	6	7
任务难度	1	2	3	4	5	6	7
我对任务的理解程度，即知道通过图书馆网站查找什么内容	1	2	3	4	5	6	7
任务重要性	1	2	3	4	5	6	7
任务不是一次就可以完成的，需要多次使用图书馆网站（任务不连续）	1	2	3	4	5	6	7
任务目标随时变动（任务不稳定性）	1	2	3	4	5	6	7
图书馆是否开展数据库使用的培训讲座	1	2	3	4	5	6	7
是否参与数据库使用的培训讲座	1	2	3	4	5	6	7
当数据库不提供全文下载时，图书馆是否帮助全文获取	1	2	3	4	5	6	7
图书馆是否组织用户交流使用网站的经验（如数据库使用经验等）	1	2	3	4	5	6	7
网站及时介绍新资源情况（如面向的主题等）	1	2	3	4	5	6	7
网站是否推荐各学科适用的资源	1	2	3	4	5	6	7
网站是否能及时地提供所需要的帮助信息	1	2	3	4	5	6	7
网站是否提供示范例（如通过例子讲解如何使用高级检索方法等）	1	2	3	4	5	6	7
示范例的方式多样性（如文字介绍、动画演示等）	1	2	3	4	5	6	7
网站是否提供用户论坛	1	2	3	4	5	6	7
网站能否提供用户咨询平台（如提出建议、问题等）	1	2	3	4	5	6	7
网站反馈是否及时	1	2	3	4	5	6	7
计算机是否好用，即配置好	1	2	3	4	5	6	7

续表

影响因素	完全不影响↔影响很大						
能否方便连接上图书馆网站，即接入 internet 是否方便	1	2	3	4	5	6	7
能否方便使用图书馆网站提供的数据库（如受 IP 地址限制等）	1	2	3	4	5	6	7
上网费用是否合理	1	2	3	4	5	6	7
网络速度的快慢	1	2	3	4	5	6	7
使用网站过程中的噪声、杂事干扰等	1	2	3	4	5	6	7
温度、湿度、照明等	1	2	3	4	5	6	7
如果将上述因素按属性归结为用户因素、系统因素、任务因素、服务因素和环境因素，您认为这五类因素对您使用图书馆网站完成任务的效率影响程度如何，请在合适的数字上打“√”	完全不影响↔影响很大						
与使用图书馆网站相关的用户因素	1	2	3	4	5	6	7
图书馆网站功能、界面设计等系统因素	1	2	3	4	5	6	7
任务难度、是否明确等任务因素	1	2	3	4	5	6	7
在线及离线服务等服务因素	1	2	3	4	5	6	7
计算机配置、温度、湿度等环境因素	1	2	3	4	5	6	7

附录G 图书馆网站系统用户技术接受影响因素调查问卷

尊敬的用户：

您好！感谢您在百忙中抽出时间填写本问卷。请您根据以往访问高校图书馆网站的经历回答下面的问题，在选定的数字上打“√”。调查结果将直接影响到该项研究的结论和质量，恳请您细心、如实地回答。

对于您的支持与合作，我们表示衷心的感谢！

“信息服务用户技术接受行为研究”课题组

性别：□ 男 □ 女 院系：__________________专业：__________________

单位类型：____________________________岗位类型：______________

年级：□ 硕士一年级 □ 硕士二年级 □ 博士研究生

您访问图书馆网站的频率是：

□ 每月少于一次 □ 每月若干次 □ 每周若干次 □ 每天都会访问

一、请根据您自身的情况回答以下问题。

问卷问题	完全同意			↔			完全不同意
1. 您经常有课题撰写任务	○7	○6	○5	○4	○3	○2	○1
2. 您经常有课题研究任务	○7	○6	○5	○4	○3	○2	○1
3. 您有了解新知识的兴趣，如课外知识	○7	○6	○5	○4	○3	○2	○1
4. 当您对研究问题比较熟悉时对检索需求会理解透彻	○7	○6	○5	○4	○3	○2	○1
5. 当使用一个新系统、新网站时，您遇到困难时经常需要别人的帮助	○7	○6	○5	○4	○3	○2	○1
6. 当使用一个新系统、新网站时，您不需任何指导便可学会使用	○7	○6	○5	○4	○3	○2	○1

续表

问卷问题	完全同意			↔			完全不同意
7. 您对检索知识掌握比较好，如熟悉简单检索、高级检索等检索方式的使用	○7	○6	○5	○4	○3	○2	○1
8. 您经常上网搜索信息、检索资料	○7	○6	○5	○4	○3	○2	○1
9. 您有较好的英语阅读能力，能够帮助您阅读外文资料	○7	○6	○5	○4	○3	○2	○1

二、请根据您以往经历回答有关图书馆网站使用方面的问题。

问卷问题	完全同意			↔			完全不同意
1. 当您有需求时，可以随时方便地登录图书馆网站	○7	○6	○5	○4	○3	○2	○1
2. 校园网使用手续办理比较简单	○7	○6	○5	○4	○3	○2	○1
3. 校园网使用费用比较合理	○7	○6	○5	○4	○3	○2	○1
4. 图书馆网站运行速度快、稳定	○7	○6	○5	○4	○3	○2	○1
5. 图书馆网站提供的数据库种类多，能够满足各种检索需求	○7	○6	○5	○4	○3	○2	○1
6. 图书馆网站提供的数据库覆盖学科广，能够满足各种学科检索需求	○7	○6	○5	○4	○3	○2	○1
7. 图书馆网站提供的数据库内容载体种类多，如期刊、会议报告、学位论文等	○7	○6	○5	○4	○3	○2	○1
8. 图书馆网站提供的数据库内容时间跨度大，既有历史资源，也有最新资源	○7	○6	○5	○4	○3	○2	○1
9. 图书馆网站提供的数据库内容及时更新，能够及时提供最新信息	○7	○6	○5	○4	○3	○2	○1
10. 图书馆网站提供的数据库内容可以全文下载	○7	○6	○5	○4	○3	○2	○1
11. 图书馆网站提供的数据库有多种检索方式，能够满足各种检索需求，如简单检索、高级检索、专业检索等	○7	○6	○5	○4	○3	○2	○1
12. 图书馆网站提供的数据库经常推出新的功能，能够满足各种特殊需求，如CNKI的数字检索、学术趋势检索等	○7	○6	○5	○4	○3	○2	○1
13. 图书馆网站提供的数据库检索技术先进，能够提高检索效率，如可以跨多数据库同时检索等	○7	○6	○5	○4	○3	○2	○1
14. 图书馆网站界面内容逻辑体系划分清晰，容易发现所需要内容	○7	○6	○5	○4	○3	○2	○1
15. 图书馆网站界面用词容易理解，能够方便选择所需要内容	○7	○6	○5	○4	○3	○2	○1
16. 图书馆网站界面提供的各类检索方法易于操作使用	○7	○6	○5	○4	○3	○2	○1
17. 图书馆通过在线、离线及时介绍并推荐各学科适用资源，如数据库新产品介绍、个性化推荐学科动态等	○7	○6	○5	○4	○3	○2	○1
18. 图书馆通过在线、离线服务，帮助学习使用检索知识等，如检索方法使用的文字说明、视频示范、用户论坛、在线离线培训与咨询等	○7	○6	○5	○4	○3	○2	○1
19. 图书馆提供全文获取保障服务，当不能全文下载时，可以通过馆际互借、供应商联系等途径帮助获取全文	○7	○6	○5	○4	○3	○2	○1

三、请根据您以往的经历，总结性地回答以下问题。

问卷问题	完全同意			↔			完全不同意
1. 图书馆网站查询能够很好地帮助您解决学习和科研中碰到的问题	○7	○6	○5	○4	○3	○2	○1
2. 图书馆网站查询能够很好地帮助您了解课外知识、研究动态等	○7	○6	○5	○4	○3	○2	○1
3. 总的来说，图书馆网站对您来说是有用的	○7	○6	○5	○4	○3	○2	○1
4. 图书馆网站界面上的各种功能非常容易理解，操作过程简单	○7	○6	○5	○4	○3	○2	○1
5. 图书馆网站界面设计非常友好，使用时感觉非常轻松、愉悦	○7	○6	○5	○4	○3	○2	○1
6. 总的来说，图书馆网站对您来说是容易使用的	○7	○6	○5	○4	○3	○2	○1
7. 您对图书馆网站提供的内容能够满足需求感到满意	○7	○6	○5	○4	○3	○2	○1
8. 您对图书馆网站使用过程轻松愉快感到满意	○7	○6	○5	○4	○3	○2	○1
9. 您对图书馆网站提供的服务可以帮助您更好地使用网站感到满意	○7	○6	○5	○4	○3	○2	○1
10. 总的来说，您对图书馆网站感到满意	○7	○6	○5	○4	○3	○2	○1

四、请根据您使用图书馆网站的感受回答以下问题。

问卷问题	完全同意			↔			完全不同意
1. 当您有需求时，您会更积极更主动地使用图书馆网站	○7	○6	○5	○4	○3	○2	○1
2. 您会更积极关注图书馆网站建设，如积极提出建设性意见，乐意接受图书馆提供的相关服务，如数据库使用培训等	○7	○6	○5	○4	○3	○2	○1
3. 您会积极地推荐及指导身边的同学使用图书馆网站	○7	○6	○5	○4	○3	○2	○1
4. 即使图书馆网站在使用过程中出现问题，您也会给予理解	○7	○6	○5	○4	○3	○2	○1